Knaur.

Der Autor:
Thomas Wieczorek, Jahrgang 1953, ist Journalist und Parteienforscher.
Nach dem Volkswirtschaftsstudium an der Freien Universität Berlin war
er bei der *dpa* Volontär, politischer Redakteur und Chef vom Dienst und
anschließend Leiter des Baden-Württemberg-Büros von *Reuters*. Als freier Autor arbeitete er u. a. für die *Frankfurter Rundschau*, den Deutschlandfunk und den Südwestfunk, seit 1989 auch für das Satiremagazin
Eulenspiegel. Am Berliner Otto-Suhr-Institut promovierte er über »Die
Normalität der politischen Korruption«. Das Spektrum seiner Radio- und
Fernsehauftritte reicht von RBB bis Sat1. Thomas Wieczorek hat bereits
mehrere Bestseller geschrieben.

Thomas Wieczorek

Euroland

Wo unser Geld verbrennt
Wer an dem Schlamassel schuld ist,
und warum wir immer zahlen müssen

Knaur Taschenbuch Verlag

Besuchen Sie uns im Internet:
www.knaur.de

Originalausgabe November 2010
Knaur Taschenbuch.
Copyright © 2010 by Knaur Taschenbuch.
Ein Unternehmen der Droemerschen Verlagsanstalt
Th. Knaur Nachf. GmbH & Co. KG, München.
Alle Rechte vorbehalten. Das Werk darf – auch teilweise – nur
mit Genehmigung des Verlags wiedergegeben werden.
Redaktion: Holger Keller
Umschlaggestaltung: ZERO Werbeagentur, München
Umschlagillustration: N. Reitze de la Maza
Satz: Adobe InDesign im Verlag
Druck und Bindung: CPI – Clausen & Bosse, Leck
Printed in Germany
ISBN 978-3-426-78446-4

2   4   5   3   1

Inhalt

Vorwort

Es hatte alles scheinbar so schön begonnen, und alles hatte seinen wahren Ursprung nicht in den EU-Vorläufern, der Europäischen Wirtschaftsgemeinschaft (EWG) und der Europäischen Gemeinschaft (EG), sondern im Zusammenbruch des staatskapitalistischen Ostblocks und in der deutschen Vereinigung und war eng verbunden mit dem Oggersheimer Bundeskanzler Helmut Kohl. »Wer mir den Quatsch mit den ›blühenden Landschaften‹ in Ostdeutschland abnimmt«, mag er sich damals gedacht haben, »der folgt auch meiner historischen Mission vom vereinten Europa.« Mag auch sein, dass er sich die Sache ganz anders vorgestellt hat, im Sinne des relativ sozialen, von christlichen Ansprüchen geprägten »rheinischen Kapitalismus«, wo der Arbeitgeber fast wie ein Vater für die Angestellten war und wo die Reichen noch – meist ohne zu murren – 53 Prozent Spitzensteuersatz zahlten. Auch die Begründung für den Mehrverdienst des Unternehmers leuchtete vielen Bürgern ein: Er trägt ja schließlich auch das Risiko und steht mit all seinem Hab und Gut für unseren Betrieb ein.

Dann aber wurde Kohl abgewählt und durch Rot-Grün ersetzt. Und wer damals die Illusion hatte, nun würde alles noch sozialer und humaner werden, fühlt sich im Nachhinein wie in einer Folge von *Verstehen Sie Spaß?* Gerade die »linke« Koalition begünstigte die Reichen durch die Senkung des Spitzensteuersatzes auf 42 Prozent und gesetzliche Freibriefe für jedwede Art von – heute als illegal eingestufter – Spekulation; damit stieß sie die sozial Schwächeren finanziell in den Abgrund. Und folglich betrieb sie das Projekt Europa ausschließlich aus dem Blickwinkel der Großkonzerne, Milliardäre und Spekulanten; der damalige Finanzminister Peer Steinbrück

(SPD) pries die Heuschrecken als »geradezu einen Segen für die Volkswirtschaft eines Landes«.[1]

Nachdem also auch durch unseren Kanzler Gerhard Schröder und den damaligen britischen Ministerpräsidenten Tony Blair mit einem gemeinsamen Pamphlet[2] die Weichen für eine menschenverachtende Europapolitik gestellt wurden, war das wirtschaftliche Desaster nur noch eine Frage der Zeit. Und hier erweist sich sogar die Bibel als prophetisch.

> *Denn sie säen Wind und werden Sturm ernten. Ihre Saat soll nicht aufgehen; was dennoch aufwächst, bringt kein Mehl; und wenn es etwas bringen würde, sollen Fremde es verschlingen.*
>
> Altes Testament, Hosea, Kapitel 8, Vers 7

Der Turbokapitalismus (Heiner Geißler) kannte kein Halten mehr, der neoliberale Vordenker Francis Fukuyama sah in ihm das »Ende der Geschichte«[3], der *homo oeconomicus*[4] als Menschenbild setzte sich durch, wonach Egoismus und gefühlskalte, hemmungslose Raffgier »rational«, dagegen Rücksichtnahme, Mitfühlen und Solidarität »irrational« sind. Auf Deutsch: Wenn der nette Nachbar uns um eine Flasche O-Saft für seine Gäste bittet, ist es »irrational« und bekloppt, sie ihm einfach zu leihen, »rational« und geschäftstüchtig dagegen, ihm den fünffachen Preis abzuknöpfen.

Dieses Denken und Handeln führte zwangsläufig zum Triumphzug der Lügner und Betrüger. »Der Ehrliche ist der Dumme«, stellte der damalige *Tagesthemen*-Moderator Ulrich Wickert schon 1996 fest.[5]

Logische Folge war der steile Aufstieg und der tiefe Fall der New Economy (1999 bis 2000), wo man selbst den Internet-Verkauf von Eiswürfeln nach Grönland als Geschäftsmodell ausgab. Nur mühsam erholte sich die einzigartige Marktwirtschaft; doch kein Jahrzehnt später gab es den nächsten Crash. Die US-Immobilienkrise war lediglich das Tröpfchen, das das Fass zum Überlaufen brachte. Gerade deutsche Banken mischten beim Zocken mit dubiosen Wertpapieren, also beim Spiel mit gezinkten Karten, munter mit. Und wie ein Vater die Spielschulden seines spielsüchtigen Sohnes bezahlt, so kommt der Steuerzahler – und das ist über die Mehrwertsteuer praktisch jeder Bürger, der *irgendetwas* kauft – für die Verluste der Geldinstitute auf. Und spätestens jetzt gleicht die EU einer ehelichen Schicksalsgemeinschaft: »in guten wie in schlechten Zeiten«, nur dass die Durchschnittsbürger Europas auf die guten Zeiten immer noch warten. Und viele Europäer denken über die EU und den Euro ähnlich wie eine frustrierte Ehefrau über ihren Göttergatten: »Hab ich nicht den Falschen geheiratet?«

Sollten die Skeptiker recht behalten?

Denn dass nun die Eurostaaten – zuvor im internationalen Vergleich überwiegend wohlhabende Länder – als Folge der Finanz- und Wirtschaftskrise fast ausnahmslos in Schwierigkeiten stecken, zeigt schon ein Blick auf die nackten Zahlen: So ermittelte das Europäische Statistikamt *Eurostat* allein für das Jahr 2009 eine Rezession von 4,1 Prozent (Deutschland 4,9 Prozent); erst ab 2011 wird wieder ein leichtes Wachstum von 1,5 Prozent (Deutschland 1,6 Prozent) erwartet.[6]

Die Inflationsrate lag bei 0,3 Prozent (Deutschland 0,2 Prozent).[7] Dies mögen manche für den Ausdruck »solider Haushaltspolitik« halten. In Wahrheit drückt es nur die Tatsache aus, dass niemand mehr was kauft – die Normalbürger nicht, weil ihnen das Geld fehlt, und die Unternehmen nicht, weil sie für klamme Bürger gar nicht erst produzieren und folglich auch nicht investieren. Insgesamt verzeichnete man für den Euroraum 9,3 Prozent Arbeitslose (Deutschland 7,6 Prozent).[8]

Vor diesem Hintergrund verwundert es nicht, dass die meisten

Euroländer als ziemlich »abgebrannt« erscheinen. Die Frage aber ist, ob zu wenig eingenommen oder zu viel ausgegeben wird – oder beides. Diese Frage spiegelt sich auch in den Lebensgrundsätzen der Normalbürger wider. »Ich brauche nicht viel zum Leben, also auch kein Rieseneinkommen«, sagen die einen. »Je mehr ich verdiene, desto mehr kann ich mir leisten«, meinen die anderen, und wieder andere leben schlicht über ihre Verhältnisse, bis sie dann beim Schuldenberater landen oder Privatinsolvenz anmelden müssen.

Überhaupt Schulden! Nicht wenige Mitbürger haben die Lebensweisheit ihrer Ahnen übernommen, dass Schulden etwas Verwerfliches seien: »Anständige Menschen machen keine Schulden.« Würden sich die meisten Bürger und Unternehmen daran halten, wäre dies das Ende der Finanzbranche.

Zum einen werden hier Schulden mit Überschuldung verwechselt, zum anderen Kredite für Investitionen mit denen für privaten Konsum, von denen aber auch die Wirtschaft profitiert. Ohne Bausparkredite fürs eigene Häuschen oder Ratenzahlung für Autos, Möbel oder Elektronikgeräte müssten viele Menschen auf den Kauf verzichten. Entscheidend ist, ob man seinen finanziellen Verpflichtungen nachkommen kann – wenn man nicht gerade ein angeblich »systemrelevantes« Geldinstitut wie die Hypo Real Estate ist oder als Großkonzern wie Opel »zu groß, um pleitezugehen«.

Ähnliches gilt auch für Staaten. Bloße Zahlen über Staatsverschuldung wie zum Beispiel die Schuldenuhr[9] des FDP-nahen Bundes der Steuerzahler sind für sich genommen nichtssagend und irreführend. Viele Staaten haben eine Unmenge an Schulden, Deutschland zum Beispiel im Frühjahr 2010 in Höhe von 1,762 Billionen Euro oder rund 73 Prozent des Bruttoinlandsprodukts (BIP). Demgegenüber schätzt aber das Deutsche Institut für Wirtschaftsforschung (DIW) das Gesamtvermögen der Deutschen sogar abzüglich der Verschuldung auf 6,6 Billionen

Euro, von dem allerdings ein Prozent der Bevölkerung 25 Prozent besitzt.[10] Armer Staat und eine steinreiche Minderheit – man ahnt, wo das Problem liegt und die Möglichkeit seiner Lösung.

Dennoch aber bleibt die Staatsverschuldung für die Mehrheit unserer Mitbürger ein unheimliches, nicht hinterfragtes Schreckgespenst. Laut einer *Stern*-Umfrage vom Juni 2010 haben 76 Prozent der Deutschen große oder sehr große Angst davor, dass die Staatsschulden nicht mehr zu bewältigen seien. Jeweils 59 Prozent fürchten um die Sicherheit der Renten und meinen, dass die Politiker mit den aktuellen Problemen überfordert seien. 54 Prozent der Bürger sagen, sie hätten Angst vor einer höheren Inflationsrate.[11] Allerdings scheint in der aktuellen Krise eher eine Deflation das Problem zu sein.

Merkwürdigerweise sehen aber einige – nicht gerade übermäßig Informierte – das Problem als Krise des Euro. Gerade diese simpel gestrickte Spezies Mensch, deren Eltern und Großeltern in der von Zeitzeugen des Kaiserreichs noch durchsetzten jungen Bundesrepublik grölten: »Wir wollen unseren alten Kaiser Wilhelm wiederhaben«, schreit heute: »Wir wollen unsere gute alte D-Mark wiederhaben.« Ihnen schloss sich sogar Hans Olaf Henkel an: »Ex-BDI-Chef Henkel für D-Mark«, lautete ein *Bild*-Aufmacher am 7. Juni 2010.[12]

Tatsächlich trauen viele Deutsche dem Euro noch immer nicht über den Weg. Er ist ihnen unheimlich wie manchen Fortschritts- und Technikmuffeln das Handy oder der PC. Dabei hat der Wechsel des Zahlungsmittels in Deutschland eine lange Tradition. So lag im späten Mittelalter (1250 bis etwa 1520) die Münzhoheit bei Fürsten und Städten, und folglich gab es unzählige Münzen wie Heller, Scherf, Pfennig, Schwaren, Dreiling, Sechsling, Kreuzer, Groat, Stüber, Deut, Schilling, Groschen, Batzen, Taler, Mark, Dukaten oder Gulden.[13] Aber auch nach der Reichsgründung 1871 ging der Wechsel der Währungen munter weiter. Der Euro ist seitdem bereits die fünfte. Zuvor kamen:

- Die Goldmark – offiziell Mark – war die Währung des Deutschen Kaiserreiches von 1871 bis 1918. Der Name leitet sich von der ursprünglichen germanischen Gewichtseinheit Mark ab und wurde zunächst im Bereich der norddeutschen Hansestädte verwendet. Während der Inflation von 1914 bis 1923 meinte man mit »Goldmark« nur die Goldmünzen als Gegensatz zum entwerteten Papiergeld.

- Die Rentenmark war die Antwort der Politik auf die Angst der Deutschen wegen der Inflation von 1914 bis 1923, wo es sogar Briefmarken mit dem Aufdruck 20 Milliarden Reichsmark gab.[14] Im Sommer 1923 wurde mit sogenanntem wertstabilem Papiernotgeld – auch Schatzanweisung genannt – mit aufgedrucktem Goldmark- und Golddollar-Bezug versucht, die Inflation einzudämmen, was jedoch gründlich misslang. Auf der Grundlage der gesetzlichen Verordnung über die Errichtung der Deutschen Rentenbank vom 15. Oktober 1923[15] wurde die Deutsche Rentenbank gegründet. Sie gab Zahlungsmittel mit Datum 15. November 1923 in Banknoten und Münzen an die Bevölkerung parallel zu den umlaufenden hohen Milliarden- und Billionen-Papiermark sowie den in geringerer Anzahl kursierenden *wertbeständigen* Notgeldbanknoten aus.

- Die Reichsmark wurde 1924 eingeführt, als die Goldreserven wieder auszureichen schienen, um damit eine Währung im internationalen Zahlungsverkehr zu decken. Sie sollte eigentlich die Rentenmark ablösen, was aber praktisch nicht geschah. Die ersten Reichsmark-Banknoten und Reichspfennig-Münzen wurden ab dem 30. August 1924 ausgegeben. Das Kursverhältnis betrug 1:1 zur umlaufenden Rentenmark. Die frühen Rentenmark-Banknoten von 1923 wurden zwar eingezogen, spätere Rentenmark-Banknoten kleiner

Wertstufen und die Rentenpfennig-Münzen blieben jedoch parallel zur Reichsmark bis 1948 gültig. Die Reichsmark war bis zur Weltwirtschaftskrise 1929 recht stabil. Während der Nazi-Zeit wurde aber viel ungedecktes Geld ausgegeben, um die Kosten für die Aufrüstung und später den Krieg sowie andere Nazi-Projekte zu finanzieren.

- Die Deutsche Mark, also die gute alte D-Mark, bei uns meist Mark und im englischsprachigen Raum Deutschmark genannt, wurde durch die Währungsreform vom 21. Juni 1948 in den drei westlichen Besatzungszonen Deutschlands (Trizone) und drei Tage später auch in den drei Westsektoren Berlins durch die Alliierten eingeführt und löste somit die Reichsmark als gesetzliches Zahlungsmittel ab.

  Die kurz darauf am 24. Juli in der Sowjetischen Besatzungszone und im Ostsektor Berlins eingeführte neue Währung hieß ebenfalls *Deutsche Mark* und hatte auch die Abkürzung DM; sie blieb bis zum 31. Juli 1964 die Währung der DDR. Danach hieß sie »Mark der DDR«.

  Mit Inkrafttreten der Währungs-, Wirtschafts- und Sozialunion am 1. Juli 1990 löste die Deutsche Mark die Mark der DDR ab und blieb auch im vereinigten Deutschland das gesetzliche Zahlungsmittel.

- Der Euro schließlich ersetzte die D-Mark: seit dem 1. Januar 1999 als Buchgeld und seit dem 1. Januar 2002 als Bargeld. Ende des Jahres 2009 war nach Angaben der Bundesbank immer noch Bargeld im Nennwert von etwa 13,6 Milliarden DM im Umlauf; also etwa 5,4 Prozent der Umlaufmenge vom Jahr 2000.[16]

Vor diesem Hintergrund ist der Euro also nichts Schlimmes oder gar Furchteinflößendes, eher im Gegenteil. Gerade Touristen wissen es zu schätzen, dass sich daheim nicht mehr wie früher Berge unterschiedlichster Währungen stapeln und sie auf

Kreta oder Madeira, an der Algarve oder der Côte d'Azur oft nicht ausrechnen konnten, ob die Klamotten, Getränke oder Souvenirs Schnäppchen oder überteuert waren. Dennoch hielt sich die Begeisterung für die neue Währung von Anfang an in Grenzen.

1 Der Euro,
das unheimliche Wesen

Im Jahre 2002 waren die Eurobefürworter mit 39 Prozent noch in der Minderheit gegenüber den 52 Prozent Skeptikern.[17] Nur zwei Jahre später allerdings präsentierte ein Forschungsteam der Fachhochschule Ingolstadt eine Studie, wonach fast 60 Prozent der Deutschen den Euro begrüßten. Viele der Befragten trauerten jedoch der DM nach. Auch rechneten viele der Befragten automatisch die Preise von Euro in DM um, bei höheren Beträgen häufiger als bei niedrigen. Bei allen Preisen taten dies lediglich 48 Prozent der Befragten, bei Preisen über 100 Euro jedoch noch 74 Prozent. Der Grund hierfür ist der einfache Umrechnungsfaktor (recht genau 1 : 2, exakt 1 : 1,95583).[18]

Wozu aber die Aufregung? Ob nun die Menschen in Gedanken den Euro in D-Mark umrechnen oder in Lire, sollte doch eigentlich ganz egal sein. Nicht egal ist es allerdings jenen, die ihre Preise 1:1 umgerechnet hatten, wie wir gleich sehen werden.

Im Jahre 2006 meinten laut Eurobarometer 46 Prozent der Deutschen: »Der Euro ist gut für uns, er stärkt uns für die Zukunft«, während 44 Prozent überzeugt waren, der Euro »schwächt das Land eher«.[19] Ende 2007 sank jedoch laut einer Studie der Dresdner Bank im Auftrag der Forschungsgruppe Wahlen die Euroakzeptanz der Deutschen auf 36 Prozent.[20]

Euro – Teuro?

Einer der Gründe für das zunehmende Misstrauen gegenüber dem Euro ist das Gefühl vieler Menschen, dass mit und seit Einführung der neuen Währung zumindest Teile des Einzelhandels »Preistreiberei« praktizierten.[21] So wurde das vom Satiremagazin *Titanic* erfundene Wort *Teuro* schnell von den Medien übernommen, zum Bestandteil der Umgangssprache und 2002 sogar zum »Wort des Jahres« gekürt.

Während in einigen EU-Staaten wie Frankreich und den Niederlanden Preiserhöhungen im Zeitraum der Euro-Einführung verboten waren, vertraute man in Deutschland auf eine »Selbstverpflichtung des Handels«[22], also eine dieser inzwischen sattsam bekannten Heucheleien, mit denen man auch Verbrecher mit einer »Selbstverpflichtung zur Legalität« auf freien Fuß setzen könnte.

Im Verbraucherpreisindex (VPI) wurden die Preiserhöhungen durch das *Warenkorbsystem* – die Berechnung nach anteiligen Ausgaben der privaten Haushalte in den verschiedenen Güterkategorien – verschleiert, da die Preiserhöhung nicht alle Produkte betraf.[23] Nun gibt es die gestreute Demagogie, dass die Menschen sich den Teuro nur einbilden (»Gefühlte Inflation«), weil die Bürger in Umfragen einen stärken Preisanstieg vermuteten als von den statistischen Ämtern, zum Beispiel vom Statistischen Bundesamt, ermittelt. Richtig ist, dass die Preise für höherwertige Güter weniger stiegen als die der Produkte für den Alltagsgebrauch, also für Lebensmittel, Verkehr oder Strom und Gas. Wenn Fernreisen, Luxusautos oder Computer billiger werden, was macht es da schon, wenn Milch, Butter, Joghurt, Eier, Brot, Brötchen, Obst, Gemüse oder Waschpulver sich im Preis nahezu verdoppeln? Der »Warenkorb« – mit dem anhand ausgewählter Produkte die Inflationsrate ermittelt wird – ist ein Täuschungsinstrument. Motto: »Kaufen Sie sich nichts zu essen, sondern lieber drei Plasma-Fernseher.«[24]

Nun konnte und kann jeder halbwegs klar denkende Normalbürger nach jedem Supermarkteinkauf feststellen, dass es für immer mehr Geld immer weniger gibt. Bei ihm machen die Kosten für die Dinge des täglichen Lebens einen Großteil seiner

Ausgaben aus, während sie von den Besserverdienern aus der Portokasse bezahlt werden. Dem Normalbürger nutzt es nichts, wenn eine Diamantenkette für die oberen Zehntausend nur noch 220 000 statt bisher 250 000 Euro kostet. Daneben haben viele Normalverdiener in den vergangenen Jahren mit geringeren Lohn- und Gehaltszuwächsen leben müssen, was den Teuerungseindruck für die Betroffenen potenziert.

2   Volkes Meinung?
In China fällt ein Sack Reis um .

Der Euro ist offizielle Währung in zweiundzwanzig europäischen Staaten, von denen sechzehn der EU angehören. Andorra, Belgien, Deutschland, Finnland, Frankreich, Griechenland, Irland, Italien, Kosovo, Luxemburg, Malta, Monaco, Montenegro, Niederlande, Österreich, Portugal, San Marino, Slowakei, Slowenien, Spanien, Vatikanstadt und Zypern.

Die Münzen werden von jedem der sechzehn EU-Staaten sowie von drei weiteren Staaten mit landesspezifischer Rückseite geprägt. Die Banknoten unterscheiden sich nur durch verschiedene Buchstaben der Seriennummer.

Ein weiterer Grund für das Unbehagen vieler Europäer ist der Umstand, dass sowohl die EU als auch der Euro in den meisten Staaten über ihren Kopf hinweg eingeführt wurden. In Deutschland sind bundesweite Volksabstimmungen zu Einzelfragen laut Grundgesetz, Artikel 29, erst gar nicht zulässig. Es reicht, wenn der Bürger alle vier Jahre seine Volksvertreter wählt – von denen die Hälfte ja ohnehin nur über die Parteienlisten in den Bundestag rutschen –, die dann in seinem Namen so wichtige Entscheidungen wie die Vereinigung mit der DDR oder eben die Einführung des Euro treffen.

Nur in Frankreich, Irland und Dänemark gab es Volksabstimmungen zum Vertrag von Maastricht, wobei das dänische Volk erst im zweiten Anlauf zustimmte, nachdem man unseren nördlichen Nachbarn in einem Zusatzprotokoll die freie Wahl des Ob und Wann der Euro-Einführung garantiert hatte.[25]

»Du hast wohl geglaubt, du gehörst zu denen,
denen Dänen alles durchgehen lassen.
Nein, nein, mein Freund.«

Otto Waalkes, *Dänen lügen nie*

EU – Nein danke!

Als logische Folge der Missachtung des Volkswillens ist die EU den meisten Europäern bis heute fremd geblieben. An der Europawahl 2009 beteiligten sich nur 43,1 Prozent der 376 Millionen Wahlberechtigten, davon in Deutschland auch nur 43,3 Prozent von rund 62 Millionen.[26] Manch europakritische Zunge meint, dass ja auch ein Europa der Millionäre und kein Europa der Millionen errichtet worden sei.

Dieses demonstrative Desinteresse spiegelt jedenfalls auch die allgemeine Politikverdrossenheit in Staaten wie Deutschland wider. Dabei ist das Europaparlament neben dem Ministerrat der zweite Teil der EU-Legislative, und die 736 Abgeordneten haben einen nicht geringen Einfluss auf wichtige Entscheidungen, auch in der Wirtschaftspolitik. So brachten sie beispielsweise die Vorschrift zu Fall, nach der in Deutschland nur Bier verkauft werden darf, das nach dem deutschen Reinheitsgebot gebraut ist. Da dieses eherne Verdikt sowohl für deutsche wie für ausländische Hersteller galt, war es zwar nicht direkt benachteiligend, kam aber für die außerhalb Deutschlands hergestellten Biere praktisch einem Einfuhrverbot nach Deutschland gleich. Ebenso bestimmten sie mit über die EU-Wettbewerbspolitik und sorgten mit dafür, dass viele monopolartige Unternehmen, zum Beispiel im Telekommunikationsbereich, bei der Gas-, Wasser- und Stromversorgung und im Eisenbahnverkehr, ihre Sonderstellung aufgeben und sich der Konkurrenz anderer Anbieter auf dem Markt stellen mussten. Der Druck des Wettbewerbs führte teilweise zu mehr Innovation und sinkenden Verbraucherpreisen, aber auch zu schlechteren Lohn- und Arbeitsbedingungen und vielfach zu einem Abbau von Arbeitsplätzen bei den betroffenen Unternehmen.[27] Doch obwohl das Parlament recht rigoros den eigentlichen Sinn der EU, die Durchsetzung der neoliberalen freien Marktwirtschaft, betreibt, was keineswegs dem Interesse der Normalbürger entspricht und deshalb von ihnen abgelehnt wird, nimmt man es nicht für voll. Wieso auch? Die meisten Abgeordneten sind den Deutschen entweder völlig unbekannt, oder es sind »Volksvertreter«, deren Europa-Präsenz Folge eigenen Versagens in der nationalen Politik ist und die deshalb – wie im US-Krimi – »aus dem Verkehr gezogen« wurden, bis Gras über die Sache gewachsen ist. Cem Özdemir verzog sich 2004 ins EU-Parlament, nachdem sein zinsgünstiger Kredit beim Unternehmensberater Moritz Hunzinger für Ärger gesorgt hatte.[28]

Angelika Beer, Ex-Chefin der Grünen, wurde nach einem trunkenen TV-Auftritt[29] 2003 ebenfalls im Jahre 2004 ins Europaparlament abgeschoben, 2009 nicht einmal dafür nominiert, woraufhin sie die Grünen verließ und mittlerweile bei der Piratenpartei gelandet ist.[30]

Ähnliches gilt für die 2003 als PDS-Chefin gescheiterte Gabi Zimmer, die schon seit 2004 im EU-Parlament hockt[31], und ihren Parteifreund André Brie, der wegen seiner früheren Stasi-IM-Tätigkeit für eine nationale Führungsposition nicht in Frage kam und daher von 1999 bis 2009 Europa-Abgeordneter war.[32]

Aber auch die Vertreter anderer Parteien in Europa, etwa die EU-Kommissare Günter Verheugen (SPD), Silvana Koch-Mehrin (FDP) oder Günther Oettinger (CDU), wird wohl niemand ernsthaft zur ersten Garde deutscher Politik zählen.

Lissabon: Mitgefangen, mitgehangen

Nachdem der Plan einer EU-Verfassung am Nein der Franzosen und Niederländer in Volksabstimmungen gescheitert war, nannte man das Ganze Vertrag von Lissabon. Er ist völkerrechtlich bindend und wurde bereits am 13. Dezember 2007 von den 27 EU-Mitgliedern unterzeichnet, trat aber nach einigen Querelen – so stimmten die Iren erst in der Wiederholung einer Volksabstimmung zu – erst am 1. Dezember 2009 in Kraft. Das Abkommen reformiert den EU-Vertrag und den EG-Vertrag. Albernes Blabla bietet der Artikel 2 EUV über die »Werte« – unter anderem Menschenwürde, Freiheit, Demokratie, Gleichheit, Rechtsstaatlichkeit, Menschenrechte, Toleranz, Gerechtigkeit, Solidarität. Er erinnert an Sandra Bullocks Filmsatire *Miss Undercover*, wo die Misswahl-Bewerberinnen ihre dümmlichen Statements mit dem Satz beenden: »Außerdem bin ich für den Weltfrieden.«
Die wahren Ziele der neuen EU – neben Angriffskriegen zwecks Sicherung der »ökonomischen Überlebensfähigkeit« durch »Stabilitätsexport zum Schutz der Handelsrouten und dem Fluss von Rohstoffen«[33] – nennt Artikel 3: vor allem einen Binnenmarkt mit freiem und unverfälschtem Wettbewerb, Wirtschaftswachstum, Preisstabilität und soziale Marktwirtschaft.[34] Letzteres kann man durchaus so verstehen wie die Arbeitgeber-Drückerkolonne Initiative Neue Soziale Marktwirtschaft (INSM). Der Rest ist

freie Marktwirtschaft pur: kein Wort zum Beispiel über Arbeitnehmerrechte oder Arbeitslosigkeit.

Aber hat nicht gerade diese Wirtschaftsform die Finanz- und Wirtschaftskrise als Ursache der Verschuldung fast aller EU-Staaten produziert – oder war es am Ende die stalinistische Planwirtschaft oder die Invasion der kleinen grünen Männchen? Dass Euroland fast »abgebrannt« wirkt, während sich in fast jedem EU-Land eine Handvoll von wahren Schmarotzern mit leistungslosem Einkommen eine goldene Nase verdient, ist nicht zufällig das erklärte Ziel der neoliberal-sozialdarwinistischen Nobelpreisträger Milton Friedman (1976) und Friedrich August von Hayek (1974).

Friedman geht davon aus, dass das Reich-Arm-Gefälle zu »sozialen Unruhen« führen würde, und fordert daher als Ergänzung zur freien Marktwirtschaft den starken Staat: »Seine vorrangige Aufgabe muss sein, unsere Freiheit zu schützen sowohl gegen den äußeren Feind als auch gegen unsere Mitbürger, um mit ›Law and Order‹ private Geschäftsbedingungen zu garantieren und konkurrierende Märkte zu schützen.«[35]

Hayek meint im Februar 1979 in seinem legendären Vortrag an der Uni Freiburg, »dass eine soziale Marktwirtschaft keine Marktwirtschaft, ein sozialer Rechtsstaat kein Rechtsstaat, ein soziales Gewissen kein Gewissen, soziale Gerechtigkeit keine Gerechtigkeit – und ich fürchte auch, dass soziale Demokratie keine Demokratie ist«. Darüber hinaus betont Hayek, er könne nicht sozial denken, denn er wisse gar nicht, was das sei.[36]

1981 setzt er noch einen drauf: »Soziale Gerechtigkeit ist einfach ein quasireligiöser Aberglaube, den wir bekämpfen müssen, sobald er zum Vorwand wird, gegen andere Menschen Zwang anzuwenden. Der vorherrschende Glaube an ›soziale Gerechtigkeit‹ ist gegenwärtig wahrscheinlich die schwerste Bedrohung der meisten anderen Werte einer freien Zivilisation.«[37] Kein Wunder eigentlich, dass die beiden ihren Traum von »Freiheit« ausgerechnet im Chile des verbrecherischen Diktators General Augusto Pinochet verwirklicht sahen.[38]

Das alles könnte man als asoziales und psychopathisches Geschwätz verhaltensgestörter Sonderlinge abtun, hätten ihre Ideen nicht einen weltweiten Siegeszug angetreten und auch den Geist des Vertrages von Lissabon bestimmt – und hätte sich nicht Angela Merkel als glühende Verehrerin Hayeks geoutet. So lobte sie ihn in einem Aufsatz für die *Financial Times Deutschland:* »Hayek macht auch deutlich, dass es auf individuelle Freiheit als umfassendes, in der Gesellschaft als Ganzes zu verwirklichendes Prinzip ankommt.«[39] Hätte nur noch gefehlt, dass unsere Kanzlerin den Mann ohne soziales Gespür und Gewissen auf eine Stufe mit Graf von Stauffenberg oder den Geschwistern Scholl stellt.

Dabei ist neoliberales Denken und Handeln keineswegs ein Privileg von Schwarz-Gelb, wie wir ja seit der Regierung Schröder/Fischer wissen. »Die Variationsmöglichkeit politischer Anwendung lässt eine respektable Gläubigenschar unter dem Dach des Neoliberalismus zusammenkommen«, schreibt die Wiener Politikprofessorin Eva Kreisky, »vom Konservatismus über Rechtspopulismus bis hin zur Sozialdemokratie und selbst zu den Grünen, fast immer und überall sind es marktliberale Phrasen, die politische Programmatiken nunmehr unterfüttern … Entgegen sonstiger Interessendifferenzen scheint man vor allem in einem Punkt einig, dass nämlich der ›standortbedrohende‹ Sozialstaat auf dem Altar der Unternehmerprofite zu opfern sei, soll globale ›Standortkonkurrenz‹, das Rennen ›um die asozialsten Lebens- und Arbeitsbedingungen‹ (Gerlach 2000, 1055), durchgestanden werden. ›There is no alternative‹ (Thatcher), heißt es im Blätterwald und schallt es aus den TV-Geräten.«[40]

Vor diesem Hintergrund ist nur allzu verständlich, dass Europas Völker nichts vom Vertrag von Lissabon halten – und fast alle Regierungen wohlweislich ihre Bürger erst gar nicht befragten. Dabei stellte sich der Turbokapitalismus in seinen Anfängen zumindest innerhalb der EU – keine Grenzkontrollen mehr, für die Euroländer eine gemeinsame Währung, freier Warenverkehr und für den Bürger das Recht auf Jobmöglichkeiten innerhalb der Union – noch als relativ harmlos dar. Allerdings äußerte auch das Bundesverfassungsgericht in der Verhandlung von Klagen mehrerer Vertragsgegner Bedenken gegen den Vertrag von Lissabon, Deutschland könne grundgesetzwidrig zu viele Kompetenzen an Brüssel abgeben, fällte aber am 30. Juni 2009 »wohl das grundsätzlichste Grundsatzurteil, das Karlsruhe je gefällt hat« (Heribert Prantl), und stimmte dem Paragraphenwerk grundsätzlich – allerdings mit Einschränkungen – zu. »Nicht jeder, der jetzt in Brüssel jubelt, weil ja der Vertrag von Lissabon grundsätzlich genehmigt worden sei, wird auch noch in einem Jahr jubilieren – weil nämlich dieses Urteil Brüsseler Selbstherrlichkeiten beendet.« So werde der Bundestag die EU-Gesetze nicht mehr einfach durchwinken können. »Es reicht nicht mehr, wie bisher, eine pauschale Sammelzustimmung zu einem EU-Vertrag. Der Bundestag wird sich in jedem Einzelfall mit jeder weiteren Kompetenz für Brüssel befassen müssen, die der EU-Vertrag ermöglicht. Ein eigenmächtiges Zugreifen der EU auf deutsche Zuständigkeiten wird es nicht mehr geben können. Die Ausrede ›Das haben die in Brüssel gemacht‹ funktioniert nicht mehr.«

Der Journalist und Jurist Heribert Prantl sieht voraus: »Infolge des Urteils wird es krachen, etwa im Verhältnis zwischen Karlsruhe und dem EU-Gerichtshof in Luxemburg. Solange das Grundgesetz Gültigkeit hat (abgelöst werden kann es nur durch eine Volksabstimmung), beansprucht Karlsruhe ein Letztentscheidungsrecht in Kompetenz- und Verfassungsfragen … Das kann zu spannenden Konflikten führen. Aber die sind besser als lähmende Müdigkeit.«[41]

Die Warnungen der Richter kommen nicht von ungefähr, man denke nur an den unsäglichen, de facto polizeistaatlichen Pfusch namens Europäischer Haftbefehl vom 13. Juni 2002, den das höchste deutsche Gericht am 18. Juni 2005 als verfassungswidrig kassierte. So sei das Verbot der Auslieferung deutscher Staatsangehöriger ausgehöhlt und der Rechtsweg zudem ausgeschlossen.

Insgesamt ergibt sich das Bild einer Operettendemokratie: die weiterhin nur indirekte, mittelbare demokratische Legitimation der EU-Kommission. So darf das EU-Parlament den Kommissionspräsidenten zwar »wählen«, aber keine eigenen Vorschläge machen, sondern lediglich den Kandidaten des Europäischen Rates ablehnen oder abnicken. Aus welchem deutschen Staat der jüngeren Geschichte kommt uns das bekannt vor?

Gleiches gilt für den erfahrungsgemäß meist neoliberalen Quark: Die EU-Kommission hat das alleinige Recht, Gesetze und Verordnungen zu formulieren. Sie ist außerdem das ausführende Organ (»Regierung«) und die erste Instanz in wichtigen Bereichen der Rechtsprechung, womit die Gewaltenteilung zwischen Exekutive, Legislative und Judikative komplett aufgehoben ist.

Die Kommission selbst wird natürlich auch nicht gewählt, sondern zwischen den Regierungen und den Wirtschaftsverbänden ausgehandelt. Anschließend muss sie vom EU-Parlament bestätigt werden, das aber keine eignen Vorschläge machen darf. So etwas nennt man Scheindemokratie. Hinzu kommen die weiterhin fehlenden Zuständigkeiten des Parlaments in der Außen- und Sicherheitspolitik und die (trotz des neu eingeführten Kompetenzkatalogs) unklare Kompetenzverteilung zwischen nationalen und europäischen Institutionen.[42]

Trotz der Mini-Notbremse der Karlsruher Richter bleibt der Vertrag von Lissabon ein Freibrief für militärische Überfälle in der ganzen Welt, für Anleihen beim Polizeistaat, für ein in keiner Weise demokratisch legitimiertes Handeln der EU-Führung – die ihrerseits nur Werkzeug der Regierungen und Mächtigen ist – sowie für einen völlig ungehemmten Marktradikalismus. Wirtschaftsliberalismus und gewaltsames Niederhalten der Bevölkerung – war das nicht die Vision eines Milton Friedman? Der Vertrag von Lissabon war jedenfalls ein Meilenstein auf dem Weg in jene sozialen und ökonomischen Zustände, von der kein EU-Staat und erst recht kein Euroland verschont bleibt.

3 Die Geburt des Euro: Theo allein im Währungsdschungel

Die wirkliche Ursache der aktuellen Eurokrise liegt, wie wir noch sehen werden, natürlich nicht in Spekulation und Staatsverschuldung. Vielmehr entladen sich jetzt jene Widersprüche, die schon vor Gründung der Währungsunion bestanden haben. »Der Euro war von Anfang an ein politisches Projekt, kein ökonomisches. So lassen sich die Stabilitätskriterien erklären, deren Einhaltung heute für viele Mitgliedsländer zum Problem wird.«[43]

Erst mit der deutschen Vereinigung wurde die vage Idee einer Währungsunion zum konkreten Projekt. Besonders Frankreich sah im Euro eine Chance, »dem gnadenlosen Diktat der deutschen Mark zu entkommen«.[44] Dies betraf vor allem die Geldpolitik der Deutschen Bundesbank, nach der sich fast alle Staaten Europas unabhängig von ihrer eigenen Konjunkturlage richten mussten, was natürlich ständige Währungskrisen und große wirtschaftliche und politische Spannungen heraufbeschwor. Zunächst sträubten sich die Deutschen gegen den Euro, aber ohne sie wäre wiederum eine Währungsunion undenkbar gewesen. Um sie dennoch zum Mitmachen zu bewegen, schuf man Kriterien, die Länder mit einer »lockeren« Geld- und Haushaltspolitik von vornherein ausschließen. »Doch Italien konnte man dann doch nicht abweisen. Das Land gehörte zu den Gründungsstaaten der EU. Man baute auf die Hoffnung, dass die Italiener, wie alle anderen Mitgliedsstaaten auch, alles tun würden, um die Kriterien wenigstens in der nächsten Zukunft zu erfüllen.«[45]

Ein zentrales Ziel der Stabilitätskriterien war es, die Politiker möglichst aller konjunkturpolitischen Möglichkeiten zu berauben. Dies entsprach dem damaligen Siegeszug des inzwischen gründlich und auf Kosten der Menschen in aller Welt gescheiterten Marktradikalismus: Finger weg von der Wirtschaft. Der Markt mit seiner freien, durch rein gar nichts beschränkten, skrupellosen Konkurrenz und seinen eigennützigen Raffkes wird's schon richten. Diesen ökonomischen und moralischen Rohrkrepierer wollte die Europäische Zentralbank (EZB) als Azubi der neoliberalen Bundesbank mit einer zentralen und »von demokratischen Prozessen abgeschotteten Geldpolitik« durchsetzen. Außerdem legte man das Verbot fest, einem überschuldeten Land finanziell unter die Arme zu greifen.[46] Übrigens würdigte noch im Mai 2010 EZB-Präsident Jean-Claude Trichet die Deutschen als Platzhirsche und Leithammel. Deutschland solle mit seiner »Vorbildrolle« Europa aus der Krise führen. Die Bundesregierung stehe als »eine Art Europolizei in der Pflicht« und müsse »anderen Mitgliedsstaaten der Eurozone auf die Finger schauen«.[47]

Die erste Stufe der Währungsunion begann am 1. Juli 1990 mit der Herstellung des freien Kapitalverkehrs zwischen den EU-Staaten. Am 1. Januar 1994 folgte die zweite Stufe: Man rief das Europäische Währungsinstitut (EWI) als Vorläufer der EZB ins Leben und prüfte die Haushaltslage der Mitgliedsstaaten. Der Name *Euro* soll übrigens vom damaligen Finanzminister Theo Waigel erdacht worden sein.

Im Vertrag von Maastricht von 1992 hatten die EU-Mitglieder Kriterien festgelegt, die Staaten erfüllen müssen, die der dritten Stufe der Europäischen Währungsunion beitreten und den Euro einführen wollen.
Auf Theo Waigels Initiative hin wurden zwei Kriterien auf dem EG-Gipfel 1996 in Dublin auch über den Euroeintritt hinaus festge-

schrieben. Dieser Stabilitäts- und Wachstumsspakt fordert von den Euroländern in wirtschaftlich normalen Zeiten einen annähernd ausgeglichenen Staatshaushalt, damit in wirtschaftlich ungünstigen Zeiten Spielraum besteht, durch eine Erhöhung der Staatsausgaben die Wirtschaft zu stabilisieren, sowie eine Obergrenze für die Neuverschuldung von drei Prozent und für die Gesamtverschuldung von 60 Prozent des Bruttoinlandsprodukts. Auffällig ist, dass dieses Konzept einen Mischmasch aus einander widersprechenden Theorien darstellt: Der erste Teil (Erhöhung der Staatsausgaben zur Ankurbelung der Konjunktur) entstammt der bei manchen so verhassten Theorie von John Maynard Keynes[48], der zweite dem wirtschaftsliberalen Credo vom ausgeglichenen Staatshaushalt um jeden Preis.[49] Nur durch den Verkauf von Aktien der Telekom und der Deutschen Post an die staatseigene Kreditanstalt für Wiederaufbau (KfW) konnte Deutschland das Schuldenkriterium erreichen. Faktisch hat die KfW die Aktien nur gehalten, das Risiko fallender Kurse blieb beim Bund ebenso wie die Dividendeneinnahmen. Es handelte sich um eine reine Umbuchung, die rechnerisch zu hohen Zahlungen an den Staatshaushalt führte.[50]

Ein Bericht von Eurostat vom November 2004 über die von der griechischen Regierung geänderte Berechnung des Haushaltsdefizits und der staatlichen Verschuldung zeigt auf, dass die vor 2004 von den Griechen der Kommission mitgeteilten Defizitzahlen nicht nach den europäischen Regeln berechnet waren. Die Falschmeldungen betrafen nicht weniger als elf verschiedene Punkte. Nach der Neuberechnung lagen die griechischen Defizitangaben für die Jahre 1997 bis 2000 über dem Maastrichter Kriterium von 3 Prozent des BIP. Im Klartext: Griechenland hätte der Währungsunion auf Grundlage korrekter Daten niemals beitreten dürfen.[51]

Auch »seriöse« Staaten wie Deutschland und Frankreich verletzten mehrfach die Stabilitätskriterien; aber dessen ungeachtet konzentrierte man den Blick auf bestimmte Länder und ließ dabei eine diskriminierende Grundeinstellung erkennen. Anfang 2010 entstand der Begriff der *PIIGS*-Staaten – man beachte die gewollte Ähnlichkeit mit dem englischen *pigs* (Schweine) –, mit dem **P**ortugal, **I**talien, **I**rland, **G**riechenland und **S**panien gemeint sind. Diesen Staaten wird eine so hohe Verschuldung unterstellt, dass ihr Staatsbankrott drohe[52], was wiederum die Stabilität des Euro gefährden könne. Worauf diese »Einschätzungen« beruhen, werden wir später noch bestaunen können.

4 Ohne Euro lebt sich's besser

Abgesehen von Großbritannien haben Nicht-Euroländer wie Dänemark und Schweden, aber erst recht Nicht-EU-Mitglieder wie Norwegen oder die Schweiz einen teilweise extrem höheren Lebensstandard als wir. In der UNO-Weltrangliste zum Lebensstandard belegt Norwegen Platz 1, Schweden ist Platz 7, die Schweiz Platz 9 und Dänemark Platz 16, während Deutschland nur auf Platz 22 landet.[53] Das führt geradewegs zur Frage: Wenn der Euro also nicht der Bevölkerung nutzt – wem dann?

Dass Norwegen Spitze ist, liegt nicht nur daran, dass das Land so klein und dank seiner Bodenschätze fünftgrößter Gas- und elftgrößter Öllieferant der Welt ist. »Norwegen schwimmt in Öl und Gas und damit im Geld«, stellt der *Focus* fest. So spülte im Jahre 2008 allein die Petro-Steuer der Ölkonzerne 38 Milliarden Euro in den Staatssäckel. Norwegen ist vielmehr auch Spitze, weil die Regierung die Petro-Steuer sinnvoll einsetzt und damit die Altersversorgung der Bürger finanziert, also einen Pensionsfonds, aus dessen Gewinnen höchstens vier Prozent pro Jahr in die Staatskasse wandern dürfen.[54] Norwegen hat also jene »sichere Rente«, die der damalige Arbeitsminister Norbert Blüm (CDU) den Deutschen versprochen hatte. Zu Unrecht, weil die Rentenkasse jahrzehntelang zweckentfremdet wurde, die staatliche Rentenversicherung jetzt fast pleite ist und der Bürger für das Altersgeld auf windige Privatversicherungen angewiesen ist, wie die Riester-Rente, die ehrlicherweise *Allianz*-Rente heißen müsste: Der Steuervorteil für Arbeitnehmer ist in Wahrheit ein Geschenk an die Versicherungskonzerne. Wenn der Staat – ob durch Abwrackprämie oder Kombilohn – den Bürger scheinbar unterstützt, sichert er in

Wahrheit die niedrigen Warenpreise, also den Umsatz und damit den Gewinn der Unternehmen.

Aber auch die hemmungslose Ausplünderung der Staatskasse durch die Konzerne macht nicht den Hauptunterschied zu den Norwegern aus. »Der Mythos von der Gleichheit aller Norweger ist wesentlicher Bestandteil der Gesellschaft«, schreibt der *Focus.* »Schüler duzen ihre Lehrer, Rekruten in der Armee ihre Vorgesetzten. Der Umgangston ist auffallend freundlich und von Wohlwollen und Respekt geprägt.« Der Osloer Wirtschaftsprofessor Karl Ove Moene sieht in der Gleichheit jedoch mehr als einen Mythos, nämlich »das wahre Erfolgsgeheimnis des norwegischen Wohlstands … Wir haben sehr geringe Einkommensunterschiede, da alle Gewerkschaften die Gehälter zentral untereinander aushandeln.« Zudem hat Norwegen weniger als drei Prozent Arbeitslose[55], Besserverdiener zahlen 48 Prozent Einkommensteuer und reiche Norweger 1,2 Prozent Vermögensteuer.[56]

Dort käme niemand auf die Idee, eine Milliardenerbin und dreifache Mutter, die einem Gigolo fünf Millionen Euro aufdrängt, als »Leistungselite« zu bezeichnen und sie mit einem staatlichen Orden zu ehren – Susanne Klatten erhielt 1995 das Bundesverdienstkreuz.[57] Während in Norwegen ehrliche Arbeit vergleichsweise gut bezahlt wird, gilt bei uns der Börsenzockerspruch »Wer arbeitet, hat keine Zeit zum Geldverdienen«; selbst übelste Wirtschaftskriminelle ergaunern sich eine goldene Nase. Und solange das so bleibt, wird sich auch am Wohlstandsgefälle zwischen Skandinaviern und Deutschen nicht so schnell etwas ändern. Die Pointe: Obwohl – oder gerade weil – die deutschen Neoliberalen buchstäblich alles der Wirtschaft unterordnen und die Menschen allen Sonntagsreden zum Trotz ausschließlich als potenzielle Profitquellen sehen, hinkt Deutschland bis auf weiteres den Ländern hinterher, in denen die Wirtschaft für den Menschen da ist. Obwohl es natürlich auch in Norwegen, Schweden und Dänemark Besserverdienende gibt, haben dort auch die kleinen Leute ihr Auskommen. Und Begriffe wie Altersarmut, Armutsrisiko Kind oder Kinderarmut dürften in diesen Ländern bald als Fremdwörter aus dem Deutschen übernommen werden, wie Gemütlichkeit, Bratwurst oder Ansichtskarte.

5 Der Schmu mit der Stabilitätspolitik

Das Wort Stabilität klingt vertrauenerweckend. »Keine Experimente« war der Slogan der CDU zur Bundestagswahl 1957, und noch heute verbinden simple Gemüter mit Stabilität Gefühle wie geborgen, berechenbar oder zuverlässig – mehr noch: Sie übertragen dies auch auf die Wirtschaftspolitik. Wer spart, gilt als verantwortungsvoll, wer Schulden macht, als leichtfertig. Andererseits braucht praktisch jedes Unternehmen, vom Bäckermeister bis zum Großkonzern, ständig Kredite, und daher stellt die »Kreditklemme« für viele eine mittlere bis endgültige Katastrophe dar. Schon deshalb sollte die Stabilitätspolitik näher beleuchtet werden.

Was ist Geld?

Geld regiert die Welt. Und wer regiert das Geld? In unserem täglichen Leben sind Geld und sein Gebrauch so normal, dass wir uns kaum noch die Frage stellen, woher Geld kommt, wie es entsteht und welche Rolle es tatsächlich spielt oder zu spielen hat. Die Vision einer geldfreien Gesellschaft, wie sie uns in der Science-Fiction-Serie *Star Trek* nahegelegt wird, ist uns so fremd und unvorstellbar, dass wir kaum wagen, darüber nachzudenken. Stattdessen halten wir an unserer Vorstellung von Geld fest wie die meisten Menschen im Mittelalter an dem Dogma, dass die Erde eine Scheibe sei. *Money makes the world go round* und *Geld arbeitet*, heißt es. Allerdings sind keine Untersuchungen bekannt, nach denen irgendeine Geldmünze oder Banknote jemals zur Arbeit geschritten wäre.

> *»Meine Großmutter erzählte, wie sie als junges Mädchen einen Geldschein auf ihre Nähmaschine gelegt hatte und am nächsten Tag enttäuscht feststellen musste, dass das Geld nicht gearbeitet hatte.«*
>
> Klaus Peter Kisker, Berlin

Denn nur der Mensch arbeitet. Die einzige Funktion des Geldes ist dagegen die des Tauschinstruments, das im Warenverkehr Wert bestimmbar und Arbeitsleistung vergleichbar macht. Dennoch befinden wir uns in der verrückten Situation, dass Geld selbst eine Ware geworden ist. Die Erkenntnis von Karl Marx, in der Marktwirtschaft werde buchstäblich alles zur Ware[58], kann jeder tagtäglich erleben: »Wenn man für Liebe bezahlen muss, nur um einmal zärtlich zu sein«, sang Nino de Angelo 1983, »dann haben wir umsonst gelebt.« Das mag ein Extremfall sein; aber so manch ein Patient erkauft sich frühere Termine mit Wein und Pralinen für die Arzthelferinnen, von den »Liebesheiraten« zwischen den 20-jährigen Töchtern verarmter Adliger und 68-jährigen neureichen Schrotthändlern ganz zu schweigen. Logischerweise wurde auch das Geld selbst zur Ware. An den Finanzmärkten jagen größenwahnsinnige Banker und Fondsmanager dem Geld hinterher. In immer kürzeren Zeiträumen werden unvorstellbar große Geldsummen mit immer größerem Risiko für die Gesellschaft um den Globus gejagt. Was daraus regelmäßig folgt, sollte die jüngste Finanzkrise jedem klargemacht haben. Die Zeche zahlt schließlich die Mehrheit der Gesellschaft, währenddessen eine verschwindend geringe Minderheit immer reicher und mächtiger und gleichzeitig lebensfremder wird. »40 Superreiche spenden Hälfte ihres Vermögens«, meldet *Spiegel Online* über eine Aktion amerikanischer Milliardäre.[59] Nun tun die das allerdings nicht sofort, wie die deutsche Jubelpresse berichtet. Sie sollen nur in nächster Zeit öffentlich versprechen, ihr Vermögen spätestens nach ihrem Tod zu spenden; natürlich an eine Stiftung oder zu Zwecken, die sie selbst bestimmen können. Dabei beträgt die Hälfte von zum Beispiel einer Milliarde Dollar immer noch 500 Millionen Dollar. Mit diesem kläglichen Rest würde jeder Normalo dicke über die Runden kommen. Klar denkende Leute empfinden daher diese plötzliche Menschenliebe der Superreichen als zynisch.

Diese in Krisenzeiten zur Schau gestellte Mildtätigkeit dürfte auch nichts anderes als eine groß angelegte Image-Kampagne sein. Die Deutschen sehen deshalb in einer Umfrage die Großzügigkeit von Reichen auch hierzulande mit gesunder Skepsis.[60] Statt pseudomildtätiger Spenderei wünschten sich viele eine gerechtere Besteuerung der großen Geldvermögen, denn dann wäre allen geholfen. Doch anstatt dem Aberwitz der Jagd nach dem schnellen und höchsten Profit Grenzen zu setzen, pumpt die Politik immer mehr Geld in dieses System der Geldvermehrung aus dem Nichts. Gleichzeitig werden der Gesellschaft notwendige Ressourcen entzogen. Mit jedem weiteren staatlichen Rettungs- und Sparpaket zugunsten der Finanzwirtschaft wird den Menschen der allgemein mögliche Wohlstand vorenthalten. Dabei werden die angeblich objektiven Gesetze der freien Marktwirtschaft außer Kraft gesetzt, indem privaten Banken Milliarden in den Rachen geworfen werden, damit sie nicht systemimmanent nach den Gesetzen des Marktes pleitegehen, sondern systemrelevant weitermachen können wie eh und je. Tatsächlich ist die unsägliche Zockerei an den Finanzmärkten nicht allein profitgierigen Irren zu verdanken, sondern Notwendigkeit wie Folge eines Geldsystems, das in Wahrheit ein gigantisches Schneeballsystem jenseits aller wirtschaftlichen Vernunft ist. Selbst ausgewiesene Experten müssen zugeben, dass sie den Wirrwarr sogenannter Finanzinstrumente an den Börsen und Märkten nicht mehr durchschauen. Wie sollte dann Otto Normalverbraucher das Geldsystem verstehen?

Die allgemeine Vorstellung der Bevölkerung von unserem aktuellen Geldsystem entspricht kaum der Wirklichkeit. Die meisten Menschen glauben, dass eine Bank ausschließlich mit den Einlagen ihrer Kunden, mit dem Kapital ihrer Aktionäre und mit eigenem Kapital arbeitet. Für den einfachen Bürger ist es auch logisch, dass eine Bank nur das Geld verleiht, das sie tatsächlich hat. Doch so ist es nicht. Im Gegenteil. Banken schaffen regelmäßig Geld aus dem Nichts, wenn sie Kredite ausreichen. Und für dieses Zauberkunststück kassieren sie dann auch noch Zinsen und Gebühren. *Dürfen die das?* Offensichtlich dürfen die das. *Und wie machen die das?* Ganz einfach. Die Bank schreibt dem, der einen Kredit braucht, einfach nur den gewünschten Betrag auf dem Konto gut. Dazu braucht das Geld nicht zu existieren; die Bank muss es auch nicht zwingend haben. Im Gegenzug verlangt das Geldinstitut natürlich eine Sicherheit vom Kreditnehmer, z. B. das neue Auto, das er sich anschaffen will, um seine Nachbarn zu beeindrucken, oder das Haus, das er baut, nach dem Motto *My home is my castle*. Erst wenn der Bankkunde den Kredit in Anspruch nimmt, entsteht das Geld, indem er es durch seine Kaufaktionen in Umlauf bringt. Zahlt er seinen Kredit zurück, verschwindet das Geld wieder aus dem Kreislauf. Allerdings ist da ein Haken an der Sache: Es müssen ja auch noch die Zinsen gezahlt werden. Diese sind bei der Schaffung des Geldes durch den Kredit nicht geschaffen worden. Das Geld für die Zinsen befindet sich auch sonst nirgends im Geldsystem. Der einzelne Kreditnehmer mag vielleicht noch durch ein gutes Geschäft oder ein regelmäßiges Einkommen die Zinsen aufbringen können, doch tatsächlich gibt es dieses Geld für die Zinsen nirgendwo im Wirtschaftskreislauf. Irgendjemand muss dafür bezahlen. Nach dem Verständnis der Banken geht das wieder nur mit Krediten, für die Zinsen fällig werden. Das ist ein Teufelskreislauf, der unweigerlich zu Krisen führt. Karl Marx bemerkte dazu: »Das Wucherkapital besitzt die Exploitationsweise[62] ohne seine Produktionsweise.«[63] Damit das aber nicht zu schnell auffällt und die Gewinne der Banken und ihrer superreichen Anleger nicht versiegen, wird der Staat als letztmöglicher Schuldner in Anspruch genommen.

»Was ist ein Einbruch in eine Bank gegen die Gründung einer Bank?«[64]   Bertolt Brecht

Doch »ohne Moos nix los«. Jeder braucht Geld, um irgendwie über die Runden zu kommen. Die Logik der Marktwirtschaft geht in Gestalt des »Bruttosozialprodukts« davon aus, dass jeder Werte schafft, der für seine Tätigkeit bezahlt wird. Also Gruben ausheben und wieder zuschütten lassen (wie von Keynes selbst empfohlen[65]), um damit den gesellschaftlichen Reichtum zu mehren? Bemerkung eines Internet-Kommentators: »Was muss man geraucht haben, um ein solches Wirtschaftsmodell zu empfehlen?«[66] Allerdings ist die Lösung der Privatbanken der Kredit mit Zins und Zinseszins. Um seine Schäfchen ins Trockene zu bringen, verkauft schließlich der Gläubiger seine Forderungen an einen Spekulanten. Und genau hier begann – logisch und historisch – die Verselbständigung des Kreditwesens.[67]

Vom Kredit für Kaufleute zur Aktie war es nur noch ein kleiner Schritt: Aber an der Börse geht es ausschließlich um Wetten, und wie überall in der Wirtschaft steigt mit der Nachfrage auch der Preis. Der Aktionär schätzt also, wie viele Aktien von anderen gekauft würden. Dies hat nur indirekt etwas mit der Entwicklung des betreffenden Unternehmens zu tun: Aktionäre wetten, dass aufgrund eines – angeblich – guten Geschäftsergebnisses die Aktie hervorragend nachgefragt wird.[68] Dies stimmt aber nicht immer, wie die New Economy gezeigt hat. Plötzlich waren Zehn-Mann-Klitschen mehr wert als VW, Exxon Mobil oder Microsoft.[69] Das Zocken ist nicht etwa ein Missbrauch der Marktwirtschaft durch verkommene Subjekte, sondern logische Folge und Bestandteil der Marktwirtschaft: Was erlaubt ist, darf man tun – muss man sogar tun, um nicht ins Hintertreffen zu geraten. Wer ein Spielcasino erlaubt, kann ja schlecht die Nase über dessen Besucher rümpfen.

Eine große Rolle spielt die Gerüchteküche. »Halbwahrheiten und gezielte Falschmeldungen gehören zu den wichtigsten Kurstreibern bei Aktien«, schreibt das *manager magazin*.[70] Immer mehr Bedeutung gewinnt dabei das Internet: »Es tummeln sich Dutzende Rattenfänger im Netz«, warnt Georg Dreyling, Vizepräsident des Bundesaufsichtsamts für den Wertpapierhandel (BAWe). »Diesen Leuten geht es nur darum, ihre eigenen Papiere zu puschen.«[71]

> *»Ein Börsianer darf, wenn es sich um Börsengerüchte*
> *handelt, nicht einmal seinem eigenen Vater trauen.«*
>
> Börsenguru André Kostolany[72]

Zwar ist das bewusste Streuen falscher Börsengerüchte in den meisten Ländern strafbar, so auch in Deutschland.[73] Dennoch lassen sich viele nicht davon abschrecken, zumal der Nachweis der bösen Absicht und bei Internet-Gerüchten sogar die Ermittlung der Urheber oft unmöglich ist. So musste die Staatsanwaltschaft Frankfurt im Jahre 2007 ein Verfahren »gegen Unbekannt« deshalb einstellen, weil sie den Verbreiter einer Falschmeldung, die den Anstieg einer wertlosen Aktie um 30 Prozent bewirkte, nicht ausfindig machen konnte.[74] Und wenn Journalisten oder »Experten« über bevorstehende Bankenfusionen, Betriebsschließungen oder Massenentlassungen spekulieren, so kann dies mitunter – wenn auch nur kurzzeitig – wahre Kurssprünge verursachen. Wobei niemand nachprüft, ob sich die Propheten oder deren Verwandtschaft nicht zuvor mit den entsprechenden Aktien oder Optionen eingedeckt haben …

Nicht anders verhält es sich mit den Währungen: »Gerüchte um einen möglichen Kauf griechischer Staatsanleihen durch die Kreditanstalt für Wiederaufbau (KfW) haben dem Dax am Freitag kurz vor Handelsschluss noch einmal Auftrieb gegeben«, berichtete das *manager magazin* am 26. Februar 2010.[75] Ein berühmtes Beispiel datiert aus dem Jahre 1992, als mit Hilfe der Medien eine Falschmeldung um die Welt ging, die Bundesbank befürworte eine Abwertung des englischen Pfunds und der italienischen Lira – prompt stürzten beide Währungen rapide ab.[76]

Schreckgespenst Schulden

Wie wenig der Kurs einer Währung in Wahrheit mit der Staatsverschuldung zu tun hat, zeigt die Tatsache, dass im Frühjahr
2010 der Dollar gegenüber dem Euro rasant gewann, obwohl
die Pro-Kopf-Verschuldung in den USA mit rund 32 000 Euro
höher war als in der EU mit 17 390[77] – siehe hierzu auch die
Tabelle im Anhang auf S. 216
»Dieser alternde Kontinent gibt zu viel aus und wächst zu langsam«, hämt das *Wallstreet Journal*.
Griechenland sei dafür nur das Extrembeispiel. Und das Blatt
aus dem Superschuldenland USA fragt: »Wird die Gemeinschaft
Solidarität über finanzielle Vernunft stellen? Werden künftig
reiche Mitgliedsländer wie Deutschland für die Missetaten der
anderen einstehen?« Auch die Londoner *Financial Times* bemerkt schadenfroh: »Das Experiment der Währungsunion ohne
politische Union hat versagt.«[78]
Um den offenen Bankrott der marktradikalen Theorie von den
Selbstheilungskräften des Marktes und seiner Währung zu ver-
schleiern, erfanden ihre Vertreter den Mythos vom »Vertrau-
en« der Spekulanten. Gemeint ist das Schätzen, wie sich wohl
die anderen »Marktteilnehmer« verhalten werden: Flüchten sie
massenhaft aus dem Euro, fällt sein Kurs. So einfach ist das.

Die Staatsziele

Entgegen der penetranten und boulevaresken Propaganda der
Arbeitgeberverbände und ihrer neoliberalen Politiker – »der
Staat muss sparen, privatisieren und den Sozialstaat abbau-
en« – handelt es sich hierbei um »Wissenschaft« auf Baum-
schulniveau. Im Kontrast zu den Marktschreiern der Initiative
Neue Soziale Marktwirtschaft (INSM) meint der Politikprofes-

sor Claus Leggewie, Ziel der INSM sei weniger »soziale« Marktwirtschaft als vielmehr »kapitalistische freie Marktwirtschaft«. In diesem Sinne propagiere sie Entstaatlichung »gegenüber Journalisten, gegenüber Schulen, um damit die Gesellschaft für das Thema der Entstaatlichung und Privatisierung bereit zu machen«.[79] In Wahrheit ist spätestens seit Erscheinen des Standardwerks *Grundlagen der theoretischen Wirtschaftspolitik* des Wiener Wirtschaftsprofessors Theodor Pütz Bestandteil des Basiswissens jedes VWL-Erstsemesters, dass es gleich fünf Staatsziele gibt:

- Geldwertstabilität
- Zahlungsbilanzausgleich
- Vollbeschäftigung
- Wachstum
- gerechte Einkommensverteilung[80]

Dies ist nicht anders als im Privatleben: Was hat Vorrang? Öfter schick essen gehen oder das Eigenheim gemütlich gestalten? Eine Angeber-Karosse oder eine Weltreise? Etwas zurücklegen für die immer teurere Ausbildung der Kinder oder auf den Putz hauen? Ebenso verhält es sich mit den Staatszielen: Welches nun zum wichtigeren erklärt wird, ist eine politische Frage. Während die Grundgesetz-Artikel 1 (Die Würde des Menschen ist unantastbar) und 20 (Die Bundesrepublik Deutschland ist ein demokratischer und sozialer Bundesstaat) ziemlich idiotensicher die vorrangigen Ziele Vollbeschäftigung und gerechte Einkommensverteilung festlegen, versuchen die Neoliberalen als Ideologen der Konzerne und Gutbetuchten mit Panikmache nach simpelster Milchmädchenart andere Schwerpunkte zu setzen, nämlich die Geldwertstabilität und den ausgeglichenen Staatshaushalt. Dahinter steckt weit mehr als ein wissenschaftlicher Streit, es geht um handfeste politische und ökonomische Interessen.
Klingt doch einleuchtend: Staatsschulden können am besten

durch Verschleudern von Volkseigentum an Private abgebaut werden. Wohin das in der Regel führt, zeigt sich beispielhaft bei der Post AG, der Telekom und der Bahn AG, die mit den Namen ihrer ehemaligen Chefs, der Skandaleure Klaus Zumwinkel, Ron Sommer und Hartmut Mehdorn, untrennbar verbunden sind. Der Erste nahm wegen Steuerhinterziehung 2008 seinen Hut, der Zweite musste 2005 nach dem Aktien-Desaster, das Millionen von Kleinanleger teilweise um ihr Erspartes brachte, zurücktreten, und der Dritte musste 2010 gehen, nachdem die jahrelange Bespitzelung der Bahnmitarbeiter ans Tageslicht kam.[81] Ähnliches wurde auch im Mai 2008 aus der Telekom-Ära Sommer bekannt.[82] Aber das sind ja nicht einmal die schlimmsten Folgen der Privatisierung.

- Aus der zuverlässigen Deutschen Bundespost wurde mit der Post AG ein zwielichtiges Unternehmen. Die Zahl der Briefkästen wurde massenhaft reduziert; häufig ist es günstiger, statt kilometerweit dorthin zu laufen, die Post gleich selbst dem Empfänger zu bringen. Filialen wurden geschlossen oder an Supermärkte oder Einzelhändler übergeben, Transportdienste wurden allen möglichen Subunternehmern wie Pizzalieferanten oder osteuropäischen Firmen anvertraut. Die Folge ist das tägliche Verschwinden Tausender Sendungen. »Gegen organisierte Kriminalität sind auch wir nicht gefeit«[83], gab Post-Sprecher Dirk Klasen achselzuckend zu. Will sagen: Wer diesen kriminellen Banden wichtige Briefe oder gar Wertvolles anvertraut, ist selbst schuld.

- Weil die Telekom ihre Kunden bis zu fünfmal täglich mit Telefonwerbung belästigte – laut Bundesnetzagentur in Einzelfällen sogar siebzigmal –, schaltete die Netzagentur mehrfach einige der Kontaktnummern ab. Noch nerviger wurde es, wenn man sich auf derlei Gespräche einließ und hinterher herumgelogen wurde, man habe in diesem Gespräch irgendetwas bestellt oder abgeschlossen.[84]

- Die Bahn, vor der Umwandlung in eine AG ein Musterbei-spiel an Sicherheit und Pünktlichkeit, wurde durch die ehr-geizigen Pläne zur endgültigen Privatisierung – bislang ist der Bund noch Alleinaktionär – zusehends zum Ärgernis und Risiko für die Fahrgäste. Um in Vorbereitung des Börsengan-ges satte Gewinne zu präsentieren – 2009 zum Beispiel 1,69 Milliarden Euro –, wurde an allen Ecken und Enden ge-spart, vor allem bei der Pflege des Schienennetzes, dessen miserablen Zustand der Bundesrechnungshof bereits im Jahre 2007 kritisierte.[85] Laut *Plus Minus* vom 20. Juli 2010 kostete das ebenso unzuverlässige wie gesundheitsbedrohen-de Unternehmen den Steuerzahler bislang über 2000 Milli-arden Euro. Manchmal fragt man sich, warum Skandalfigu-ren, die in den USA für Jahrzehnte ins Gefängnis gewandert wären, nicht längst in die Südsee abgehauen sind – vermut-lich deshalb, weil Leute wie Hartmut Mehdorn nirgendwo auf der Welt gemocht werden.
- Auch andere Privatkonzerne machen jede Menge Ärger: Nach dem von E.ON verursachten europaweiten Stromaus-fall vom 4. November 2006 warf der Bund der Energiever-braucher den Energieriesen vor, »die Stromnetze völlig zu vernachlässigen und sich das Geld der Verbraucher in die eigene Tasche zu stecken«. Verbandschef Aribert Peters warnte: »Das Stromnetz ist marode. Wir fallen auf den Stand eines Entwicklungslandes zurück, wenn wir so weiter-machen.«[86]

Auch die astronomischen Preise sind seit Jahren in der Kritik. »Deutsche Bank fordert Zerschlagung der Stromkonzerne«, titelte *Spiegel Online* bereits am 5. März 2007. »Bis dato er-möglichen die Leitungsmonopole den Stromkonzernen, die Konkurrenten klein und die Preise hoch zu halten«, heißt es in einer Studie des Geldinstituts. Autor Josef Auer stellt aber klar:

»Mit Marxismus hat das nichts zu tun. Es geht uns einfach um mehr Wettbewerb – im rein marktwirtschaftlichen Sinne.« [87]
Die Privatisierung besonders der »Kernbereiche«, ohne die Wirtschaft und Gesellschaft nicht funktioniert, ist nicht nur unverantwortlich. Häufig gleicht sie auch dem Verkauf der Kühe, um den Stall renovieren zu können. Der Gewinn für die Staatskasse ist meist nur kurzfristig. In Wahrheit verzichtet man auf gigantische Profite, die jetzt Konzerne und »Investoren« machen, wobei diese ohnehin letztlich über die Preise und Subventionen vom Bürger selbst finanziert werden. Wäre zum Beispiel die Hypo Real Estate schon immer staatlich gewesen, dann hätte selbst das milliardenschwere Rettungspaket nicht Privaten aus der Patsche geholfen und ihren Reibach gesichert, sondern wäre von einer staatlichen Tasche in die andere gewandert. Der Verkauf öffentlichen Eigentums baut also unterm Strich die Staatsschulden meist nicht ab, sondern treibt sie weiter in die Höhe – und verschlechtert zudem die allgemeine Lebensqualität.

Inflation – das böse Spiel mit der Angst

Panikmache verkauft sich für die Boulevardmedien blendend. Mal ist es ein ausgebrochener Verbrecher, mal ein jugendlicher S-Bahn-Gangster, mal ein auf die Erde zurasender Komet – und immer lautet die Botschaft: »Das könnte Ihnen jederzeit auch passieren.« Fraglich ist, ob die geistig-moralisch verkommenen Sensationsschreiber an ihren gemeingefährlichen Unsinn selbst glauben – vor allem beim Thema Wirtschaft. Hier geht es derzeit um das Schüren der Angst vor dem Zusammenbruch des Euro und vor der Inflation. Und das ebenso Typische wie Perfide ist: Zielgruppe sind simpel gestrickte und vor allem ältere Menschen. So heißt es im RTL-Sender n.tv unumwunden: »Ältere Menschen hört man in diesen Zeiten schon mal sagen: ›Bring dein Geld in Sicherheit! Ich hab schon mal eine Geldentwertung mitgemacht.‹« Und weiter: »Inflation ist in Deutschland ein Schreckgespenst, vor dem fast jeder Angst hat. Das liegt auch an den schlechten Erfahrungen unserer Eltern und Großeltern. Wenn die Inflation in eine Hyperinflation mündet, endet dies in einem Währungsschnitt. Dies war 1923 und noch einmal nach dem Zweiten Weltkrieg 1948 der Fall. Die Ersparnisse waren futsch. Jeder musste wieder von vorne beginnen.«[88] Zum einen ist dies sachlich unrichtig: Zwar fing jeder nach der Währungsreform mit den berühmten vierzig Mark an. Aber die einen hatten Ländereien, Luxusvillen, Landsitze, Wertsachen wie Teppiche, Schmuck, Goldbarren und Gemälde – die anderen aber buchstäblich nichts. Und so kam es, dass auch nach dem Krieg und der Währungsreform die Reichen reich, die Armen arm blieben und die Mittelschicht um ihre Existenz bangen und kämpfen musste.

Zum anderen beruht die Weitergabe der Angst von Generation zu Generation weniger auf Argumenten als auf Viertelwissen und einem falsch verstandenen Respekt vor den Ahnen: Du sollst Vater und Mutter ehren, damit du lange lebest und es dir wohl ergehe auf Erden. Motto: »Dein Großvater konnte weder lesen noch schreiben und hat es dennoch zu etwas gebracht.« Der österreichische Heimatdichter Ludwig Anzengruber zeigte schon im Jahre 1878 in seinem Werk *Das Vierte Gebot* am Beispiel dreier Familien, wie dieses Gebot sinnentfremdet, ja sogar ins Gegenteil verkehrt wird, wenn es von den Eltern zum Schaden des Nachwuchses missbraucht wird.[89]

Noch heute spielt also die Horrorvokabel Inflation eine ähnliche Rolle wie der »Schwarze Mann«, wenn das Kind seine Suppe nicht isst. Wie schon eingangs erwähnt, scheut man sich auch nicht vor einem Vergleich mit den Superinflationen des letzten Jahrhunderts. Motto: »Wenn letztes Jahr ein Pfund Butter 1,20 Euro kostete und heute 1,50, dann kostet es womöglich nächste Woche schon eine Million Euro.« Dabei weiß jeder Hersteller, Händler oder Dienstleister, und der gesunde Menschenverstand sagt es einem auch, dass Preise im Normalfall nur bei zunehmender Nachfrage steigen: Die Bürger haben mehr Geld zum Ausgeben, was positiv ist, während sinkende Preise – Preiskampf der Discounter und »Geiz ist geil« hin oder her – das Gegenteil bedeuten. Das gilt für Aktien ebenso wie für Vollkornbrot.

Besonders eindrucksvoll haben die siebziger Jahre in der Bundesrepublik gezeigt, dass Inflation – innerhalb gewisser Grenzen – dann kein Problem darstellt, wenn das Realeinkommen der Bürger noch mehr steigt. Der damalige »Superminister« für Wirtschaft und Finanzen, Helmut Schmidt, erklärte diesen keynesianischen Grundgedanken 1972 in seiner unmissverständlichen Art.

»Mir scheint, dass das deutsche Volk – zugespitzt – fünf Prozent Preisanstieg eher vertragen kann als fünf Prozent Arbeitslosigkeit.«[90]

Für die Gläubiger ist die Inflation allerdings ein rotes Tuch. Ihre Forderungen verlieren an Wert, ebenso die Schulden ihrer Vertragspartner. Dies und nichts anderes ist die wahre Motivation für die »Maastricht-Kriterien«. Es sind ja nicht die Raumpflegerin Babsi Bergmann oder der Lkw-Fahrer Kevin Kasulzke, die milliardenschwere Staatsanleihen besitzen, sondern die Banken, Hedgefonds und Superreichen. Laut *Financial Times Deutschland* hält die verstaatlichte Hypo Real Estate 7,9 Milliarden Euro an griechischen Anleihen, die angeschlagene West-LB über eine Milliarde Euro, die Commerzbank 3,1 Milliarden. Griechenland und sein Privatsektor schulden deutschen Banken 45 Milliarden Euro.[91] Nur folgerichtig malen Vermögensschutzdienste wie *Sicheres Geld* den Teufel an die Wand: »Der Ruin schleicht schon um Ihr Haus … die Hyperinflation. 86 Jahre schlief sie in Deutschland. Jetzt … wacht sie wieder auf.«[92] Auch der neoliberale Wirtschaftsprofessor und INSM-Berater Thomas Straubhaar machte in Panik und sagte für 2010 und danach eine »Horror-Inflation« mit Inflationsraten von fünf bis zehn Prozent voraus.[93] Demgegenüber ermittelte das Statistische Bundesamt Mitte 2010 einen Preisanstieg von 1,2 Prozent, und der wurde vor allem durch die Preisexplosion bei Öl und Kraftstoffen hervorgerufen.[94]

Leidtragende können aber auch die Arbeitnehmer werden, wenn die Gewerkschaften nicht entsprechende Forderungen durchsetzen können oder wollen, sowie die Bezieher staatlicher Gelder wie Senioren und Hartz-IV-Empfänger, da ihre Einkommen meist langsamer und geringer steigen als die Inflationsrate oder sogar durch »Nullrunden« de facto drastisch sinken.

Dennoch kann der Keynesianismus der Ära Schmidt als »kleinstes Übel« marktwirtschaftlicher Wirtschaftspolitik bezeichnet werden. So begann das Sinken der Reallöhne und des allgemeinen Lebensstandards bei gleichzeitiger Explosion der Konzerngewinne und der leistungslosen Gewinne der Reichen erst Mitte der achtziger Jahre mit dem Triumphzug des neoliberalen Monetarismus, der die Schuld an Inflation und Staatsverschuldung in zu hohen Löhnen und »Lohnnebenkosten« sowie zu hohen öffentlichen Ausgaben sieht, insbesondere in den als »soziale Hängematte« diffamierten Leistungen des Sozialstaats.[95]

Vollends konkurrenzlos wurde diese Ideologie mit dem politischen Zusammenbruch des Ostblocks. Kranke wurden als »Drückeberger«, Arbeitslose als »Sozialschmarotzer« beschimpft, wohingegen Milliardenerben, die ihr Leben lang nie einen Handschlag getan hatten – den Anruf beim Vermögensverwalter einmal ausgenommen –, als »Leistungseliten« gepriesen wurden. Ihnen wurde der Spitzensteuersatz unter Rot-Grün von 53 auf 42 Prozent gesenkt, während mit der Einführung von Hartz IV Menschen mit 30-jähriger Berufstätigkeit als »arbeitsscheues Gesindel« verhöhnt und mit weniger monatlichem Geld abgespeist werden, als manch ein Reicher oder knapp der Pubertät entkommener BWL-Prahlhans für ein einziges Abendessen mit »Assistentin« in einem Nobelrestaurant verpulvert. Allein ein Fünfgängemenü mit Parma-Schinken und Melonen, Krabbencocktail à la Mauritius, Seezunge an Trüffeln, argentinischem Cordon bleu und zum Abschluss mit einer leckeren Mousse auf Antilopensouflét kostet, die zwei Flaschen Jahrhundertwein mit eingerechnet, weit über fünfhundert Euro – von Besuchen in den sogenannten Edelbordells gar nicht erst zu reden. Wohlgemerkt: Die Durchschnittsbürger neiden dem steinreichen Parasiten nicht seine Puffbekanntschaften – sie selbst sind mit ihren Partnern meist relativ glücklich –; sie regt auf, dass diese gesellschaftlich überflüssige ehrenwerte Gesellschaft dem Volk am Allerwertesten hängt wie hartnäckige Hämorrhoiden.

Die Pointe der Geschichte: Nicht einmal ihr Hauptziel, die Stabilität des Haushalts, haben neoliberale Regierungen irgendwo in der westlichen Welt längerfristig erreicht – im Gegenteil. Aber nach der Methode »Frechheit siegt« suggeriert man dem Volk, dass einfach noch nicht genug gespart wird. Und da die Hartz-IV-Empfänger durch Kürzungen provoziert, die Großverdiener aber durch Steuergeschenke zur Leistung motiviert werden, bedeutet dies, dass die Armen noch nicht arm genug und die Reichen noch nicht reich genug sind.

Noch ein Wort zu einem grenzdebilen »Argument« der Millionärs-Verehrer: »Beginnen wir mit den Fakten«, leitet Margaret Heckel in der *Welt* eine devot-euphorische Laudatio auf die Superreichen ein: »Über 50 Prozent der Lohn- und Einkommensteuern werden in Deutschland von jenen zehn Prozent der Steuerpflichtigen bezahlt, die am meisten verdienen. Die schlechter verdienende Hälfte der Bevölkerung steuert hingegen weniger als zehn Prozent der Steuereinnahmen bei.«[96]

> Ein Äthiopier trifft einen deutschen Minister: »Ihr seid so reich und habt unglaublich viele Autos.« – »Kopf hoch: Dafür habt ihr viel mehr Parkplätze.«

Hier wird einmal mehr die Wahrheit auf den Kopf gestellt; denn nach dieser Logik würden die unteren vier Fünftel bei einem Monatsarbeitseinkommen von 100 Euro zu den Steuereinnahmen aus Einkommen gar nichts, das obere Fünftel bei einem Verdienst von 200 000 Euro dagegen alles beitragen. Arbeitnehmern mit Hungerlöhnen ihren geringen Steuerbeitrag vorzuwerfen und die Manager der ausnutzenden Arbeitgeber wegen ihrer Steuern auf ihr Millioneneinkommen in die Nähe sozialer Wohltäter zu rücken ist abwegig, zynisch, also typisch neoliberal. Außerdem wird das größte Steueraufkommen über die Umsatzsteuer (Mehrwertsteuer) erreicht, von der im Verhältnis zum Einkommen die Normal- und Geringverdiener am meisten bezahlen. Wer diese Kritik dann auch noch als »Sozialneid« bezeichnet, gestattet keine halbwegs vernünftige Diskussion und ist eher ein Fall für psychiatrische Hilfe.

Maastricht-Kriterien und Staatsverschuldung

Wie es aussieht, ist das Euro-Maastricht-Projekt gründlich gescheitert. Wirtschaftsnobelpreisträger Paul Krugman rechnet damit, dass Griechenland aus der Eurozone fliegt, und auch Spanien könne sich nur mit Lohnsenkungen von etwa 20 Prozent retten, was aber nicht einmal in den wirtschaftsliberalen USA möglich sei. Und ähnlich wie weiland Helmut Schmidt sieht er die wahre Gefahr nicht in der Inflation, sondern in der Arbeitslosigkeit. Als Lösung für Europa empfiehlt er vor allem eine expansive Geldpolitik der Europäischen Zentralbank: »Die

EZB müsste eine Inflation von 4 bis 5 Prozent anstreben. Damit sei es auch bedeutend einfacher, einen realen Lohnabbau zum Beispiel in Spanien möglichst schmerzfrei durchzusetzen. Allein mit einem nominalen Nullwachstum der Löhne über vier Jahre würden die Reallöhne ebenfalls um 20 Prozent sinken. Das wäre aber weit einfacher politisch durchsetzbar als entsprechende Nominallohnsenkungen.«[97]

Dies klingt nicht nur asozial, das ist es auch. Das Modell spekuliert auf saudumme, des Rechnens unkundige Bürger.

> Einerseits habe ich bei den Euros 200 Miese gemacht, andererseits aber bei den Cents 500 plus.

Nun kann man den Bürgern zehnmal einreden, die Inflation, also die permanente Verschlechterung ihrer Kaufkraft, sei nur »gefühlt« oder »eingebildet«. Doch wenn eine Mutter jahrelang immer das Gleiche im Supermarkt kauft und immer mehr dafür bezahlen muss, wohingegen ihr Lohn nur lächerlich oder gar nicht steigt, dann ist das weder »gefühlt« noch »eingebildet«. Da helfen auch keine Warenkorbkunststücke à la David Copperfield. Immer weniger Bürger glauben, dass die Frau auf der Bühne wirklich zersägt wird.

Andererseits ist dieses Modell Keynes pur, der entgegen der Meinung vieler sogenannter Linker eben kein Sozialist war. Er selbst stellte seine Theorie am 14. März 1932 im Radio als wertfrei dar: Man könne »die Wünschbarkeit und sogar die Notwendigkeit von Planung akzeptieren, ohne Kommunist, Sozialist oder Faschist zu sein«.[98] Dennoch – oder gerade deshalb – halten seine Theorie und Praxis der Theorie und Praxis des neoliberalen Monetarismus mühelos stand.

Obwohl die EU die Staatsverschuldung unverfroren schönrechnet – seit Juli 2009 müssen die Milliardenausgaben für die Bankenrettung größtenteils nicht mehr in der Bilanz auftauchen[99] –, erfüllt kaum noch ein Staat die Maastricht-Kriterien. Und längst geht es nicht mehr nur um die *PIIGS*-Staaten (siehe Tabelle im Anhang).

Dabei waren sich doch der gelernte Lehrer und damalige

>>*Es steht außer Frage, dass alle europäischen Staaten eine stabilitätsorientierte Politik betreiben.*<<
Ex-Finanzminister Hans Eichel am 31. August 2003

>>*Für mich ist die Frage der Stabilitätskultur in der EU ein persönliches Versprechen.*<<
Ex-Bundeskanzler Helmut Kohl am 25. Februar 2005

Finanzminister Hans Eichel ebenso wie der Historiker Helmut Kohl in der ihnen eigenen Fachkompetenz über *Stabilität* als Wunderwaffe einig.

Nach EU-Berechnungen wird die Neuverschuldung in den meisten EU-Staaten 2010 deutlich steigen, in Deutschland von 3,3 Prozent (2009) auf 5,0 Prozent, in Frankreich von 7,5 auf 8,0 Prozent und in Großbritannien von 11,5 auf 12,0 Prozent des BIP. >>Das Defizitniveau der Mitgliedsstaaten ist beunruhigend hoch<<, resümiert EU-Währungskommissar Olli Rehn. Der durch die Finanzkrise ausgelöste Trend einer stetig steigenden Staatsverschuldung wird sich EU-Angaben zufolge weiter beschleunigen. Lag der Schuldenstand 2007 EU-weit noch bei 66 Prozent des BIP, so wird er bis 2011 auf 88,5 Prozent steigen. Eine mittelfristige Senkung auf den Maastrichter Richtwert von 60 Prozent gilt damit als nahezu ausgeschlossen. [100]

Die absoluten Zahlen wirken noch eindrucksvoller. Die 27 EU-

Staaten müssen sich laut Berechnungen nochmals mit fast 870 Milliarden Euro verschulden – zusätzlich zu den bereits bestehenden 8,7 Billionen Euro. Der Großteil wird mit rund 600 Milliarden Euro auf die 16 Euroländer entfallen, davon auf Frankreich 156 Milliarden Euro, gefolgt von Deutschland mit 121, Spanien mit 103 und Italien mit 80 Milliarden Euro. Getoppt werden diese Zahlen allerdings von Großbritannien mit notfalls bis zu 200 Milliarden Euro.[101] Die EZB unkt, die in der Krise angehäufte Schuldenlast werde vielen Euroländern noch lange Jahre »kaum Luft zum Atmen lassen«. Selbst unter günstigen Annahmen könne es noch 20 Jahre dauern, bis die Schuldenquote wieder auf ein mit dem Maastrichter Stabilitätspakt vereinbartes Niveau gefallen sei.[102]

Auch die EU-Kommission sieht die Zukunft rabenschwarz. Die Staatsverschuldung könne durchaus in einigen EU-Staaten »völlig aus der Kontrolle« geraten. Vor allem in Irland und Großbritannien werde die Staatsverschuldung explodieren, wenn die Regierungen dort keine Sparmaßnahmen ergriffen. Sie werde dann bis 2020 in Irland auf 200 Prozent und in Großbritannien auf 180 Prozent vom Bruttoinlandsprodukt emporschnellen – vorausgesetzt, beide Länder ließen ihre Konjunkturprogramme und Banken-Rettungspakete Ende 2010 auslaufen. Andernfalls würden die Staatsfinanzen sich noch schlechter entwickeln.

Aber auch in von der Krise weniger hart getroffenen Ländern werde sich die Haushaltslage rapide verschlechtern. So werde ohne »Haushaltskonsolidierung« die Staatsverschuldung in Frankreich und Italien 2020 bei jeweils 125 Prozent des BIP liegen. Für Deutschland erwartet die Kommission bis 2020 einen Anstieg der Staatsverschuldung auf knapp 100 Prozent vom BIP, womit wir als größter EU-Staat im europäischen Vergleich »ungefähr im Mittelfeld« lägen.[103]

Wem nutzt Stabilität?
Die Gläubiger der Problemstaaten

»Griechenland steht mit 302 Milliarden in der Kreide«, titelte die Unternehmerpostille *Handelsblatt* im Februar 2010. Aber bei wem? Nicht bei dir und mir, sondern – natürlich bei den Banken, wie aus einer Statistik der Bank für Internationalen Zahlungsausgleich (BIZ) für das dritte Quartal 2009 hervorgeht. Größte Gläubiger sind demnach mit gut 75 Milliarden Dollar die Geldhäuser Frankreichs und der Schweiz mit fast 64 Milliarden Dollar. Deutsche Banken haben Griechenland gut 43 Milliarden Dollar geliehen. Es folgen mit großem Abstand Institute aus den USA mit 16,4 Milliarden Dollar, Großbritannien mit 12,3 Milliarden Dollar, den Niederlanden mit 12 Milliarden Dollar und Portugal mit 10,3 Milliarden Dollar.

Nimmt man Spanien unter die Lupe, so liegt die Verschuldung des Landes bei ausländischen Banken laut BIZ bei gut 1,15 Billionen Dollar. Der Löwenanteil entfällt mit gut 240 Milliarden Dollar auf Deutschland, eng gefolgt von Frankreich mit knapp 196 Milliarden Dollar. Im dreistelligen Milliardenbereich liegen zudem mit 126,6 Milliarden Dollar auch die Niederlande und mit gut 119 Milliarden Dollar Großbritannien. Belgien ist mit immerhin 46 Milliarden Dollar dabei.

In Portugal engagieren sich ausländische Institute mit gut 286 Milliarden Dollar. Spitzenreiter ist Spanien mit Krediten über 88,5 Milliarden Dollar. Auf Deutschland entfallen 47 Milliarden Dollar, gefolgt von Frankreich mit 35,5 Milliarden Dollar. Auf Großbritannien entfallen 24,5 Milliarden und auf die Niederlande 11,8 Milliarden Dollar. Die übrigen Engagements sind kleiner, so etwa das belgische mit 8,8 Milliarden und das italienische mit 6,7 Milliarden Dollar.

Ein großer Brocken ist Irland mit 938 Milliarden Dollar. Mit je rund 193 Milliarden Dollar halten sich die Forderungen britischer und deutscher Banken fast die Waage. Eng zusammen liegen auch Frankreich und Belgien mit 78 Milliarden bzw. 72 Milliarden Dollar. *Barclays Capital* beziffert das US-Engagement bei den vier Problemländern mit 176 Milliarden Dollar: Auf Irland entfallen 82 Milliarden, auf Spanien 68 Milliarden, auf Griechenland 18 Milliarden und auf Portugal 9 Milliarden Dollar.[104]

Im Falle Griechenland spielt besonders die EZB eine zwielichtige Rolle: Für 25 Milliarden Euro kaufte sie bis Mitte 2010 griechische Staatsanleihen. Laut *Spiegel* argwöhnt die Bundesbank, dies nutze vor allem Frankreich, dessen Geldinstitute dank künstlich hochgehaltener Kurse nun leichter ihre Schrottpapiere loswerden könnten – und zwar an die EZB …

Die Aktion der EZB schade den Deutschen gleich doppelt. Zum einen seien sie mit 27 Prozent an der EZB und somit an deren Risiken beteiligt, zum anderen dürfen deutsche Banken ihre griechischen Anleihen nicht an die EZB verkaufen. Gegenüber Finanzminister Wolfgang Schäuble haben sie sich verpflichtet, die Papiere bis Mai 2013 zu halten.[105]

Friedhelm Busch von der n.tv-Telebörse meinte ironisch: »EZB-Chef Trichet könnte im Grunde jetzt schon seinen Hut nehmen; als Hüter der Währungsstabilität würde er nicht mehr benötigt. Es reicht in Zukunft eine Standleitung nach Brüssel oder – besser noch – gleich nach Paris. Von dort würde die Notenbank erfahren, in welchem Umfang sie durch den Ankauf von Staatsanleihen aus Brüssel oder aus dem Kreis der Partnerländer die Geldschleusen zu öffnen hat.«[106]

»EZB wird Bad Bank«, lästert die *junge Welt*.[107] Apropos Bad Bank: Würde ein verschuldeter Handwerksmeister eine Scheinfirma gründen, ihr sämtliche Schulden überschreiben und für die Scheinfirma dann Konkurs anmelden, so würde man ihm dies wahrscheinlich als Betrug auslegen.

Tarot-Karten, Glaskugeln und Korruption: Die Rating-Scharlatane

Wer aber bestimmt die Kreditwürdigkeit ganzer Staaten? Noch vor Christi Geburt hatten die Hellseher Hochkonjunktur. Nach mehr als zweitausend Jahren wissen wir, dass es Scharlatane waren, deren Erscheinungen vermutlich aus übermäßigem Alkoholkonsum resultierten und deren Ratschläge für oder gegen einen Krieg einer Mischung aus Psychose und betrügerischer freier Erfindung entsprangen. Aber selbst die Staatsführer nahmen diesen Humbug für bare Münze. Sie hielten ja auch Ebbe und Flut für eine Laune der Meeresgötter. Für den Außenstehenden unvorstellbar allerdings ist es, dass derlei geballte Idiotie sich auch heute noch in Gestalt der Rating-Agenturen behauptet. Diese »grauen Eminenzen, Schattenmänner und Strippenzieher«[108] stufen mal Island herauf, mal Griechenland oder Spanien herunter, ohne dass je ein Politiker erfährt oder auch nur danach fragt, nach welchen Kriterien dies geschieht: Glaskugel, Tarot-Karten, Würfel, Marienerscheinung? Die Rating-Wahrsager halten ihre Methoden so geheim wie das Pentagon den Code zum Abfeuern einer Atomrakete. Vermutlich könnten sie auch gar nichts verraten – weil es solche seriösen Kriterien und Methoden offenbar gar nicht gibt[109], allein schon, weil diese Lichtgestalten sie aufgrund ihres fachlichen oder intellektuellen Niveaus gar nicht entwickeln oder kapieren könnten. Man kann es sich nicht oft genug vor Augen führen: Da gibt es in den EU-Staaten Tausende hochqualifizierter Wissenschaftler oder Beamter, die die Situation eines Staates ehrlich analysieren könnten, stattdessen aber hört die Politik auf jene unappetitliche Mischung aus Schutzgeldeintreiber und Heiratsschwindler: Wenn diese wissenschaftlich und moralisch indiskutablen Wichtigtuer einen Staat herunterstufen, dann ist er eben weniger kreditwürdig, basta.

Fragen Sie doch mal Ihren Bundestagsabgeordneten, warum Spanien weniger kreditwürdig sein soll als Italien. Jede Wette: Im besten Fall wird er das Gewäsch der »heimlichen Herrscher der Wall Street«[110] gedankenlos nachplappern.

Falls die Rater überhaupt auf der Basis von Fakten arbeiten – nichts ist unmöglich –, dann muss man sich das so vorstellen wie die Prüfung der Kreditwürdigkeit von Privatkunden in Deutschland: »Alter, Job, Wohngegend und, und, und: Firmen wie die Schufa sammeln Daten von Millionen Deutschen und bewerten deren Kreditwürdigkeit«, schreibt Anne Seith in *Spiegel Online*. »Was die Bewertung besonders unsolide macht: Individuelle Daten, wie etwa ein hohes Einkommen oder eine feste Anstellung, fließen häufig nicht in die Berechnung mit ein.«[111]

Ganz so beliebig und dümmlich verfahren die Rater aber keineswegs. Für Paul Krugman ist das System der Agenturen jedenfalls »zutiefst korrupt«.[112]

Dafür spricht, dass die Rater kommerziell organisiert sind – hinter Standard & Poor's (S & P) zum Beispiel steckt der Medienriese McGraw-Hill, dessen Blatt *Business Week* als Sprachrohr der US-Wirtschaft gilt – und von ihren Auftraggebern bezahlt werden.[113] Da ist natürlich die Versuchung groß, zwecks Sicherung künftiger Aufträge das gewünschte Rating zu liefern. Thomas Straubhaar spricht in seinem Aufsatz »Warum Rating-Agenturen verramscht werden müssen« unumwunden von der »Vermutung, dass sie als Schiedsrichter des Finanzsystems mit den Spielern, nämlich den Banken, unter einer Decke gesteckt haben. So soll es zu Gefälligkeitsurteilen gekommen sein«.[114]

> *»Rauchen ist doch nicht gesundheitsschädlich.*
> *Gezeichnet Dr. Marlboro«*
>
> Otto Waalkes

Zumindest erscheint es nicht abwegig, dass jemand, der gegen den Euro wettet, Ratings begrüßt, die dem Euro schaden. Als einen Tag nach der Herabstufung Portugals und Griechenlands die Standard & Poor's am 28. April 2010 auch die Kreditwürdigkeit Spaniens abwertete, fiel der Eurokurs innerhalb von Sekunden.[115] Wenn also Griechenland infolge von Ratings immer mehr Kreditzinsen zahlen muss, so liegt das nicht unbedingt an blinder Rating-Gläubigkeit oder übertriebener Vorsicht der Geldgeber.

Jedenfalls erlebte die zum Ritual verkommene Rating-Kritik eine Renaissance. Nach der Herabstufung der Kreditwürdigkeit Griechenlands auf »Ramsch-Status« *(Spiegel)* hatte sogar die FDP die Nase voll. So forderte Guido Westerwelle eine unabhängige europäische Rating-Agentur.

Sogar Branchenkollegen reicht es langsam. Chefvolkswirt von HSBC Trinkaus & Burkhardt, Stefan Schilbe, kritisierte den Zeitpunkt der Herabstufung. Standard & Poor's »hätte gut daran getan zu warten, bis alle Fakten auf dem Tisch liegen«. Nur wenn die Sparmaßnahmen Griechenlands zur Bereitstellung der Milliardenhilfen bekannt seien, könne seine Bonität richtig beurteilt werden. So könne sich das Problem für Griechenland noch verschärfen, weil bei einer starken Herabstufung institutionelle Investoren wie Versicherer oder Pensionskassen Anleihen des Landes nicht mehr in ihren Depots halten dürfen. »Standard & Poor's muss sich den Vorwurf gefallen lassen, in einem illiquiden Markt diese Prozesse noch verschärft zu haben.« Eine Rettungsaktion könne dadurch noch teurer werden. Auch von der EU-Kommission bekommen die Rater ihr Fett weg. Die Agentur solle für ihre Einstufung mehr die »Realitäten« berücksichtigen, forderte Kommissionssprecher Amadeu Altafaj Tardio.

Hämisch äußerte sich der Direktor des Instituts der deutschen Wirtschaft (IW), Michael Hüther. »Das Handeln der Rating-

Agenturen überzeugt hier ebenso wenig wie in der Finanzkrise 2008 und 2009.«[116] Und Thomas Straubhaar urteilt: Die aktuelle Kritik an den Rating-Agenturen sei voll und ganz begründet. Ganz offensichtlich sind Rating-Agenturen nicht in der Lage, ihren Aufgaben gerecht zu werden. Sie liefern keine brauchbaren Informationen zur Früherkennung von Problemen. Sie sehen Krisen nicht im Voraus, und sie reagieren nur im Nachhinein. Zudem droht die Gefahr, dass die von ihnen verbreiteten Informationen Krisen erst verursachen.[117] Sarkastischer Rat von Finanzminister Wolfgang Schäuble: »Im Übrigen ist kein Marktteilnehmer daran gehindert, Rating-Agenturen nicht so ernst zu nehmen, wie es heute getan wird.«[118]

Wie »seriös« die Rating-Agenturen arbeiten, zeigt das Beispiel USA: Die drei zufällig in den USA ansässigen Großen – Standard & Poor's, Moody's und FitchRatings – denken nicht daran, am makellosen Bonitätsruf der USA zu kratzen. Der Kölner Buchautor und Marktexperte Michael Mross schließt eine Rückstufung der USA ganz aus. »Jede auch nur geringfügige Abstufung des Megaschuldners USA würde eine internationale Katastrophe auslösen.« Denn: »Je höher der Schuldenstand der Nation, desto größer die Wahrscheinlichkeit, dass die Rückzahlungsillusion platzt, weil dann immer mehr Menschen begreifen, dass eine Rückzahlung nicht möglich ist.« Mross' Fazit: Die Bonitätsnote der USA werde immer auf der Höchstbewertung AAA bleiben – »bis zum bitteren Ende«.[119]

So weit die Sprüche; aber wie sieht's mit den Maßnahmen aus?

Bereits im Jahre 2008 kündigte die EU-Kommission eine verbindliche Kontrolle an. Sogar der Chef der Bundesanstalt für Finanzdienstleistungsaufsicht (BaFin), Jochen Sanio, forderte ein unabhängiges Gremium, das unsolide Machenschaften der Rating-Agenturen frühzeitig erkennen und so Finanzkrisen vorbeugen könne.[120] Am 23. April 2009 – also ein Jahr vor dem

Staatenabwertungsskandal – verkündete die *Wirtschaftswoche:* »EU stellt Rating-Agenturen unter staatliche Kontrolle.«[121] Was die Beschlüsse und Verordnungen taugten, zeigte sich ja zwölf Monate später.

In den USA versucht man allerdings, nach der Methode »Haltet den Dieb« den Spieß umzudrehen. So berichtete die *New York Times* im Mai 2010, die New Yorker Staatsanwaltschaft verdächtige acht Geldinstitute – darunter die Deutsche Bank, Crédit Agricole, Credit Suisse und UBS –, sie hätten Rating-Agenturen mit falschen Informationen in die Irre geführt, sie so zu einer besseren Bewertung von Hypothekenpapieren verleitet und damit zur US-Immobilienkrise, einem Auslöser der internationalen Finanzkrise, beigetragen.[122] Aber wie dem auch sei: Ob's Beelzebub oder der Teufel persönlich war, den weltweit zig Millionen Leidtragenden kann es egal sein.

Eine der wenigen ernstzunehmenden Ideen stammt vom Wirtschaftsnobelpreisträger Joseph E. Stiglitz: »Rating-Agenturen sind inkompetent«, stellt er fest. Aber um nicht nur ihnen als Steigbügelhalter, sondern der Spekulation insgesamt das Wasser abzugraben, schlägt er eine Finanztransaktionssteuer vor – wer sein Geld heute hier und morgen dort anlegen will, muss blechen. »Wenn man nun eine Steuer erhebt, um risikoreiches Verhalten einzudämmen, dann kann man damit einerseits schlechtes Benehmen regulieren und gleichzeitig ein finanzielles Notpolster schaffen.«

Warum die Durchsetzung einer besseren Regulierung der Märkte so lange dauert, erklärt er auch: »Die großen Banken stellen sich quer. Denn mit der Deregulierung der 1990er Jahre haben sie viel Geld verdient. Und auch weiterhin hoffen sie auf massive Gewinne – ohne Regulierung.« Und anders als die Politik setzt er nicht auf vage Absichtserklärungen, sondern auf das Volk: »Ich hoffe aber, dass die Wut der Menschen auf der ganzen Welt so groß ist, dass sich bald etwas Grundlegendes ändert.«[123]

6   Das Kaputtsparprogramm

G inge es nach den Reichen und Mächtigen der EU – und den Politikern –, dann müssten alle Mitgliedsstaaten Kaputt-sparprogramme zu Lasten des Volkes verabschieden und rigoros durchsetzen. Einen typischen Vorschlag machte EU-Kommissar Rehn im April 2010. Er forderte eine einheitliche Regelung der Altersversorgung, auch zur Länge der Lebensarbeitszeit: »Ohne Rentenreformen erreichen wir keine nachhaltigen öffentlichen Finanzen.«[124] Im Klartext: Er will den Rentnern ans Leder – mit dem edlen Wort Nachhaltigkeit will die Politik bekanntlich die kleinen Leute dazu überreden, »zugunsten künftiger Generationen« sich immer mehr wegnehmen zu lassen. Nur landet das abgepresste Geld nach aller Erfahrung meist nicht bei Omis Lieblingsenkel und dessen Kindern, sondern auf den Konten der Reichen und Wirtschaftsgangster. Wenn Schulen verrotten und Jugendliche wegen mangelnder Kenntnisse im Lesen, Schreiben und Rechnen für eine Lehre nicht in Frage kommen, gleichzeitig aber den Superreichen und Konzernen in Form von Steuergeschenken und »Rettungspaketen« jeder Cent aufgedrängt wird, der bei drei nicht auf den Bäumen ist, dann beweist dies eher eine Nachhaltigkeit der besonderen Art.

Die Schuldenbremse: ein schwäbisches Hausfrauenmodell

Am 12. Juni 2009 einigten sich Bund und Länder auf die Verankerung einer Schuldenbremse im Grundgesetz. Nach der Verkündung im Bundesgesetzblatt[125] trat das entsprechende Gesetz zur Änderung des Grundgesetzes (Artikel 91 c, 91 d, 104 b, 109, 109 a, 115, 143 d) am 1. August 2009 in Kraft. Von 2020 an dürfen die Länder keine Kredite mehr aufnehmen, ab 2016 ist dies dem Bund nur noch in wirtschaftlich normalen Zeiten gestattet und lediglich in Höhe von 0,35 Prozent des Bruttoinlandsprodukts – also derzeit etwa neun Milliarden Euro.[126]

Viele Wissenschaftler, die im Gegensatz zu den meisten, die über die Schuldenbremse entschieden haben, weder Juristen noch Lehrer oder Theologen sind, sondern studierte und international anerkannte Ökonomen, nahmen das Gesetz gnadenlos auseinander. »Führende Ökonomen verteufeln Schuldenbremse«, überschrieb *Handelsblatt.com* einen Artikel vom 13. Februar 2009. »Die Politik ist von der Denkstruktur einer schwäbischen Hausfrau getrieben und leider nicht von der Denkstruktur eines schwäbischen Unternehmers«, spöttelte der Würzburger Volkswirtschaftsprofessor und Wirtschaftsweise Peter Bofinger. Öffentliche Schulden seien, wenn sie investiv eingesetzt würden, grundsätzlich nicht schlecht. »Mit einer Schuldenbremse werden die Investitionsmöglichkeiten des Staates aber massiv eingeschränkt.« Und: »Statt über ein neues Wachstumsmodell für Deutschland nachzudenken, nehmen wir uns Handlungsspielräume und mauern uns ein.«

Der Direktor des Instituts für Makroökonomie und Konjunkturforschung (IMK), Gustav Horn, kanzelte die Einführung einer Schuldenbremse als »einen wirtschaftspolitischen Irrweg« ab. Die Politik erschöpfe sich in »Symbolpolitik, die die Glaubwürdigkeit beschädigt«. Worauf sich Bund und Länder geeinigt hätten, führe zudem zu einer dauerhaften Belastung für das Wachstum in Deutschland, da die Konsolidierung der Haushalte wie in der Vergangenheit »primär zu Lasten der öffentlichen Investitionen« gehen werde.[127]

Übrigens hat die Schweiz die durch Deutschland übernommene Schuldenbremse im Jahre 2003 wieder abgeschafft, nachdem sie beim »Elch-Test« (Peter Bofinger) komplett versagt hatte. Infolge einer Rezession verzeichnete der Staat weit weniger Einnahmen als erhofft, so dass die Ausgaben die zulässige Obergrenze deutlich überschritten: Darauf hob man den Wert kurzerhand auf das Niveau der Ausgaben an und setzte die Schuldenbremse faktisch außer Kraft.[128]

Das Paket: Sparen auf Rezession komm raus

Am 7. Juni 2010 wurde ein umfangreiches Sparprogamm der Bundesregierung bekannt, mit dem sie zum Jahre 2014 etwa 86 Milliarden einsparen will, davon 11,2 Milliarden im Jahre 2011.

- Der auf zwei Jahre befristete Zuschlag beim Übergang vom Arbeitslosengeld I in das Arbeitslosengeld II soll wegfallen. Bisher erhielten Alleinstehende im ersten Jahr bis zu 160 Euro monatlich, im zweiten bis zu 80 Euro, Verheiratete maximal das Doppelte. Die Streichung soll den Staat um 200 Millionen Euro im Jahr entlasten.

- Die Arbeitslosenversicherung soll künftig ohne Darlehen oder Zuschüsse auskommen. Dies könnte zu einer Erhöhung des Beitragssatzes über die für 2011 festgelegten drei Prozent führen.

- Die Bundesagentur für Arbeit soll Leistungen stärker nach eigenem Gutdünken gewähren können – muss man dem Sachberater künftig eine Kiste Chianti mitbringen? – und dadurch ihre Ausgaben um 1,5 bis 3,0 Milliarden Euro drücken können.

- Die vom Staat finanzierte Rentenversicherung wird Hartz-IV-Empfängern gestrichen. Altersarmut ist vorprogrammiert, aber wenn man auch noch die medizinische Versorgung streicht, erreichen die meisten das Rentenalter eh nicht mehr. Das soll die Kassen um 1,8 Milliarden Euro jährlich entlasten.

- Der Heizkostenzuschuss für Wohngeldempfänger, der 2009 wegen der hohen Energiekosten eingeführt worden war, wird wieder abgeschafft. Das Einsparpotenzial liegt bei 100 Millionen Euro.[129]

- Das Wohngeld selbst wird ärmeren Familien, Rentnern und Studenten gekürzt, was 300 Millionen Euro einsparen soll. 46,3 Prozent der 900 000 Wohngeldempfänger sind Rentnerhaushalte, 37,7 Prozent Berufstätige, 8,8 Prozent Studenten und nur 7,2 Prozent Arbeitslose.[130] Sollte Schwarz-Gelb also wie üblich vor allem die »Drückeberger« treffen wollen, geht dieser Schuss gewaltig daneben.

- Das Elterngeld für Hartz-IV-Empfänger fällt komplett weg, was 440 Millionen Euro einsparen soll. Aber die sollen ja nach Regierungswillen eh nicht so viele Kinder in die Welt setzen wie die mit wertvollerem Erbmaterial ausgestatteten Akademikerinnen.

- Beim Elterngeld für Gering- und Normalverdiener soll zwar der Höchstbetrag von maximal 1800 Euro im Monat erhalten bleiben, allerdings werden künftig nur 65 statt 67 Prozent des Nettoeinkommens als Berechnungsgrundlage genommen. Minijobbern soll das Elterngeld um bis zu 300 Euro gekürzt werden. Dem sei »mit Logik nicht mehr beizukommen«, ereifert sich Markus Horeld in *Zeit Online*. Denn die Kürzung wird damit begründet, »stärkere Anreize für eine besser bezahlte Arbeit zu schaffen. Ja, geht's noch?«[131] Die Regierung erwartet dadurch Einsparungen in Höhe von 155 Millionen Euro im Jahr. Bei den oberen Einkommen wird tatsächlich nicht gekürzt. Dies widerspreche der Idee des Elterngeldes – vor allem die besserverdienenden Väter zur Auszeit zu bewegen. Am meisten bei den Ärmsten sparen, ziemlich viel bei den Normal- und Geringverdienern und »exakt null Euro bei

Besondersgutverdienern« – für Horeld ist das »Klientelpolitik in ihrer reinsten Form«.

- Großprojekte wie das 550 Millionen teure Berliner Stadtschloss und das neue Innenministerium sollen verschoben werden.
- Die Extraprofite der Energiekonzerne aus der geplanten Laufzeitverlängerung für Atomkraftwerke sollen abgeschöpft werden, was jährlich 2,3 Milliarden Euro einbringen soll.
- Fluggäste sollen eine »ökologische« Luftverkehrsabgabe zahlen. Sie soll bei Abflügen von deutschen Flughäfen erhoben und nach Kriterien wie Lärm und Energieverbrauch differenziert werden und pro Jahr etwa eine Milliarde Euro in die Staatskasse spülen.
- Mit einer Finanzmarkttransaktionssteuer sollen die Banken sich an den Kosten der Krise beteiligen. Die Bundesregierung setzt dabei auf eine internationale oder europäische Vorgehensweise, behält sich aber auch eine nationale Lösung vor. Angestrebt wird eine Lösung zum 1. Januar 2012.
- Die Deutsche Bahn soll einen erheblichen Teil ihrer künftigen Gewinne an den Bund abführen. Von 2011 bis 2014 hat der Bund jeweils 500 Millionen Euro Dividendeneinnahmen eingeplant. Bisher konnte der bundeseigene Konzern Gewinne komplett behalten.
- Für die Bundeswehr plant man eine tiefgreifende, grundsätzliche Reform, die ab 2013 jeweils zwei Milliarden Euro einsparen soll. Im Gespräch ist die Reduzierung der Truppenstärke um 40 000 Berufs- und Zeitsoldaten. Schrittweise soll die Bundeswehr in eine Berufsarmee umgewandelt werden.
- Die Zahl der Bundesbeschäftigten soll bis 2014 um bis zu 15 000 Stellen sinken. Zudem sollen die Bundesbeamten 2011 auf die geplante Erhöhung des Weihnachtsgeldes verzichten. Dies bedeutet eine Kürzung der Bezüge um 2,5 Prozent. Generell sollen die Ausgaben des Bundes pauschal auf

mittlere Sicht um 4,4 Milliarden Euro im Jahr gesenkt werden.[132]

Ebenso wurden diskutiert:

- Eine kilometerabhängige Autobahnvignette für Pkw. Dafür könnte die Mineralölsteuer sinken.
- Die Ausweitung der Lkw-Maut ab 2011 auf vierspurige Bundesstraßen.
- Eine erneute Erhöhung der Tabaksteuer.
- Eine Anhebung ermäßigter Mehrwertsteuersätze für Hundefutter oder Taxifahrten und die Rücknahme der Kürzung der Hotelmehrwertsteuer.
- Kürzungen bei Qualifizierungsmaßnahmen der Bundesagentur für Arbeit, eine Mietpauschale für Langzeitarbeitslose sowie eine Anhebung des Beitrags zur Arbeitslosenversicherung über 3,0 Prozent.[133]

Noch forscher beim Sparen zu Lasten der kleinen Leute gibt sich die Bundesvereinigung der Deutschen Arbeitgeberverbände (BDA). So fordert sie fünf Euro pro Arztbesuch[134] sowie eine Kürzung der Ausgaben für Arbeitslose um sechs Milliarden Euro, ohne dass die Beschäftigungschancen von Arbeitslosen darunter litten. Die Verlängerung des Arbeitslosengeldes I für Ältere auf bis zu 24 Monate »war falsch, weil damit Anreize verlorengegangen sind, möglichst schnell wieder eine Beschäftigung aufzunehmen«, so BDA-Chef Dieter Hundt. Auch das höhere Arbeitslosengeld für Arbeitslose mit Kindern müsse gestrichen werden. Künftig solle das Arbeitslosengeld generell nur noch 60 Prozent des früheren Nettoeinkommens statt bisher 67 Prozent für Familien betragen. Familien bekommen heute 67 Prozent. Kürzen will Hundt auch bei den Arbeitslosen, die sich weiterbilden. Zeiten der Weiterbildung müssten auf das Arbeitslosengeld angerechnet werden. Dies könnte 500 Millionen Euro bringen. »Sinnlose und teure Maßnahmen gehören abgeschafft«, meinte Hundt, zum Beispiel Lohnzuschüsse für Arbeitgeber, die ihre Beschäftigten in eine Weiterbildungsmaßnahme schicken, sowie der Zuschlag beim Übergang vom Arbeitslosengeld I zum Arbeitslosengeld II. »Zuschläge bis ins vierte Jahr der Arbeitslosigkeit verleiten dazu, in Arbeitslosigkeit zu verharren.« Schließlich appellierte er an die Koalition, »mit dem Sparen Ernst zu machen und Kürzungen auch gegen Widerstände durchzusetzen«. Selbst Neoliberale wie Thomas Straubhaar warnen allerdings: »Jetzt mit der Hauruck-Methode schnell Milliarden einzusparen ist der falsche Weg.«[135] Wo gespart werde, würden andernorts neue Löcher aufgerissen.

Zwar nicht verwunderlich, aber dennoch erschreckend ist der Umstand, dass ein Sparprogramm, an dem nach Beteuerungen der Koalition nicht nur das Schicksal Deutschlands, sondern auch die Zukunft Europas, der EU und des Euro gehangen habe, fast ausschließlich nach partei- und machtpolitischen Gesichtspunkten fabriziert wurde. Die FDP war laut einer Allensbach-Umfrage vom Juni 2010 gegenüber der Bundestagswahl vom September 2009 von 14,6 auf 5 Prozent, CDU/CSU von 33,8 auf 30 Prozent gefallen.[136] Ein Platzen der Koalition konnte sich also keiner der Partner leisten und Neuwahlen schon gar nicht. Die Koalition wurde endgültig zum Überlebensbündnis – auch für die Kanzlerin wie für den Außenminister. Die beiden Parteiführer Angela Merkel und Guido Westerwelle waren längst Zielscheibe von Kritik und Häme selbst aus den eigenen Reihen, und bei einem Scheitern der Koalition mussten sie das Ende ihrer politischen Karrieren befürchten. Von daher war das Sparpaket ein vom jeweiligen Eigennutz bestimmter Kuhhandel: Jeder musste seiner Klientel »Erfüllung von Wahlversprechen« vorzeigen können. Da war natürlich für gemeinwohlorientierte Politik kein Platz, nicht einmal für – im Gegensatz zum frei erfundenen »alternativlosen Sachzwang zum Sparen« – echte Sachzwänge wie etwa die Stärkung der Kaufkraft der Bürger.

Apropos: Begriffe wie Kauflaune oder Konsumzurückhaltung sind an Sarkasmus kaum zu überbieten. Sie suggerieren, ganz im schwarz-gelben (aber auch rot-grünen!) Sinne, die Friseurinnen und Möbelpacker, Supermarktkassiererinnen und Gebäudereiniger, Kellnerinnen und Briefträger würden im Geld schwimmen und hätten lediglich keine Lust, sich Ferraris und Armani-Klamotten zu gönnen. Nun hatten die Koalitionspartner ihren Erfolg von 2009 als Wählerauftrag missverstanden, die Bürger von der Mittelschicht abwärts auszunehmen wie Weihnachtsgänse. Dies war denn auch – »linke« Parteiflügel hin oder her – der kleinste gemeinsame schwarz-gelbe Nenner. Insofern erweist sich das Sparpaket als logisches Ergebnis.

Dabei gab es im Vorfeld auch einsame Rufer in der Wüste. So will Niedersachsens CDU-Fraktions- und Parteichef David McAllister Spekulanten stärker zur Kasse bitten, etwa durch eine Finanzaktivitätssteuer, um »bestimmtes Fehlverhalten zu verhindern«.

CSU-Landesgruppenchef Hans-Peter Friedrich will den Spitzensteuersatz für diejenigen, »die weit mehr als der Durchschnitt verdienen«, zumindest vorübergehend erhöhen.[137]

Ähnlich hatte sich bereits im Mai 2010 Saarlands Ministerpräsident Peter Müller geäußert. Er fordert eine Extramehrwertsteuer auf Luxusgüter und will die seinerzeit von Rot-Grün beschlossene Senkung des Spitzensteuersatzes von 53 auf 42 Prozent wieder rückgängig machen.[138]

Was aber schließlich herauskam, nennt Till Schwarze in n-tv »halbherzig und unsozial«: »Jetzt zieht Merkel wieder die Kittelschürze der schwäbischen Hausfrau an und spricht mit Blick auf ihr Sparprogramm von einem ›einmaligen Kraftakt‹ in ›ernsten und schwierigen Zeiten‹. Ein Kraftakt sind die schwarz-gelben Kürzungen allerdings – vor allem für Hartz-IV-Empfänger, die einen Großteil des Schuldenbergs abtragen müssen. Damit wird denen, die am wenigsten haben, noch mehr weggenommen. Das ist nicht nur äußerst ungerecht, sondern im Fall der Rentenbeiträge auch kurzfristig gedacht. Zwar mag die Kürzung für die Haushalte der nächsten drei Jahre Einsparungen bringen. Doch am Ende wird der Bund die Renten der Leistungsempfänger sowieso bezahlen müssen. Und das Problem der Altersarmut wird zusätzlich verschärft. Auf solche Kritik angesprochen, wird Kanzlerin Merkel ein wenig zynisch.« Weil es perspektivisch weniger Arbeitslose geben werde, träfen die Kürzungen nicht mehr ganz so viele Menschen. An die ermäßigten Mehrwertsteuersätze etwa für Katzenfutter, Hotelübernachtungen und Frühkartoffeln habe man sich dagegen offenbar auf Druck der FDP nicht herangetraut.[139]

Verrisse von allen Seiten: »Setzen, sechs!«

Überhaupt hagelte es hinterher Kritik am schwarz-gelben Meisterstück von allen Seiten, auch aus den eigenen Reihen. So forderte der CDU-Sozialflügel eine höhere Besteuerung der Reichen. Der Chef der Sozialausschüsse, Christian Bäumler, monierte besonders die Abschaffung des Rentenbeitrags für Hartz IV-Empfänger und des Rechtsanspruchs behinderter Arbeitsloser auf Maßnahmen zur Wiedereingliederung in den Arbeitsmarkt. »Da werden diejenigen getroffen, die keine Lobby haben und sich am wenigsten wehren können.« Wenn die Beiträge zur Rentenversicherung bei Langzeitarbeitslosen eingespart würden, erhöhe sich das Risiko der Altersarmut. Zudem würden die Kosten für die Grundsicherung im Alter auf die Kommunen verlagert.[140] Bundestagspräsident Norbert Lammert trat für eine stärkere Beteiligung der Spitzenverdiener an der Sanierung des Bundeshaushalts ein.[141] Da wollte auch die FDP nicht abseitsstehen. So forderte Justizministerin Sabine Leutheusser-Schnarrenberger: »In solch schwierigen Zeiten müssen auch wir in der FDP uns fragen, wie wir diejenigen Bürger im oberen Einkommensbereich daran beteiligen können, dass die mittleren und unteren Einkommen entlastet werden. Die starken Schultern müssen mehr tragen. Es muss klar sein, dass wir das Auseinanderdriften zwischen Arm und Reich verhindern. Die Leistungsträger müssen dazu beitragen, den Sozialstaat zu finanzieren.«[142] Und Parteifreund Wolfgang Kubicki, Fraktionschef von Schleswig-Holstein, fordert sogar eine Erhöhung des Spitzensteuersatzes von 45 auf 47,5 Prozent und gleichzeitig eine Steuersenkung bei unteren und mittleren Einkommen.[143]

Selbst wenn solche Sprüche nicht ernst gemeint sein sollten, so spiegeln sie doch die Stimmung großer Teile der Bevölkerung und der FDP-Wähler wider. Man muss wenigstens so tun, als wolle man die Besserverdiener stärker an den Lasten der Krise beteiligen.

»Natürlich ist die Erhöhung der Spitzensteuer eine symbolische Handlung«, räumte ein Liberaler gegenüber *Spiegel Online* ein, »aber sie wäre dringend notwendig, um den Menschen klarzumachen, dass dem oberen Segment etwas abverlangt wird«. Dieses Signal »fehlt auf Bundesebene«.[144]

Herbe Kritik am Sparpaket kam auch vom Deutschen Institut für Wirtschaftsforschung (DIW). Ökonom Jan Goebel kritisierte, dass die bisherigen Vorschläge »eigentlich nur die unteren Einkommensbereiche betreffen. Wenn man den Trend sieht, den wir beobachten, dann muss man fragen: Warum sollen eigentlich die Menschen mit den hohen Einkommen keinen Sparbeitrag leisten?«

Dies fällt umso mehr ins Gewicht, weil laut einer DIW-Studie vom Juni 2010 die Kluft zwischen Armen und Reichen zunehmend größer wird. Ihr zufolge gibt es zudem immer mehr Arme, die immer ärmer werden. Der Anteil der Armen an der Gesamtbevölkerung ist demnach von 2000 bis 2009 von 18 auf

22 Prozent gestiegen, und gleichzeitig ist ihr durchschnittliches Nettoeinkommen inflationsbereinigt von 680 auf 677 Euro gesunken. Parallel hat das Einkommen der Wohlhabenden von 2569 auf 2672 Euro zugenommen, während das Einkommen der Mittelschicht zwar von 1287 auf 1311 Euro pro Person gestiegen, ihr Anteil aber von über 64 auf 60 Prozent geschrumpft sei. In den vergangenen Jahren sind immer mehr Menschen in die Schicht derer gerutscht, die nur niedrige Einkommen erzielen können, schreiben die Forscher. Dies löst ihnen zufolge bei der Mittelschicht starke Ängste vor einem Verlust ihres Status aus. Es könne gar zu »Statuspanik« kommen. Die Mittelschicht sei der Verlierer des vergangenen Jahrzehnts, was auch die Stabilität der Gesellschaft gefährde: »Gerade bei den mittleren Schichten, deren Status sich auf Einkommen und nicht auf Besitz gründet, besteht eine große Sensibilität für Entwicklungen, die diesen Status bedrohen.« Es könnten sich Ausländerfeindlichkeit und Fremdenhass ausbreiten.[145]

Fest steht jedenfalls, wer die Nutznießer der Ausplünderung der Bevölkerung sind: »Reiche sind reicher als vor der Finanzkrise«, fasst *Spiegel Online* im Juni 2010 eine weltweite Studie der Unternehmensberatung Boston Consulting Group (BCG) zusammen. Demnach ist die Zahl der deutschen Millionärshaushalte gegenüber dem Vorjahr um 23 Prozent auf 430 000 gestiegen.[146] Eine deftige Schelte kam aus dem befreundeten Ausland. So zog Merkels heimlicher Intimfeind, Frankreichs Staatspräsident Nicolas Sarkozy, in der ihm eigenen Deutlichkeit über ihr Projekt her. »Ein Sparpaket nach dem anderen führt in die Rezession.« Sarkozy bezweifelt, dass sich die geplante Steuer für Passagiere, die von deutschen Flughäfen starten, durchsetzen lässt und dass durch die vorgeschlagene Finanztransaktionssteuer so viel Geld eingenommen werden wird wie geplant.[147]

Sogar US-Präsident Barack Obama mischte sich kurz vor dem G-8-Gipfel der wichtigsten Industrienationen Ende Juni in Toronto persönlich ein und forderte die Deutschen auf, »in der Wirtschaftspolitik mehr Rücksicht auf die Konjunktur zu nehmen und den Defizitabbau nicht zu übereilen«, was die Kanzlerin natürlich entschieden zurückwies.[148]

> »Ich hab alles im Griff auf dem sinkenden Schiff.«
>
> Udo Jürgens, 1980

Dagegen erhielt Obama Unterstützung vom Milliardär, US-Spekulantenkönig und Hedgefonds-Manager George Soros. »Der Kollaps des Euro ist möglich«, unkte auch er. Der Heuschreckenboss kritisierte »Länder wie Deutschland, die zu viel exportieren und zu wenig für die Binnenkonjunktur tun«.[149] Die deutsche Politik sei »eine Gefahr für Europa, sie könnte das europäische Projekt zerstören«. Momentan treibe die deutsche Politik die Nachbarn in eine Deflation: Löhne und Preise gingen herunter, es drohe eine »lange Phase der Stagnation« und anschließend Nationalismus, soziale Unruhen und Fremdenfeindlichkeit.[150]
Nun dürfte das Wohlbefinden der Deutschen und der Europäer Soros & Co. relativ egal sein. Was ihm und Obama Sorgen macht, ist das gigantische Minus in der US-Handelsbilanz: Unsere amerikanischen Freunde führen Jahr für Jahr mehr Waren ein, als sie exportieren – allein im März 2010 für 40,4 Milliarden Dollar. Laut US-Ökonom Harm Bandholz von *Unicredit* in New York hat sich das nominale Handelsbilanzdefizit seit Mai 2009 sogar um 54 Prozent erhöht. »Die globalen Ungleichgewichte nehmen damit wieder zu.«[151] Im Klartext: Die USA wollen zahlungskräftige Europäer, damit die mehr US-Produkte kaufen können. Mehr Geld in den Taschen der Völker Europas: Wer hätte gedacht, dass die Interessen des US-Kapitals mit de-

nen der Bevölkerung der Eurolände nahezu identisch sind? Ähnlich argumentiert auch Chinas Führung am Rande des G-20-Gipfels Ende Juni 2010. Ihr ist klar: Sollten Europas Bürger immer weniger Geld zum Einkaufen haben, könnte dies Arbeitsplätze in Chinas Exportindustrie kosten.[152]

Ähnlich sieht das auch Michael R. Krätke, Professor für Politische Ökonomie an der Universität Lancaster, der die Bedeutung des Sparkurses für die internationale Wirtschaft beleuchtet: »Während die BRIC-Staaten (Brasilien, Russland, Indien, China) gerade eine strategische Wende vollziehen, ohne sich aus der Weltwirtschaft zu verabschieden, ohne sich zu ruinieren, blockieren die Europäer – unter dem Diktat der Finanzmärkte und angeführt von deutschen und britischen Sparfanatikern – jede Weltwirtschaftspolitik, die diesen Namen verdient. Zu Hause haben sie gerade mit knapper Not den Zusammenbruch des EU-Finanzsystems abgewendet. Aber nichts daraus gelernt – allem Gerede von einer EU-Wirtschaftsregierung zum Trotz. Sie spielen Nationalökonomie wie gehabt, sie schwören auf eine Wirtschafts- und Finanzpolitik von vorvorgestern, und die Banker samt Lobbyisten tanzen ihnen auf der Nase herum.«[153]

Ann Mettler dagegen, Direktorin des Lisbon Council, eines privaten Think-Tank aus Europa, springt Merkel und ihrem Sparprogramm im *Wall Street Journal* zur Seite. Der Druck der USA auf Europa, die Ausgaben zu steigern, sowie die Ratschläge von Paul Krugman und Barack Obama seien »ökonomisch unsinnig, politisch unangebracht und offenbaren tiefgreifendes Unverständnis für die europäische Realität«. Der schrumpfende Anteil Europas an der Weltwirtschaft, die alternde Bevölkerung und der wachsende Druck auf die öffentlichen Finanzen machten die Rückkehr zu früheren Ausgabenniveaus unmöglich.[154]

Die deutsche Bevölkerung jedenfalls hat andere Vorstellungen vom Sparen als Schwarz-Gelb: Nach einer Umfrage des Nürnberger Markenforschungsinstituts K&A Brand Research und des Onlinepanel-Spezialisten Respondi vom 6. Juni 2010 fordern zwar mehr als zwei Drittel die Senkung der Staatsausgaben. Aber 51 Prozent (57 Prozent der Männer) möchten Einschnitte nur einzelnen Ministerien zumuten, 49 Prozent insgesamt (56 Prozent der Frauen) stimmen für die Methode »Rasenmäher« und fordern übergreifende Sparmaßnahmen. 59 Prozent sind für Kürzungen im Verteidigungshaushalt. Mehr als die Hälfte will den Bundestag auf 500 Mitglieder verkleinern. Vielen Befragten sind auch wirtschaftliche Subventionen ein Dorn im Auge; 45 Prozent würden sie abschaffen. Dagegen befürworten nur etwa zwei Prozent der Deutschen Kürzungen in den Bereichen Forschung und Entwicklung sowie bei Kindergärten und Kinderbetreuungsstätten.[155]

An der ans Feindliche grenzenden Kontroverse um das Sparpaket fällt zweierlei auf:

Erstens war von den Menschen – von abstrakten phrasenhaften Lippenbekenntnissen (»soziale Gerechtigkeit«) einmal abgesehen – entweder gar nicht die Rede oder nur in ihrer Eigenschaft als »Wirtschaftsfaktoren«. Sie müssten mehr Geld in die Taschen bekommen, um die Binnennachfrage zu stärken; den Gürtel enger schnallen, damit der Staatshaushalt konsolidiert würde und die Problemländer von den Rating-Agenturen heraufgestuft würden; mehr Bildungschancen erhalten, weil die Wirtschaft qualifizierte Arbeitnehmer braucht; mehr Kindergärten und Ganztagsschulen zur Verfügung haben, damit beide Elternteile arbeiten gehen können. Selbst »Linke« merken es ja zuweilen selbst nicht mehr, wie tief das neoliberale Gift schon in ihre eigenen Hirne eingedrungen ist. So begründet die Bundestagsfraktion der Partei Die Linke die Ablehnung der Privatisierung ostdeutscher Seen, sie seien »ein wesentlicher Standortfaktor für die Tourismusbranche«.[156]

Zweitens macht der Streit zwischen wirtschaftsliberal orientierten Staatsführern neben der Finanzkrise eines klar: Die Vision, ein grenzenlos freier Weltmarkt könne uns irgendwann den globalen Wohlstand für alle bringen, womöglich einen Weltstaat à la Raumschiff Enterprise, ist bestenfalls ein wirklichkeitsfremdes Modell, weil sich die Akteure – Spekulanten ebenso wie Konzerne und Staaten – nicht an die Spielregeln halten. Eigennützig, wie sie ja nach neoliberalem Verständnis auch sein sollen, neigen sie nicht zu fairer Konkurrenz, sondern dazu, sich gegenseitig übers Ohr zu hauen, zu vernichten oder sich zum Schaden Dritter abzusprechen; da helfen weder Finanzaufsicht noch Kartellamt, weder Appelle noch Verbote. Wirtschaftskrisen, Immobilienblasen und ein fortschreitendes Auseinanderdriften von Arm und Reich sind also die zwangsläufige Konsequenz dieses Systems. Statt zu einem Zusammenwachsen der Völker führt es zu wirtschaftlich motivierten Angriffskriegen wie gegen den Irak – selbst der damalige Bundespräsident Horst Köhler meinte im Mai 2010 in einem Interview, dass »im Notfall auch militärischer Einsatz notwendig ist, um unsere Interessen zu wahren, zum Beispiel freie Handelswege, zum Beispiel ganze regionale Instabilitäten zu verhindern, die mit Sicherheit dann auch auf unsere Chancen zurückschlagen – negativ –, bei uns durch Handel Arbeitsplätze und Einkommen zu sichern«[157]. Was meint der ehemals höchste Mann im Staate denn damit? Soll die Bundeswehr in Peking einmarschieren, wenn China weiter unsere Markenartikel fälscht? Für Leute, die so denken, ist auch ein abgebranntes Euroland eine rein wirtschaftliche und machtpolitische Frage.

Die Kreditklemme

Es wird für Normalbürger schwerer bis aussichtslos, an Bankenkredite heranzukommen. Wer früher ein sicheres Einkommen nachwies und 10 000 Euro für eine Renovierung oder ein

Auto haben wollte, erhielt problemlos das Geld und eine Tasse Kaffee; heute bekommt er keinen Cent, bestenfalls ein Angebot mit Wucherzinsen und ein mitleidiges Lächeln.

Besonders betroffen sind kleine und mittlere Unternehmen mit bis zu fünfzig Mitarbeitern und einem Jahresumsatz von bis zu 10 Millionen. Anders als Großkonzerne sind sie nicht kapitalmarktfähig; sie können selbst keine Anleihen oder Aktien ausgeben, sind also auf die Geldinstitute angewiesen. Da sie aber jeden zweiten Arbeitsplatz stellen, lähmt dies – gemeinsam mit kreditbedingt abnehmender Verbrauchernachfrage. Besonders prekär ist die Situation ausgerechnet für kleine, innovative Unternehmen mit hohen Forschungskosten, warnt Bankenexperte Wolfgang Gerke. Ihm zufolge erkennen Banken oft gerade bei diesen Betrieben die Innovationen nicht und verweigern deshalb notwendige – und gesamtwirtschaftlich sinnvolle – Kredite.

Derzeit schrumpft das Volumen an Unternehmenskrediten in rasantem Tempo. Allein im vierten Quartal 2009 haben deutsche Banken knapp 18 Prozent weniger Darlehen an Unternehmen und Selbständige vergeben als im Schlussquartal des Vorjahres. Die KfW spricht von einem »Negativrekord am Markt für Unternehmenskredite« und von einem Trend, der sich sogar noch verschärfen könne.

Nun ist ja Geldverleihen – nicht das Spekulieren – das eigentliche Geschäft der Banken. Momentan allerdings ist bei den gebrannten Kindern die Verantwortungslosigkeit der Übervorsicht gewichen. Hinzu kommen Probleme der Kreditinstitute, das nötige Geld überhaupt bereitzustellen oder sich bei anderen Banken zu besorgen. Auch untereinander verleihen die Banken das Geld nur zurückhaltend und gegen höhere Sicherheiten oder Zinsen – letztlich zu Lasten der Betriebe. Viele Unternehmen sind durch die gegenwärtig schlechte Auftragslage in eine andere Risikoklasse gerutscht und deshalb nicht mehr so kreditwürdig wie vor der Krise.

Eine gehörige Portion Mitschuld trägt dabei der Staat, der sich seine Milliarden ebenfalls bei den Banken pumpt. Demgegenüber hat ein privater Unternehmer bei der Kreditvergabe das Nachsehen. Zwar zahlt der Staat weniger Zinsen, dafür gibt es aber praktisch kein Ausfallrisiko. Zudem gelten für alle EU-Staaten seit Anfang 2007 neue Regeln für die Finanzbranche (Basel II): Die Banken müssen umso mehr Eigenkapital hinterlegen, je riskanter ihre Geschäfte sind, also je schlechter die Bonität ihrer Firmenkunden ist. Die aber wird meist von den Rating-Agenturen und anderen dubiosen »Analysten« festgelegt.

Schwarz-Gelb wäre nicht Schwarz-Gelb, würde die Regierung das Problem und dessen Lösung nicht aus der Sicht der Finanzbranche angehen. Also nimmt man den Banken Kreditrisiken ab, so dass die Geldhäuser weniger Eigenkapital zur Absicherung der Kredite zurücklegen müssen – für Ifo-Chef Hans-Werner Sinn sind das »versteckte Geldgeschenke«. Die dadurch entstandenen Spielräume sollen dann die Banken zur Vergabe neuer Kredite nutzen. Die große Koalition hatte dafür schon im Oktober 2008 den Sonderfonds Finanzmarktstabilisierung (SoFFin), der über 480 Milliarden Euro verfügt.

Wichtiges Instrument gegen die Kreditklemme ist auch der sogenannte Deutschlandfonds. Er besteht aus einem KfW-Sonderprogramm, aus dem Kredite über 40 Milliarden Euro vergeben werden können, und einem Bürgschaftsprogramm von 75 Milliarden Euro.[158] Bis Mitte 2010 war aber noch kein Ende der Kreditklemme in Sicht, so dass sich viele Mittelständler nach neuen Geldquellen umsehen mussten, um dem Bankrott zu entgehen. Viele »Unternehmensberater« empfehlen, den Teufel durch Beelzebub auszutreiben, also den Gang vom Regen in die Traufe: »Heuschrecken ins Boot!«, lautet die Parole. Auch Thomas Warnholtz von Augusta & Co. macht den Einstieg einer Beteiligungsgesellschaft schmackhaft: »Einige Private-Equity-Gesellschaften sind bereit, auch Minderheitsbeteiligungen einzugehen.« Auch wenn vor allem von Familien kontrollierte Mittelständler vor einen solchen Schritt zurückschrecken – warum wohl? –, gab es bereits einige Transaktionen. So stieg die Superheuschrecke KKR bei der Wild-Gruppe ein, einem Produzenten von Getränken und Speisezutaten. Kurz darauf erwarb Pamplona Capital Anteile am Zellstoffproduzenten Wepa.[159]

Man fühlt sich erinnert an einen Ausspruch des legendären englischen Fußballprofis Gary Lineker:

»Fußball ist ein einfaches Spiel: 22 Männer jagen 90 Minuten lang einem Ball nach, und am Ende gewinnen immer die Deutschen.«[160]

Dass Geschichte sich offenbar doch wiederholt, zeigt sich auch anhand der deutschen Marktwirtschaft: Egal ob Aufschwung oder Rezession, Bankenkrise, Spekulationsdesaster oder Kreditklemme – am Ende gewinnen immer die Megakonzerne, die Großbanken, die Heuschrecken und die Reichen, und meist verlieren der Mittelstand und die kleinen Leute. Ist einmal zufällig viel Geld in der Staatskasse, senkt man den Vermögenden und Großkonzernen die Steuern. Ist der Fiskus klamm, erhöht man die Mehrwertsteuer, die vor allem Normal- und Geringverdiener trifft, und streicht die Bezüge der lobbylosen sozial Schwächeren, Kranken, Rentner und Alleinerziehenden – oder erhöht eben dem Normalo mal so ganz nebenbei die Krankenkassenbeiträge.

Ebenso wird deutlich, dass Erpressung zum Wesen der Marktwirtschaft gehört: Bei der Kreditklemme rücken die Finanzinstitute einfach kein Geld raus, bis der Staat das Lösegeld zahlt. In Finanzkrisen – die jetzige war sicher nicht die letzte – drohen die (selbsternannt) »systemrelevanten« Banken mit dem (weltweiten) Zusammenbruch des Kapitalismus.

In Wirtschaftskrisen malen die Konzerne den Teufel »Massenentlassung« an die Wand.

Das Elend der Kommunen

Eine als Standortwettbewerb verherrlichte, besonders miese Form der Erpressung spielt sich tagtäglich und unabhängig von Krisen und Engpässen ab. Regionen und Gemeinden buhlen um die Gunst der Konzerne, lesen ihnen jeden auch noch so unverschämten Wunsch von den Augen ab, damit die Profitmaximierer bei ihnen ein Zweigwerk errichten – also Arbeitsplätze schaffen.

»Das ›strategische Standortmanagement‹ wird zu einer zentralen Aufgabe der auf kommunaler Ebene politisch Verantwortlichen, die ihre jeweilige Region oder Stadt mit Nachdruck unterstützen müssen. Die Kommunalpolitiker wissen am besten, wie ihr Standort optimal zu fördern ist«, winkt die OECD mit dem Zaunpfahl.[161] Auf Deutsch: Stopft den Unternehmen die Taschen voll, bis sie platzen.

So entbrennt ein regelrechter Vernichtungskrieg zwischen den Kommunen:

Wer bietet

- die beste Autobahnanbindung und die schnellsten Landstraßen,
- die niedrigsten Energiepreise bei gleichzeitig bester Qualität (Leistungsfähigkeit des Stromnetzes, Verfügbarkeit von Fernwärme, rechtliche und praktische Möglichkeit zur Selbstversorgung),
- das optimale Kommunikationsnetz,
- die gründlichste Abfallbeseitigung möglichst zum Nulltarif,

- die höchsten Subventionen und niedrigsten Steuern,
- die größten erschlossenen Flächen mit größter Erweiterungs-möglichkeit, bei billigsten Grundstückspreisen und Mieten,
- die bestausgebildete und gleichzeitig möglichst unter Sozial-hilfeniveau bezahlte »Humankapitalausstattung« (OECD)[162],
- die arbeitnehmerfeindlichsten »Rahmenbedingungen« bei Kündigungsschutz, Arbeitszeit und -sicherheit sowie Sozial-versicherung (»Lohnnebenkosten«),
- die laxesten Umweltschutzauflagen (Giftmüllentsorgung in Rhein oder Oder erlaubt) – die »kooperationsbereitesten Be-hörden« mit den sich am wenigsten um Recht und Gesetz scherenden Beamten,
- den Managern die attraktivsten Freizeitmöglichkeiten (Golf-plätze, »Saunaclubs«, Edelbordelle, exklusive Fitnesscen-ter)?

Es geht also den Gemeinden nicht anders als manchem Arbeit-nehmer oder Arbeitslosen: lieber halber Lohn als gar kein Job, lieber den Unternehmen Geld hinterherwerfen als gar keine Industrie und weniger Jobs.

Verbunden mit dem immensen Wegbrechen der Einnahmen aus der Gewerbekapitalsteuer – das schwarz-gelbe Wachstums-beschleunigungsgesetz vom Januar 2010[163] schenkt den Kon-zern-Zweigstellen einen Teil dieser Steuer – und dem Anstieg der Ausgaben für Hartz-IV-Empfänger (Wohngeld für Lang-zeitarbeitslose), die Eingliederungshilfe für Behinderte und den Kita-Ausbau sitzen die Kommunen insgesamt auf überdimen-sionalen Schuldenbergen. Allein im Jahre 2010 machten sie insgesamt 15 Milliarden Euro Minus. Zwei Drittel der Kom-munen bezeichnen ihre Finanzsituation als schlecht oder sehr schlecht. Jede dritte Kommune verabschiedete für 2010 sogar Haushaltssicherungskonzepte, weil sie keinen ausgeglichenen Haushalt vorlegen konnte. Nun müssen sie ihre gesamte Finanzplanung von der jeweiligen regionalen Aufsichtsbehörde genehmigen lassen.[164]

Am augenfälligsten bekommen die Bürger die Umverteilung von Arm nach Reich und die neoliberale Sparneurose dort zu spüren, wo sie wohnen und sich wohl fühlen wollen – und es auch könnten, wären nicht die Städte und Gemeinden dank der Bundespolitik mehrheitlich pleite. Nach einer Umfrage der Unternehmensberatung Ernst & Young vom Juni 2010 unter 300 deutschen Kommunen wollen 60 Prozent der Kommunen ihre Leistungen kürzen und 84 Prozent Gebühren und Steuern erhöhen.

Im Einzelnen wollen von den Kommunen
- 31 Prozent bei der Straßenbeleuchtung Geld sparen,
- 29 Prozent das Geld für Jugend- und Seniorenbetreuung kürzen,
- 14 Prozent Bäder schließen,
- 11 Prozent den Nahverkehr ausdünnen und die Öffnungszeiten von Kitas kappen.

Zusätzliche Einnahmen erhoffen sich die Kommunen von Gebühren- und Steuererhöhungen:
- 46 Prozent Steuern für Grundstückseigentümer anheben,
- 44 Prozent die Eintrittspreise von Bädern, Theatern und Museen erhöhen,
- 33 Prozent die Kita-Gebühren und die Hundesteuer anheben.

Einigen Kommunen fehlt sogar das Geld für dringende Investitionen. 68 Prozent müssten eigentlich Straßen und Gebäude renovieren oder instand halten, aber 61 Prozent sparen auch hier Neuinvestitionen in Straßenbau und Stadtentwicklung. Schlaglöcher werden nur provisorisch gestopft, Schulbauten verfallen – und das Problem wird sich an vielen Orten noch verschärfen. Die Verschuldung selbst mag mit Finanzkrise, Rezession, Arbeitslosigkeit und Überalterung der Bevölkerung zu tun haben. Einen wesentlichen Grund für die katastrophale Finanzlage sieht Hans-Peter Busson von Ernst & Young woanders: »Die Kommunen haben inzwischen einen Großteil ihrer Autonomie verloren, ihre Handlungsoptionen sind extrem begrenzt. Sie müssen wieder stärker selbst über ihre Ein- und Ausgaben entscheiden können.«[165]

Lieber reich und gesund

Gerade am Beispiel Gesundheitswesen wird deutlich, dass »abgebrannt« nur vordergründig ein finanzielles Problem, letztlich aber eine Frage der Lebensqualität ist. »Vor allem Gesundheit«, lautet ein beliebter Geburtstagswunsch. »Gesundheit ist nicht alles, aber ohne Gesundheit ist alles nichts«, weiß der Volksmund; aber er weiß auch: »Weil du arm bist, musst du früher sterben« – und dies bestätigt sich mehr und mehr. Was nutzt die Einhaltung der Stabilitätskriterien, wenn Normalbürger für »normale« Krankheiten und die notwendigen Medikamente immer tiefer in die Tasche greifen müssen, wenn »teure« Krankheiten aus Kostengründen schon gar nicht mehr bestmöglich behandelt werden – nach dem Willen vieler Unionspolitiker am besten gar nicht. »Ich halte nichts davon, wenn 85-Jährige noch künstliche Hüftgelenke auf Kosten der Solidargemeinschaft bekommen«, sagte im Jahre 2003 der damalige JU-Chef und heutige CDU-Bundestagsabgeordnete Philipp Mißfelder, der als Mitglied des CDU-Präsidiums für einen Großteil seiner Partei sprechen dürfte.[166] Es wäre zu begrüßen, würde dieser Satz bis zum Ende seiner Karriere der Öffentlichkeit im Gedächtnis bleiben und die Bürger auch in zwanzig Jahren noch beim Namen Mißfelder an Hüftgelenk denken lassen – wie bei Boris Becker an Wimbledon und bei Olli Kahn an Fußball. Ob der Christdemokrat seine an Volksverhetzung grenzenden Worte irgendwann zurückgenommen hat, spielt dabei keine Rolle; selbst wenn, dann wohl nur aus rein taktischen Gründen. Denkfehler oder Verhaltensschwächen wie Jähzorn kann man sich abgewöhnen, eine menschenverachtende Lebenseinstellung behält man ein Leben lang.

Nicht weniger schwerwiegend ist es, dass die etwa 2,5 Millionen Allergiepatienten inzwischen ihre Medikamente selbst zahlen müssen, obwohl Allergiker sogar in Lebensgefahr geraten können, wie etwa nach einem Wespenstich.[167] Ähnliches gilt, wie der NDR am 30. März 2010 in seiner Dokumentation »Lebensmittelallergien – von harmlos bis lebensgefährlich« eindrucksvoll nachwies, auch für Nahrungsmittel wie Äpfel, Nüsse, Eier, Fisch oder Getreide[168], von Pollenallergien ganz zu schweigen. Die Behandlung zum Privatvergnügen der Patienten zu erklären entspricht der Logik eines zurückgeblieben Zehnjährigen, der sich eine Allergie partout nicht vorstellen kann, nur weil er selbst sie nicht hat. Insgesamt ist man fasziniert von dem Phänomen, dass Patienten auch dann ihre Medikamente selbst bezahlen müssen, wenn sie wegen ihrer Beschwerden von ihrem Arzt krankgeschrieben oder sogar ins Krankenhaus eingewiesen werden.

»Herr Doktor, ich habe einen Knoten in der Brust.« –
»Na, wer macht denn so was?«

Nach der Einführung des Gesundheitsfonds zum 1. Januar 2009 galt ein einheitlicher Kassenbeitrag für Arbeitnehmer und Rentner in Höhe von 15,5 Prozent vom Bruttoeinkommen, von denen die Arbeitgeber (oder die Deutsche Rentenversicherung) 7,3 Prozent und die Versicherten 8,2 Prozent tragen. Im Juli

2009 wurde der Kassenbeitrag wegen der Wirtschaftskrise auf 14,9 Prozent abgesenkt, schon ein Jahr später aber auf das Ursprungsniveau angehoben. Aber das ist beileibe noch nicht alles. Im Juli beschloss die Koalition, dass der Arbeitgeberbeitrag von 7,3 Prozent bis in alle Ewigkeit festgeschrieben sei. Angebliche Ausgabensteigerungen der Krankenversicherungen würden durch Zusatzbeiträge von den Versicherten eingetrieben, und zwar nach eigenem Gutdünken. »Kassen dürfen nun beliebig Zusatzbeiträge kassieren«, bemerkt *Welt Online* süffisant. Die bisherige Deckelung der Zusatzbeiträge auf ein Prozent des beitragspflichtigen Einkommens wird abgeschafft. Bei der notorischen Raffgier der Kassenchefs – Norbert Klusen von der Techniker-Krankenkasse griff laut *Spiegel Online* selbst im Krisenjahr 2009 etwa 270 000 Euro ab[169] – können sich die Versicherten schon mal auf Beiträge in Höhe von 5 Prozent ihres Einkommens einstellen. Wobei der Zusatzobolus »einkommensunabhängig« ist. Multimilliardär und Köchin zahlen exakt dasselbe.[170] Die Steigerung wäre nur noch, Einkommensschwache gar nicht mehr zu behandeln. Aber die Legislaturperiode ist ja noch jung, und man sollte die Phantasie von parteienspendenabhängiger Neoliberaler nicht unterschätzen.

Am härtesten trifft es Menschen mit mittlerem Einkommen, kritisiert sogar der Bund Deutscher Steuerzahler. Sie müssen den höheren Krankenkassentarif bis zur Beitragsbemessungsgrenze von 45 000 Euro voll bezahlen. Wer mehr verdient, ist besser dran, da er für das Einkommen über dieser Grenze nichts mehr für das Gesundheitswesen abführen muss. Zugleich können Besserverdienende die Kassenbeiträge von der Steuer absetzen. Das Resultat sei, so der Bund Deutscher Steuerzahler, dass etwa ein Single mit 150 000 Euro Jahresgehalt geringfügig besser dastehe als ein Alleinstehender mit 40 000 Euro.[171]

Zweierlei fällt auf:

• Anders als über lange Jahrzehnte hinweg zahlen die Arbeitgeber weniger als die Hälfte der Sozialbeiträge. So fordern DGB, Linkspartei und sogar die SPD, die schließlich den Fonds mit beschlossen und zu verantworten hat, die Arbeitgeber wieder stärker an den Kosten zu beteiligen. Demgegenüber warnt der BDA: »Wer jetzt höhere Beiträge plant, gefährdet die wirtschaftliche Erholung.« Statt die Lohnnebenkosten durch Beitragserhöhungen steigen zu lassen, müsse »endlich der Einstieg in die Entkopplung der Gesundheitskosten vom Arbeitsverhältnis gelingen«.[172] Also: Schluss mit dem Sozialstaat, vorwärts im Ausbau des Raubtierkapitalismus! In dasselbe Horn bläst die traditionell und im Widerspruch zu den übrigen Ressorts neoliberale Wirtschaftsredaktion der *Süddeutschen Zeitung*, die die Kritik an der Beitragserhöhung perfide und populistisch als »Anreiz zur Schwarzarbeit« bezeichnet.[173] Logisch zu Ende gedacht heißt das: Erst bei Steuern und Sozialabgaben von null lohnt sich Schwarzarbeit nicht mehr. Genauso gut könnte man behaupten, die Preise in Supermärkten wären ein »Anreiz zum Ladendiebstahl« und jeder geparkte Pkw ein »Anreiz zum Autodiebstahl«. Hier stellt man die Wahrheit auf den Kopf: Würden die Medikamentenpreise nicht explodieren und die Niedriglöhne menschenwürdig bezahlt, dann wären die Kassenbeiträge bedeutend geringer und auch für Wenigverdiener aufzubringen. Nicht oft genug kann man es sagen: Sozialbeiträge sollen – eine korrekte Verwendung vielleicht ein wenig blauäugig vorausgesetzt – den Bürger gegen Arbeitslosigkeit, Krankheit und Altersarmut absichern. Wer ihm dies als eigentlich überflüssige Ausgabe einredet, der animiert ihn auch, das für das nächste Auto, den Urlaub oder die Ausbildung der Kinder zurückgelegte Geld doch einfach sofort zu verprassen.

- Obwohl die Medikamente der zweitgrößte Kostenfaktor der Krankenkassen sind[174] und in den meisten EU-Ländern dieselben deutschen Medikamente beachtlich billiger sind als in Deutschland selbst[175], gilt die Pharmaindustrie noch immer als heilige Kuh.

»Er ist der Schrecken der Pharmaindustrie«, schreibt der *Stern* über Peter Sawicki, der das 1994 unter Rot-Grün gegründete unabhängige, mit öffentlichen Mitteln finanzierte und für die Bewertung von Arzneimitteln zuständige Institut für Qualität und Wirtschaftlichkeit im Gesundheitswesen (Iqwig) leitete, aber nach einem Beschluss des halbseidenen Stiftungsrats Ende August gehen musste. Grund: Wegen seiner unbestechlichen und kritischen Haltung gegenüber den Pharmakonzernen war er denen von Anfang an ein Dorn im Auge. »Auch in der industrienahen schwarz-gelben Koalition hatte er wenig Freunde. Schon im Koalitionsvertrag sprachen sich die Fraktionen von Union und FDP dafür aus, die Arbeit des Instituts zu überprüfen und es industriefreundlicher auszurichten. Künftig soll es stärker die Interessen der Pharmaindustrie berücksichtigen. Kurz gesagt: Es scheint so, als habe die schwarz-gelbe Regierung mit dem Fall Sawicki ein weiteres Lehrstück ihrer Klientelpolitik gegeben.«[176]

Auch Rainer Hess vom gemeinsamen Bundesausschuss der Ärzte, Krankenhäuser und Krankenkassen betont: »Eins ist klar, die Lobbyarbeit hat sich ausgewirkt. Denn sonst wäre diese politische Diskussion um das Institut mit der Kombination Standortfrage ja nie entstanden. Ich kann nicht nur, weil ein Standort angeblich gefährdet ist, etwa sagen, dieses Präparat bleibt im Markt.«[177]

Zur Kritik der Pharmagiganten an den Methoden des Iqwig meint Professor Herbert Rebscher von der DAK-Krankenkasse: »Wer eine Methodendebatte vorschiebt ... der will im Grunde Zeit gewinnen, um kurzfristig keine wirksame Kosten-Nutzen-Bewertung in diesem Land befürchten zu müssen.« – »Und weiterhin Gewinne machen«, ergänzt *Monitor*, »auch mit Medikamenten, deren Nutzen nicht nachgewiesen ist. Denn Deutschland gilt als Paradies für Arzneimittelhersteller«[178], weil sie nicht nur für rezeptfreie Mittel »von Aspirin bis Warzensalbe« *(Wirtschaftswoche)*, sondern auch für rezeptpflichtige Medikamente die Preise frei festlegen können. Neben Malta und Dänemark ist Deutschland das einzige EU-Land, in dem die Krankenversicherungen immer noch ohne Prüfung zahlen, was immer die Pharmakonzerne fordern.

So erstatten die Kassen für das Darmkrebsmittel Erbitux in Deutschland gut 5200 Euro pro Monat. In Großbritannien kostet das gleiche Präparat nur 2858 Euro. Um 18 Prozent liegen die deutschen Medikamentenpreise über dem Durchschnitt der OECD-Industrieländer.[179] Der britische staatliche Gesundheitsdienst lehnte im August 2009 die Kostenübernahme für das Nierenkrebsmittel Nexavar von Bayer als zu teuer ab.[180]

Der deutsche Freibrief für die Pharmaindustrie erklärt auch, warum ein und dasselbe deutsche Präparat im Ausland erheblich billiger ist als bei uns. Kein Wunder also, dass die Reimportbranche seit Jahren boomt. Schließlich sind diese Medikamente bei uns bis zu 70 Prozent billiger als die »normal« verkauften.[181]

Das Resultat: Allein für Arzneimittel gaben die gesetzlichen Kassen im Jahre 2009 etwa 30 Milliarden Euro aus – Tendenz: um jährlich rund 5 Prozent steigend. Schon im Jahre 2009 musste der Staat 15,4 Milliarden Euro Steuergelder in den Gesundheitsfonds zur stabileren Finanzierung der gesetzlichen Kassen pumpen. Und sogar die privaten Versicherer, denen staatliche Einmischung in ihr Treiben normalerweise ein Greuel ist, rufen nach »mehr gesetzlichem Rückhalt bei Preisverhandlungen mit Pharmakonzernen«.[182]

Ausgerechnet die FDP nahm im März 2010 – pünktlich zu den NRW-Landtagswahlen – zumindest verbal den Kampf mit den Pharmagiganten auf. Gesundheitsminister Philipp Rösler will »das Preismonopol der Pharmabranche brechen« und die Hersteller teurer Präparate notfalls zu Zwangsrabatten verpflichten sowie den Nachweis verlangen, dass neue und viel teurere Medikamente auch wirklich besser sind als die bisherigen preiswerteren.[183] »Rösler zettelt Gesundheitsrevolution an«, verkündete *Spiegel Online*. Aber wie ernst kann man das nehmen?

Ein Mann beim Arbeitsamt: »Ich suche einen Job.« – »Da hab ich was: 28 Stunden pro Woche, 14 Monatsgehälter und 8 Wochen Urlaub.« – »Sie wollen mich wohl auf den Arm nehmen.« – »Moment: Wer hat denn mit dem Rumblödeln angefangen?«

Jedenfalls schlägt Gesundheitsminister Rösler vor, dass die Pharmakonzerne, die ein neues Präparat auf den Markt bringen wollen, zuvor den »medizinischen Zusatznutzen im Vergleich zum Therapiestandard bzw. zu Therapiealternativen« nachweisen müssen, das heißt auch die Nebenwirkungen zu erläutern haben. Skandale um Lipobay oder Vioxx waren Beispiele, bei denen man erst nach der Zulassung erkannte, dass ein Medikament zwar wirkte, aber der Schaden für die Patienten größer war als bei vergleichbaren Präparaten.

Folglich hatten die Vertreter der Branche Schaum vor dem Mund. So ereiferte sich Cornelia Yzer, Chefin des Verbandes der forschenden Arzneimittelhersteller (VFA), der Lobbytruppe der deutschen Pharmakonzerne, Röslers Vorschlag sei ein »Willkürinstrument« und »Gift für den Standort Deutschland«.[184] Auf Deutsch: Verantwortungsvoller Umgang mit Medikamenten gefährdet Arbeitsplätze und lockt weniger skrupelloses Investorenpack zum Standort Deutschland. Vielleicht würde der ja noch attraktiver, wenn die Pharmakonzerne auch Heroin, Ecstasy oder Crack als Arzneimittel verkaufen dürften. Zu polemisch? Deutsche Konzerne würden doch nie über Leichen gehen.

»Tödliche Korruption – Bayer in Japan«, alarmierte Transparency International Deutschland im März 2000 die Öffentlichkeit.[185] Nach Angaben offizieller japanischer Stellen wurde ein Abteilungsleiter des Gesundheitsministeriums von Bayer und vier anderen Firmen mit insgesamt 409 524 Dollar bestochen, damit er trotz seines Wissens um die Aids-Gefahr gestattet, dass von 1983 bis 1985 HIV-infizierte Blutprodukte frei und ohne Warnung verkauft werden dürfen. 1800 der insgesamt 4000 Bluter in Japan wurden infiziert. Mehrere hundert von ihnen starben. Bayer zahlte »freiwillig« 100 Millionen DM an Entschädigungen und Renten.[186] Ja schön, würden die Neoliberalen vielleicht sagen, irgendwann müssen wir alle sterben, und Japan hat doch reichlich Einwohner. Dies war nur ein typisches Beispiel: Ein Buch mit dem bloßen Aufzählen aller Skandale der Pharmakonzerne wäre möglicherweise dicker als das Telefonbuch von Leverkusen.

Ebenfalls verschont von einem Beitrag zur Sanierung der Krankenkassen wird jene Berufsgruppe, der der Ruf vorauseilt, dass sie trotz Pharmaziestudiums vor allem aus geschäftstüchtigen Einzelhändlern besteht, die bestenfalls ihren Kunden die Beipackzettel für Pillen erklären wie ein Handyverkäufer die Bedienungsanleitung, von Zeit zu Zeit Salben mixen und gelegentlich einsamen Senioren die Telefonseelsorge ersetzen: die Apotheker. Mit ihrem Beschluss vom Juli 2010 ignorierte die Bundesregierung die einhellige Meinung ihrer eigenen schwarz-gelben Fachpolitiker. Die hatten vorgeschlagen, den Rabatt, den die Apotheker den Kassen auf die »Handling-Gebühr« von 8,10 Euro je Rezept gewähren müssen, von 1,75 auf 2,10 Euro heraufzusetzen, was den Krankenkassen jährlich 200 Millionen Euro gebracht hätte. Doch dann protestierte nach Informationen der *Frankfurter Allgemeinen Zeitung* die Pharmamafia bei Kanzleramtsminister Ronald Pofalla (CDU), und das Lieblingsobjekt der Satiriker und Kabarettisten habe eilfertig »das Fass aufgemacht«. Laut *FAZ* kommentierte ein Politiker des Regierungslagers, der namentlich ungenannt bleiben wollte: »Mal wieder Feigheit vor der Lobby.«[187] Wenn Merkel – dem vorgeschobenen Politzwerg Pofalla dürfte man in der Union wohl kaum das Brötchenholen anvertrauen – jetzt schon von Mitgliedern der eigenen Fraktion des Lobbyismus bezichtigt wird, dann sagt das mehr als tausend Wahlkampfspots. Und wenn dies schon bei einer vergleichsweise lächerlichen Lobby wie der der Apothekergilde geschieht, dann kann man sich auch ohne große Phantasie vorstellen, wie das erst bei den Giganten der Chemie-, Energie-, Automobil- und Finanzbranche aussieht. Geht man der wahren Bedeutung des Schönfärberwortes »Lobbyismus« auf den Grund, dann landet man zwangsläufig bei Begriffen wie Erpressung oder Bestechung. Lobbyisten siegen durch Argumente? Natürlich: Auch Marlon Brando machte ja in *Der Pate* »Angebote, die Sie nicht ablehnen können«.

Am Beispiel des Gesundheitswesens wird einmal mehr deutlich, dass Marktradikalismus und die dazugehörige menschenverachtende Ellbogengesellschaft mit Menschenwürde, Solidarität und Sozialstaat so vereinbar sind wie Currywurst mit Vanillesauce. Wer wie die neoliberalen Politiker den im Jahre 1997 vom damaligen Nestlé-Ehrenpräsidenten Helmut Maucher geprägten Begriff »Wohlstandsmüll« für Arbeitslose[188] und den Ausdruck »Humankapital« für hart arbeitende Menschen in seinen Aktivwortschatz übernommen hat, der sollte den »Club arbeitsscheuer Millionärserben«, den »Verband steinreicher Steuerverbrecher« vertreten, zur Not auch den »Verein gelangweilter Casino-Besucher«. Als Volksvertreter sind sie so geeignet wie vorbestrafte Pädophile als Kinderbetreuer. Andererseits zeigen die Wahlergebnisse, dass zumindest derzeit noch eine starke Minderheit diesen Figuren vertraut. Na schön: In der Not frisst der Teufel Fliegen. Die Frage ist nur, wie lange sich die Völker Deutschlands, Eurolands, der EU und der Welt als Teufel behandeln lassen und wie lange ihnen die Fliegen noch schmecken.

An wem bleibt wieder alles hängen?

Reiche und Neoliberale versuchen Armut im Vergleich mit den ärmsten Staaten zu bestimmen. »Dagegen lebt ja sogar ein obdachloser Penner bei uns wie ein Krösus«, hört man oft. Dagegen steht die Definition: Arm ist, wem weniger als 60 Prozent des mittleren Einkommens in einem Land zur Verfügung stehen. Diese Festlegung stammt aber nicht von irgendwelchen in schwarz-gelben Kreisen verhassten oder belächelten Gutmenschen, sondern von der Europäischen Union. Ein Alleinstehender gilt bei einem Nettoeinkommen bis 925 Euro als arm, ein kinderloses Ehepaar bei einem Nettoeinkommen bis 1388 Euro und eine Familie mit einem Kind bei einem Nettoeinkommen bis 1665 Euro.

Nach einer DIW-Studie vom Februar 2010 waren im Jahre 2008 etwa 14 Prozent und damit 11,5 Millionen Menschen in Deutschland arm – Tendenz seit 15 Jahren steigend. Immer weniger Menschen schaffen es, der Armutsfalle zu entkommen, immer mehr sind von Armut bedroht; nur wenige haben ein steigendes Einkommen, und die mittlere Einkommensklasse schrumpft.

Drei Gruppen sind laut DIW in einer besonders prekären Lage: Alleinerziehende, Familien mit vielen Kindern und junge Erwachsene. Fast ein Viertel der 19- bis 25-Jährigen fiel 2008 unter die Armutsgrenze. Dafür sehen die Wissenschaftler drei Gründe: Junge Menschen befinden sich länger in der Ausbildung als früher und verdienen deswegen erst später Geld. Wenn die jungen Menschen ins Berufsleben starten, müssen sie sich häufig mit Praktika oder schlecht bezahlten Jobs durchschlagen. Hinzu kommt, dass sie früher bei den Eltern ausziehen wollen und einen teuren Ein-Personen-Haushalt führen. Bei den allein lebenden jungen Erwachsenen liegt die Armutsquote sogar bei 65 Prozent.[189] Da hört man schon wieder die Millionärskinder in ihrer vom Papi spendierten Penthouse-Wohnung: »Wieso bleiben die nicht zu Hause wohnen?«

Was eine Statistik nicht erfassen kann, das ist die massive Einschränkung der Lebensqualität und der Entscheidungsfreiheit über das eigene Leben. So bedeutet Armut, vor allem für Eltern mit mehreren Kindern, kein Geld für ein Restaurant oder das Schwimmbad zu haben. Für alleinstehende Arme droht ab einem gewissen Alter die Gefahr der Vereinsamung.

Die wachsende materielle Armut geht einher mit der Zunahme unsicherer Arbeitsplätze. Nun ist es natürlich für Arbeitgeber äußerst reizvoll, unliebsame oder in der Krise überflüssige Arbeitnehmer nach Belieben feuern zu können oder gleich Zeitverträge abzuschließen. Die Kehrseite allerdings: Unternehmer beklagen, wer nicht weiß, ob er nächsten Monat vielleicht schon auf der Straße steht, der wird sein bisschen Geld – falls vorhanden – zusammenhalten und sich weder eine Urlaubsreise noch einen neuen Esstisch oder ein Foto-Handy gönnen. Sogar der Kinderwunsch wird als »Armutsrisiko« verschoben. Die von der Wirtschaft oft beklagte »mangelnde Kaufkraft« der Bundesbürger steht also in direktem Zusammenhang mit ihrer Arbeitsplatzpolitik: Die Armen werden zum Kauf der billigsten und meist nicht gerade gesündesten Lebensmittel, zu längst abgetragener Kleidung und zum Verzicht auf notwendige, aber selbst zu zahlende Medikamente genötigt; die prestigeträchtigen Konsumgüter können sie sich nicht leisten.

Kinderarmut als Nachhaltigkeit

Einem Urteil des Bundesverfassungsgerichts vom Februar 2010 zufolge waren die Regelsätze für die fast zwei Millionen Kinder aus Hartz-IV-Familien verfassungswidrig, bis Ende 2010 sollen sie angehoben werden. Der Haushaltsentwurf 2011 plante dafür 480 Millionen Euro ein – »zu wenig«, kritisierte der Deutsche Paritätische Wohlfahrtsverband, witterte ein neues Sparmanöver und bescheinigte der schwarz-gelben Koalition »extreme Respektlosigkeit« vor dem Bundesverfassungsgericht. Die Richter rügten, dass Ausgaben für Bildung und das gesellschaftliche Leben ausgeklammert sind – etwa für Kino, Internet, Theater oder Sportvereine. Der Wohlfahrtsverband rechnete vor, dass allein schon die Angleichung an die gestiegenen Lebenshaltungskosten seit der letzten Regelsatzberechnung 1,5 Milliarden Euro kosten würde. Verbunden mit der im Sparpaket beschlossenen Streichung des Elterngeldes stünden die Kinder schlechter da als vor dem Urteil.[190]

Nun kann man durchaus wie Arbeitsministerin Ursula von der Leyen – und übrigens auch das DIW[191] – eine mit einem Appell an das »Verantwortungsbewusstsein der Eltern« verbundene Geldzahlung ablehnen und direkte Sachleistungen bevorzugen, etwa kostenloses Schulessen, Lehrbücher, Nachhilfe, Klassenfahrten, Kinokarten, Turnschuhe, Theaterkarten oder Beiträge für Sport- und Musikvereine. Es erhebt sich aber die Frage, ob dies mit diesem »Zuschüsschen« *(Spiegel)* überhaupt finanzierbar und Schwarz-Gelb willens ist, dies umzusetzen. Zudem wäre dies kein Beitrag, um der sozialen Ausgrenzung der verarmten Kinder (und ihrer Eltern) zu begegnen. Kinder, deren Familien auf staatliche Hilfe angewiesen sind, gelten oft bei Lehrern, den Mitschülern und deren hochnäsigen Eltern als Fremdkörper – besonders auf Gymnasien. Seit es die Werbeindustrie geschafft hat, dass teure Markenklamotten und Handy-

Schnickschnack einem Schüler mehr »Ansehen« verschaffen als eigene Leistung im Sport oder in der Schule und eine Berufung in die U15[192] oder ein »Jugend forscht«-Sieg weniger gilt als ein iPhone, hat es der »Unterschichten«-Nachwuchs, zu dem übrigens auch gern die Arbeiterkinder gezählt werden, immer schwerer.

Ein bisschen Bildung

Zwar blieb das Ressort Bildung und Forschung vom Sparpaket ausgespart – Schwarz-Gelb will weiter 13 Milliarden Euro bis zum Jahre 2013 bereitstellen[193] –, aber was bringt es, und welcher Zweck wird damit verfolgt?

Seit im Jahre 2006 der Sonderberichterstatter für Bildung der UN-Menschenrechtskommission, Vernor Muñoz, nach einer Deutschlandreise feststellte, dass das Recht auf Bildung nur auf dem Papier existierte, dass Tausende Schulverweigerer ganz durch das Bildungsnetz fielen, dass jeder zehnte Jugendliche die Schule ohne Abschluss beendete und es nicht weit her war mit dem von der UN-Menschenrechtserklärung von 1948 geforderten Recht auf kostenlose Grundbildung, sind die deutschen Regierungen vorsichtiger geworden. Wieso auch nach Pisa und der »neuen« Erkenntnis über die Bedeutung der ersten Lebensjahre für die Bildung der Besuch von Kindergärten noch immer kostenpflichtig sei, wollte Muñoz wissen, weshalb sozial Schwächere bewusst und planmäßig schon allein dadurch aussortiert würden, dass schon in der Grundschule Arbeitshefte, Bücher, Klassenfahrten bezahlt werden müssten.[194] Nur vernichtende Urteile wie diese – nicht etwa irgendwie geartete Anfälle von schlechtem Gewissen – sind der wahre Grund für die sogenannte Bildungsoffensive, die der Schwarz-Gelb-Regierung im Grunde ihres Herzens zuwider ist.

Als etwa in Hamburg die schwarz-grüne Regierung eine Primarschule einführen wollte, in der Kinder künftig sechs Jahre gemeinsam lernen, bevor sie auf eine weiterführende Schule wechseln, lief der moral- und kompetenzferne rechte Rand der »christlichen« CDU/CSU-Granden in einem Maße Amok, dass jeder verantwortungsvolle Notarzt ihnen eine Tollwutimpfung verpasst hätte. Ihre Hauptsorge: Der verwöhnte Nachwuchs der oberen Mittelschicht müsste mit den minderwertigen Schülern aus der Unterschicht in einer Schulklasse sitzen. Dass das Referendum im Juni 2010 vor allem durch die Stimmen der von der Angst des Abstiegs in die Unterschicht getriebenen unteren Mittelschicht erfolgreich war, stuft Hamburg von der selbsternannten Weltstadt auf das zurück, was es im Grunde schon immer war: ein arrogantes, aufgeblähtes Dorf.

> *»Spiel nicht mit den Schmuddelkindern,*
> *sing nicht ihre Lieder.*
> *Geh doch in die Oberstadt,*
> *mach's wie deine Brüder.«*
>
> Franz Josef Degenhardt, 1967

Nebenbei gesagt: Wer jemals diese verlogenen Möchtegern-Eliten auf den Festspielen von Bayreuth oder Salzburg in ihren Papageien-Outfits oder bei Vernissagen und Hausmusik genießen konnte, ist geneigt, umgekehrt zu sagen, dass deren entsprechend durch Zwangsklavier- und -reitstunden oder unfreiwillige Opernbesuche verkorksten Kinder von den normalen ferngehalten werden sollten.

Was die Unions-Rechten vor allem wollen, ist eine Verewigung des Klassenstaates: Die Reichen sollen reich, die Mittleren Mittelmaß und die Armen arm bleiben. »Systemkonstanz ist entscheidend für gute Ergebnisse der Schülerinnen und Schüler«, sagte der bayerische Kultusminister und derzeitige Präsident der Kultusministerkonferenz Ludwig Spaenle. »Wir dürfen nicht die Einheitsschule vorbereiten, sondern müssen die individuelle Förderung der Kinder verbessern.«

Auch Sachsens Politiker mischten sich in die Debatte ein und plädierten für einen Stopp der Hamburger Reform. Niedersachsens Kultusminister Bernd Althusmann, ein Pastorensohn und Betriebswirt, forderte Beständigkeit in der Schulpolitik und gab sein »fachliches« Urteil ab: »Statt ständiger Bildungsreformen braucht Schule Kontinuität.« Seine baden-württembergische Kollegin Marion Schick (offizieller Regierungsslogan: »Wir können alles außer Hochdeutsch«) warnte davor, an der bisherigen Form des Gymnasiums zu rütteln. Sie kritisierte den allgemeinen Trend zur Gemeinschaftsschule. Man hänge dabei aus ideologischen Gründen der Phantasie an, dass die Gemeinschaftsschule die soziale Schichtung abbauen würde – Blinde urteilen über Albrecht Dürer.

Gegen derlei Anwürfe argumentierte Hamburgs grüne Schulsenatorin Christa Goetsch nicht anders als die EU auch: »Noch bilden wir in den Gymnasien Herkunftseliten statt Bildungseliten aus«, und das will sie mit der sechsjährigen Grundschulzeit ändern. »Jedes zweite Kind, das bei uns eingeschult wird, hat einen Einwanderungshintergrund. Wir können es uns nicht erlauben, Bildungskarrieren falsch oder vorschnell zu prognostizieren.« In vielen anderen Ländern dauert die Grundschulzeit meist sechs Jahre oder länger. Gemäß der Einschätzung von Christa Goetsch ist Deutschland mit dem Beharren auf »ständischen Strukturen« längst Außenseiter.[195] Und genau wegen dieser starren Haltung sind bestimmte Kreise völlig argumentationsresistent. Klammern wir einmal die Vermögenden aus – die kaufen nicht selten das Abi ihrer mäßig begabten Sprösslinge auf Elite-Internaten und spenden eine neue Turnhalle für ein Einser-Abitur –, so fällt auf, dass vor allem die intellektuelle untere Mittelschicht für eine strikte Abschottung der Gattung Gymnasium kämpft, die ihr Nachwuchs bereits besucht oder besuchen soll. Demgegenüber begrüßen ehemalige Gymnasiasten und Akademiker, dass die frühe Trennung in soziale Klassen aufgeweicht wird. Dass es »unsere Kinder einmal besser haben sollen als wir«, mag ein legitimer Wunsch sein, wenn aber ein ehemaliges Zimmermädchen als heutige Arztfrau ihre Kinder auf dem Gymnasium von den »Schmuddelkindern« fernhalten will, dann ist das schlicht und einfach reaktionär.

Die Neoliberalen ihrerseits haben kein Interesse an der zunehmenden Verblödung. Unter »Bildung für alle« verstehen sie nämlich nichts anderes als die Befähigung des »Humankapitals«, seinen Platz im Wirtschaftsleben ausfüllen zu können. Ein Analphabet taugt nun einmal nicht für die heute unerlässliche Arbeit am PC. Humanistische, soziale und politische Bildung ist dagegen unerwünscht und erst recht daraus entspringendes Engagement.

Der Schlecker-Skandal

Was das praktisch bedeutet, zeigt eindrucksvoll eine Studie der Hans-Böckler-Stiftung über den Terror gegen Arbeitnehmer, die einen Betriebsrat gründen wollen, am Beispiel einer Drogeriekette. Es geht um das »System Schlecker«.

»Obwohl Management, Produktplanung und Marketing des Konzerns zentral gesteuert werden, gilt nach dem Betriebsverfassungsgesetz (BetrVG) jede Drogeriefiliale als eigener Betrieb. 2005 gab es bundesweit davon 11 310 mit mehr als 40 000 Angestellten – fast ausschließlich Frauen. Nur 36 Prozent der Beschäftigten hatten eine Arbeitnehmervertretung.«[196] Der Trick: In der Regel bleibt jede einzelne Filiale unter der für eine Betriebsratsgründung nötigen Zahl von fünf Beschäftigten.

Nur wenn nach § 3 BetrVG durch einen gemeinsamen Tarif-vertrag Betriebe zusammengefasst werden, können Betriebs-räte gegründet werden. Die Studie zeigt plastisch, mit welchen Mitteln der Konzern dies verhindern will: »Einschüchtern, drohen, versetzen«.

»Vor Bestellung eines Wahlvorstands verfügen potenzielle Betriebsräte noch über keinen Kündigungsschutz. Erfährt das Unternehmen zu diesem Zeitpunkt von den Plänen einer Betriebsratsgründung, sind seine Methoden oft wenig subtil«, schreibt die Forscherin. Die Initiatorinnen werden einfach versetzt oder sogar gekündigt. Zusätzlich sammelten Schlecker-Führungskräfte gelegentlich ausliegendes Gewerkschaftsmaterial ein oder postierten sich vor Versammlungsorten, um die Teilnehmer einzuschüchtern. »Hat sich dennoch ein Wahlvorstand konstituiert, werden seine Mitglieder häufig zu Gesprächen mit der Geschäftsleitung gebeten. Die droht ihnen – direkt oder indirekt – mit Benachteiligungen. Oder bietet Vorteile und Begünstigungen an. Die Arbeit der Gründungswilligen wird besonders penibel kontrolliert, auch um im Zweifel Abmahnungen verschicken zu können. Wer immer noch weitermacht, muss sogar um Sachmittel wie Schreibgeräte, Papier und Porto kämpfen, die ihm gesetzlich zustehen. Selbst wenn die Befragten diese Vorgehensweisen als relativ harmlos empfinden. Auch diese Stör- und Verzögerungsstrategie wirkt zermürbend und frustrierend«, verdeutlicht die Studie.

Schleckers Erfolg: Neun von den sechzig Versuchen einer Betriebsratsgründung scheiterten noch vor der Bestellung eines Wahlvorstands, und neunzehn Gründungsversuche waren danach erfolglos. Findet eine Betriebsratswahl statt, stellt die Unternehmensleitung zuweilen eine eigene Liste auf – die gekaufte Gewerkschaft AUB von Siemens lässt grüßen –, die sie mit allen Mitteln durchbringen will. Ein Wahlvorstandsmitglied schildert das so: »Sie haben auch zu Kolleginnen gesagt, dass, wenn sie die ver.di-Liste unterschreiben, sie mit ihrem Job spielen.«[197]

Nun können sich die Manager von Schlecker den Mund mit Abstreiten und Verdrehen fusselig reden, denn spätestens die Gerichte weisen sie in ihre Schranken. So verurteilte das Amtsgericht Marburg schon im Jahre 2005 drei Schlecker-Führungskräfte wegen Nötigung. Checklisten aus ihrem Sekretariat belegten, dass sie ein Wahlvorstandsmitglied wegen der Mitwirkung an der Betriebsratsgründung in einen Aufhebungsvertrag gedrängt hatten. Das Landgericht Marburg erkannte das Urteil nicht nur an, sondern verurteilte die Schlecker-Manager zusätzlich noch wegen Verstoßes gegen das Betriebsverfassungsgesetz.[198]

Jahre später kam es für Schlecker dann knüppeldick: Dass auch Normalbürger keine egoistischen »Geiz ist geil«-Idioten sind, musste auch der Skandalkonzern erfahren. Laut einer Studie der Gesellschaft für Konsumforschung (GfK) brachen die Erlöse in den ersten vier Monaten 2010 um 16 Prozent ein. Nach der Debatte um Dumping-Löhne habe mehr als eine Million Kunden dem Unternehmen den Rücken gekehrt. GfK-Experte Wolfgang Twardawa äußerte sich gegenüber der *Wirtschaftswoche:* »Die in diesen Fragen zunehmend kritischen Verbraucher bestrafen solche ethischen Fehltritte inzwischen nicht mehr nur durch zeitweilige Kaufzurückhaltung, sondern durch dauerhaften Vertrauensentzug.«[199] Selbstverständlich wäre es vereinfacht zu sagen, der geradezu messianische neoliberale Kaputtsparglaube hätte manche Konzerne zum Generalangriff auf die Rechte und die Einkommen der Normalbürger regelrecht angestiftet. Aber zweifellos wurde eine Atmosphäre geschaffen, in der Superreiche, Großkonzerne und »legale« Wirtschaftsverbrecher meinen, sie könnten sich alles erlauben.

Die Politik erzeugt dann auch genau diesen Eindruck. »Merkels Mega-Mogelpackung« nennt *Spiegel Online* das gigantische

Werk. »Das Sparpaket, das sich Merkel, Westerwelle und Co. in einem Sitzungsmarathon zusammengeklaubt haben, ist eine schwarz-gelbe Mogelpackung: ambitionslos, willkürlich und unsozial. Das Beste, was sich über diese vermeintliche ›Liste der Grausamkeiten‹ sagen lässt, ist: Mit Ach und Krach erfüllt sie die Vorgaben der Schuldenbremse im Grundgesetz.« Und: Wer als Privatmensch eine solche Haushaltsführung als Sparen bezeichnet, sollte sich sofort bei RTL um einen Besuch von Schuldnerberater Peter Zwegat bewerben. An einem Beispiel entlarvt der Wirtschaftsredakteur von *Spiegel Online*, Sven Böll, wie unausgegoren – und verlogen – das Sparpaket ist. »Fast schon grotesk ist die Regelung für die Ausnahmen bei der Ökosteuer für energieintensive Unternehmen. Kann eine Firma nachweisen, dass sie im internationalen Wettbewerb steht, soll für sie auch künftig eine Ausnahme gelten. Es darf also damit gerechnet werden, dass bald fast jedes deutsche Unternehmen globale Konkurrenz hat und es in einem Berliner Ministerium eine Art ›Ökosteuerausnahmenüberprüfungsreferat‹ geben wird.« Sven Böll benennt auch das Wichtigste: »Das Problem ist nur: Es gibt auch in einem reichen Land wie der Bundesrepublik weitaus mehr Menschen, die arbeitslos sind oder um das Existenzminimum herumkraxeln, als Einwohner, die den Status der finanziellen Unabhängigkeit erreicht haben. Deshalb ist es so wichtig, dass die Mehrheit der Bevölkerung den Eindruck hat, es gehe beim Sparen gerecht zu. Doch es gibt beim schwarz-gelben Paket eine erkennbare soziale Schieflage.«[200]
Die systematische Umverteilung von unten nach oben ist jedoch nur eine Seite der Medaille: Im Zeitalter der EU und der Währungsunion hat das deutsche Sparpaket durchaus internationale Konsequenzen. Das Kaputtsparprogramm macht nicht nur in Deutschland die Reichen immer reicher und die Normalbürger und Armen immer ärmer; es infiziert mit diesem asozialen Virus nach und nach ganz Euroland. Und bei der

Fachkompetenz der politisch Verantwortlichen wäre es nicht einmal erstaunlich, wenn die EU-weite und sogar globale Wirkung sie selbst überrascht hätte. Den Menschen von den Mittelschichten abwärts Geld wegzunehmen und es den Reichen und Mächtigen zuzuschanzen, das kann rein intellektuell – im Gegensatz zu manchem Minister oder Staatssekretär – jeder begabte 14-Jährige. Eine ganz andere Frage ist es, sich die Folgen solcher Entscheidungen vorzustellen. Zwar gibt es schon seit dem Jahre 2000 vom damaligen Innenministerium einen *Leitfaden zur Gesetzesfolgenabschätzung*[201], doch der war für die damalige Regierung wohl entweder fachlich oder moralisch mehrere Etagen zu hoch angesiedelt. Logischerweise ist dabei weniger herausgekommen als die Weisheit des Volksmunds: »Das hätte ich euch gleich sagen können.« Folglich wundern sich jetzt zwar nicht die Normalbürger, wohl aber die schwarz-gelben Regierenden über die Auswirkungen ihres Pakets und die entsprechenden Reaktionen.

7 Befeuert Deutschland die Eurokrise?

D as Politmagazin *Monitor* beleuchtete Mitte Juni 2010, »wie Deutschland die Eurokrise befeuert«, und führte aus, was die Regierung der Bevölkerung zurzeit permanent einbimsen würde: »Zu dieser Politik gibt es keine Alternative.« Oder: »Am Sparkurs führt kein Weg vorbei.« Oder: »Wir leben über unsere Verhältnisse.« All diese Sätze sind gemäß der Moderatorin Sonia Mikich »falsch oder einfach lähmend«. Wirtschaftsprofessor Heiner Flassbeck, Chefökonom der *Konferenz der Vereinten Nationen für Handel und Entwicklung* (UNCTAD), warnt eindringlich: »Wenn wir jetzt alle massiv sparen und kürzen, wird es eine nächste und tiefere Rezession in Europa geben.«

Auch der Wirtschaftswissenschaftler Peter Bofinger ist sich sicher: »Was jetzt beschlossen wurde in Berlin, steht ganz klar im Gegensatz zu dem, was der Euroraum an Wachstumsimpulsen benötigen würde ... wenn alle Länder in Europa in den letzten zehn Jahren Deutschland gespielt hätten, also über zehn Jahre hinweg ihre Löhne kaum erhöht hätten, über zehn Jahre ihre Nachfrage nicht erhöht hätten, dann wären unsere Exporte auch nicht gestiegen. Und dann wären in Europa die Lichter ausgegangen.« Tatsächlich stiegen von 2000 bis 2008 in sämtlichen Euroländern die Reallöhne, nur in Deutschland nicht. [202]

Für diese »Lohnzurückhaltung« wurden die Arbeitnehmer von Unternehmern und Politikern gelobt, doch international gerät das »deutschen Modell« in Europa und bei den Vereinten Nationen zunehmend ins Fadenkreuz der Kritik. Marco Annunziata, Chefvolkswirt der italienischen Großbank Unicredit, spricht es offen aus: »Mit seinem Beharren auf Lohnzurückhaltung verhält sich Deutschland in der EU wie ein Trittbrettfahrer. Als Exportnation profitiert Deutschland von steigenden Gehältern und Konsumausgaben in anderen Staaten, ohne selbst zu diesem Wachstum beizutragen.«[203]

Insofern hat sogar der deutsche Facharbeiter mit der Eurokrise sehr viel zu tun, wie Heiner Flassbeck erläutert: »Weil er gezwungen wurde, seit über zehn Jahren auf Lohnerhöhungen zu verzichten, die ja auch ihm geholfen hätten, die … der Binnenwirtschaft geholfen hätten.« So aber war »die deutsche Wirtschaft sehr einseitig auf den Export getrimmt. Der deutsche Exportanteil am Bruttoinlandsprodukt ist gestiegen von 30 auf 45 Prozent.«

Vor Jahren konnte die europäische Konkurrenz möglicherweise in Sachen Qualität (»Made in Germany«) nicht immer mithalten, heute sind sie den Deutschen sogar in Sachen günstigste Preise nicht mehr gewachsen. Die Folge ist laut Flassbeck, »dass wir natürlich, wenn wir billiger anbieten, dort einen unglaublichen Druck auf den Märkten veranstalten und dort viele Unternehmen bankrottgehen. Das ist im normalen Unternehmensverhältnis richtig und durchaus akzeptabel. Nur wenn es über Löhne läuft, wenn es über Lohndumping läuft, dass Löhne … unter Druck der Politik massiv niedrig gehalten werden, dann ist es nicht mehr akzeptabel.«

Kommentar von *Monitor*: »Die deutschen Wettbewerbsvorteile ein Stück weit aufgeben, damit die Griechen, Portugiesen und Spanier besser mithalten können? Klingt zunächst absurd. Doch was, wenn der Süden weiter abstürzt? Dann kauft hier keiner mehr deutsche Autos. Dann braucht hier kein Betrieb mehr deutsche Maschinen, dann hat vor allem der Exportweltmeister Deutschland ein Problem. Denn 60 Prozent unserer Waren gehen nach Europa.«[204]

Stefan Kornelius von der *Süddeutschen Zeitung* findet dagegen, »die Deutschen sollten besser für ihre Sparpolitik werben …

Niemand kann und sollte von der Bundesregierung verlangen, dass sie künstlich Deutschlands Wettbewerbsfähigkeit verschlechtert.« Stattdessen sollten die schwächeren Euroländer sich ein Beispiel an uns nehmen und mit Kaputtsparen ihre Bevölkerung ebenfalls auspressen. Niemals »werden die südeuropäischen Volkswirtschaften wieder ihre Exportfähigkeit zurückgewinnen, wenn sie nicht zuvor ihre Wettbewerbsfähigkeit herstellen. Und die lässt sich nicht mit deutscher Stütze kaufen, sondern nur durch unangenehme Reformen erreichen: bei der Arbeitszeit, bei den Lohnstückkosten, bei der Staatsverschuldung.«[205] Nicht zufällig münden derlei »Argumente« früher oder später in plumpen Nationalismus: »Deutschland ist für viele EU-Partner schlicht zu stark. Was der militärische Hegemon in zwei Weltkriegen angerichtet hat, findet in den Augen der Deutschland-Kritiker nun seine ökonomische Entsprechung. In normalen Zeiten hat sich die Bundesrepublik kleiner gemacht, indem sie ein bisschen mehr zahlte oder auf ein paar Stimmen im EU-Parlament verzichtete. In dieser Superkrise funktioniert der Lastenausgleich aber nicht mehr, ohne dass auch Deutschland zu großen Schaden nehmen und gegen seine wirtschaftspolitischen Überzeugungen verstoßen würde. Die sind nicht zuletzt auch von vielen nationalen Eigenarten – manche sagen Tugenden oder Mentalitäten – geprägt.«[206] Tugenden: Klingt das nicht nach »fleißige Deutsche – faule Italiener«, »gewissenhafte Deutsche – schlampige Portugiesen«, »pünktliche Deutsche – unzuverlässige Griechen«? Zu weit hergeholt? Der damalige NRW-Ministerpräsident Jürgen Rüttgers sagte bei einem Wahlkampfauftritt am 26. August in Duisburg: »Im Unterschied zu den Arbeitnehmern im Ruhrgebiet kommen die in Rumänien nicht morgens um sieben zur ersten Schicht und bleiben bis zum Schluss da. Sondern sie kommen und gehen, wann sie wollen, und sie wissen nicht, was sie tun.«[207]
Aber unbeeindruckt von der neoliberalen Propaganda-Offensi-

ve schrieben die europäischen Finanzminister in eine gemeinsame Erklärung eine wenn auch marktwirtschaftliche und daher begrenzte Lösung: »Länder mit hohem Leistungsbilanz-
Überschuss sind gefordert, die Binnennachfrage zu stärken.«
Nun kann man die Binnennachfrage nur mit höheren Löhnen
oder staatlichen Ausgaben ankurbeln. Haben also die recht, die
gegen die Sozialkürzungen der Regierung auf die Straße gehen? Spart Deutschland ganz Europa immer tiefer in die Krise?
Wer kann den Eurokollaps noch stoppen?

Heiner Flassbeck sieht voraus, »dass diese Eurozone die nächsten fünf Jahre nicht überleben wird, wenn Deutschland nicht
sofort sich diesem Problem widmet, seiner Bevölkerung erklärt,
dass dieses Problem existiert, und dafür sorgt, dass es beseitigt
wird«[208]. Auch DGB-Chefökonom Dierk Hirschel mahnt an:
»Deutschland muss solidarisch gegensteuern.« Der Außenhan-
delsbilanz-Überschuss innerhalb der Eurozone habe sich in nur
zwölf Jahren auf 100 Milliarden Euro verfünffacht. Aber des
einen Plus ist der anderen Minus. »Da aber die europäische
Kundschaft die deutschen Exportgüter auch bezahlen musste,
kauften unsere Banken und Versicherungen griechische, spanische und italienische Schuldscheine. Allein Griechenland steht
bei Ackermann, Blessing & Co. mit 43 Milliarden US-Dollar in
der Kreide. Jetzt hat der europäische Süden große Schwierigkeiten, seine Schulden zu bedienen. Athen und Lissabon stehen vor
der Pleite.«[209] Nun könnte Deutschland ja neben der Stärkung
der Binnennachfrage auch mehr importieren, vor allem aus Euroländern. Dazu hat der Bund Deutscher Arbeitgeber einen heißen Tipp: »Zuwächse im deutschen Import werden nur dann zu
erreichen sein, wenn Verbraucher und Betriebe von den ausländischen Produkten auch qualitativ überzeugt sind. Niemand
hindert andere (Euro-)Länder daran, ihre Produkte nach
Deutschland zu importieren. Sie müssen nur besser oder/und
preiswerter sein, um bei uns entsprechende Nachfrage zu

finden.«[210] Na klar: Holländische Tomaten bestehen nur aus eingefärbtem Wasser, spanischer Serrano-Schinken wird aus Hundefleisch gemacht, italienischer Chianti enthält Terpentin, portugiesisches Olivenöl stammt von der Tankstelle, und griechischer Ouzo ist in Wahrheit Hustensaft mit Methylalkohol.

Das Dilemma der Marktwirtschaft

Die Menschheit im Allgemeinen und die auf tunnelblickartiger Profitgier basierende westliche Marktwirtschaft im Besonderen hat Übung damit, den Ast abzusägen, auf dem sie sitzt. Nehmen wir nur das ökologische Gleichgewicht. Einige Tierarten sind akut vom Aussterben bedroht, zum Beispiel der Rote Thunfisch, der bei uns vor allem als Sushi geschätzt wird. In den letzten zwei, drei Jahrzehnten hat rücksichtslose Überfischung die Bestände laut Internationaler Kommission zum Schutz des Thunfischs (ICCAT) um 85 bis 90 Prozent dezimiert.[211] Ebenfalls gefährdet ist der Dornhai, den wir als Schillerlocke kennen. Und wird es, wenn die hemmungslose Räuberei anhält, irgendwann noch Scholle oder Kabeljau geben?[212] Selbst den gierigsten Thunfischern und Kabeljaujägern sollte eigentlich klar sein, dass sie drauf und dran sind, ihre beste Melkkuh zu schlachten, dass sie gut daran täten, den Raubbau nicht zu übertreiben.

Ebenso ergeht es den Reichen und Mächtigen und ihren Politikern: Es ergibt sich auch hier die skurrile Situation, dass die Profitmaximierer ihren Opfern etwas abgeben müssen – oder sie nicht allzu sehr ausnehmen dürfen –, um nicht selbst unterzugehen. »Autos kaufen keine Autos«, hatte schon Henry Ford erkannt: Wer die Produkte der Unternehmen kaufen soll – ob nun Hartz-IV-Empfänger, Facharbeiter, mittelständische Unternehmen oder ganze Staaten –, muss natürlich das nötige

Kleingeld dafür haben. Da jegliche Produktion aber letztlich beim Endverbraucher landen muss und kaum ein Betrieb Maschinen zur Produktion momentan unverkäuflicher Waren kaufen dürfte, kommt diesem Endverbraucher die Schlüsselstellung zu – in einer Marktwirtschaft jedenfalls, sogar in einer »freien«. Natürlich ist es aus der Sicht des einzelnen Unternehmers irrational, höhere Löhne zur Stärkung der Nachfrage zu zahlen und sich diese Mehrausgaben dann durch den Verkauf seiner Produkte wiederzuholen, anstatt das Geld gleich zu behalten oder sich von der Politik zuschanzen zu lassen.

Die Alternative bestände allerdings in einer völlig anderen Gesellschaft – und zwar einer aus grauester Vorzeit. Aber weder Sklavenhaltergesellschaft und Lehnsherren-Feudalismus noch Diktaturen können heute noch funktionieren, weil die Bevölkerung (fast) aller Länder sich dagegen entschieden zur Wehr setzen würde. Euroland hat also ein Problem, das die Wissenschaft als Ziel-Mittel-Konflikt bezeichnet: So ist ein Gemüsehändler längerfristig schlecht beraten, den Kunden minderwertige Tomaten zu überhöhten Preisen aufzuschwatzen. »Das macht er zweimal gleichzeitig«, sagt der Berliner, »nämlich das erste und das letzte Mal.« Der kluge Konkurrent dagegen verkauft erstklassige Ware zuweilen sogar mit Rabatt – und gewinnt dadurch Stammkunden. Nicht viel anders ist es mit den wahren Entscheidungsträgern der Euro-Staaten: »Lieber der Bevölkerung etwas von unserem sauber ergaunerten Profit abgeben, als dass das ganze System den Bach runtergeht«, müsste ihre Devise eigentlich lauten. Tut sie aber nicht, weil es eben keine »kollektive Vernunft« des Kapitals gibt, sondern Konkurrenz bis zum bitteren Ende. Das einzelne Unternehmen interessiert nur der eigene Profit: »Wenn ich meinen Mitarbeitern höhere Löhne zahle«, sagt sich der Textilfabrikant, »dann kaufen die sich davon noch lange nicht meine Klamotten.« Und weil das ja für die Marktwirtschaft auch zutrifft, denken und handeln (fast) alle anderen Unternehmen genauso. Die Folge ist ein gnadenloser Konkurrenzkampf um die immer klammere Kundschaft, zum Beispiel unter den Discountern: »Preise senken, Angestellte ausbeuten«, titelte *stern.de* bereits am 13. Februar 2009.[213] Den einzelnen Verbraucher freut es natürlich, wenn Kaffee und Butter, Milch und Reis bis zu 30 Prozent billiger werden. Dass dieser – in diesem Zusammenhang zu Recht so genannte – »Preisverfall« aber nicht Ausdruck gelungener »Stabilitätspolitik«, sondern einer handfesten Rezession ist, also einer mangelnden Nachfrage in fast allen Branchen, können oder wollen sie gar nicht wissen. Dies widerlegt eindrucksvoll die marktwirtschaftliche These, die Profitgier der Einzelnen steigere automatisch den Wohlstand der Gesellschaft. Das Gegenteil ist der Fall: Was dem einzelnen Unternehmen nutzt, schadet der Wirtschaft und der Gemeinschaft.

Die Wissenschaft behandelt dieses Problem als *Gefangenendilemma*[214]: Zwei Typen werden beim Bankraub erwischt – drohende Strafe 10 Jahre. Leugnen beide, kann man ihnen nur verbotenen Waffenbesitz nachweisen: zwei Jahre. Wer aber als Kronzeuge gesteht und den anderen belastet, kommt straffrei davon. Für den Einzelnen scheint also Gestehen das Beste: Tun dies aber beide, gibt's die Höchststrafe.

Ironischerweise folgt daraus, dass Kartelle oder Preisabsprachen zwischen Unternehmen die einzige vernünftige Alternative sind; die verstoßen aber gegen die Prinzipien der Marktwirtschaft und sind verboten. Dies bekamen auch die Discounter zu spüren. »Haben Handel und Hersteller Preisuntergrenzen abgesprochen?«, fragte im Januar 2010 die *Wirtschaftswoche* – und davor das Kartellamt; es veranlasste Durchsuchungen unter anderem bei Kaffee- und Süßwarenherstellern und verhängte Strafgelder in Höhe von insgesamt fast 160 Millionen Euro gegen die Kaffeeröster Melitta, Dallmayr und Tchibo. Der Kraft-Konzern hatte als eine Art »Kronzeuge« fungiert und war so um ein Bußgeld herumgekommen.[215]

Ein verdecktes Kartell – also den bewussten Verzicht auf Konkurrenz in bestimmten Bereichen – finden wir bei der Haftung des Verkäufers (»Gewährleistung«). Obwohl der einzelne Anbieter ohne weiteres die Frist beliebig ausdehnen könnte, betrug sie bei fast allen Herstellern nur ein Jahr. Erst seit Ende März 2002 müssen Gewerbetreibende laut EU-Richtlinie Nr. 1999/44[216] für auftretende Mängel zwei Jahre lang haften. Gleichzeitig wurden andere Aspekte der Garantie wie der Anspruch auf kostenlose Reparatur oder Umtausch, Umkehrung der Beweislast in den ersten sechs Monaten und ein Jahr Garantie auch auf Gebrauchtwaren neu geregelt. Dieses stärkte zwar die Verbraucherrechte, führte aber keineswegs zu einer belebenden Konkurrenz der Hersteller auf diesem Gebiet.

Ein berühmtes Beispiel für die legale Beendigung eines ruinösen Wettbewerbs ist dagegen das Tabakwerbeverbot für sämtliche Medien im Jahre 2006.[217] Seltsamerweise kamen damals keine nennenswerten Proteste aus der Tabakindustrie. Schließlich galt das Verbot nur vordergründig der Gesundheit. Hauptgrund waren die immer höheren Kosten für Werbung, was aber für fast alle Branchen zutrifft. So beträgt der Jahresumsatz der Werbebranche derzeit gut 30 Milliarden Euro.[218]

Dieser immense Aufwand zeigt, dass unsere Wirtschaft weniger auf tatsächlich gute Produkte setzt – manche renommierten Unternehmen verzichten fast vollständig auf Werbung und machen wegen der Qualität ihres Angebots dennoch ihre Umsätze – als darauf, ihre Allerweltswaren den Kunden aufzuquatschen, oft mit irrealen »Argumenten« wie dem »unwiderstehlichen« Parfüm, der »verjüngenden« Hautcreme oder dem Auto für »ganze Männer«. Den Hauptakzent aber legt man – ganz im Widerspruch zur üppigen Werbung – auf die Senkung der Produktionskosten, also neben der Erpressung der Zulieferer und der Standort-Kommunen und zuweilen auch des Bundes (»Subventionen her, sonst drohen Massenentlassungen«) vor allem auch auf das Herunterschrauben der Löhne und Lohnnebenkosten. Dieser unsägliche Ausdruck, der gedankenlos von fast allen Parteien übernommen wird, beschreibt aber nichts anderes als den Arbeitgeberbeitrag zur sozialen Sicherheit der Beschäftigten bei Krankheit und Arbeitslosigkeit sowie im Alter, der zu den Grundpfeilern der Marktwirtschaft gehört. Dieser Schwerpunkt unserer Wirtschaft und Politik entspricht der neoliberalen Wirtschaftstheorie des Monetarismus, wonach das Entscheidende ein möglichst billiges Angebot durch Senkung der Herstellungskosten ist – auch durch »Liberalisierung« des Kündigungsschutzes, woraufhin die Nachfrage schon von selbst kommen werde. Kommt sie aber ganz offenbar nicht. »Solange der Unternehmenssektor so tiefe Löhne bezahlt, dass die Kundschaft die produzierte Ware nicht oder nur auf Pump kaufen kann, bleibt der Kapitalismus in der Schuldenfalle gefangen«, schreibt Werner Vontobel im *Freitag*. »Da helfen auch Konjunkturprogramme wenig.«[219]

Nun können einzelne Länder durch forcierte materielle und soziale Ausbeutung zweifellos »Konkurrenzvorteile« erlangen – Stichwort Billiglohnländer. Exporte werden preisgünstiger und ausländische Firmen durch die Aussicht auf nahezu kostenlose »Standortbedingungen«, besonders Arbeitskräfte, geradezu magnetisch angezogen. Vor allem, wenn diese »Lohnsklaven« in Sachen Arbeitszeit, Arbeitssicherheit, Gewerkschaft ähnliche Rechte haben wie die Galeerensklaven der Antike.

Wenn dies allerdings alle Eurostaaten zeitgleich so machen und die ihnen aufgezwungenen Sparpakete zu Lasten ihrer Bürger wirklich umsetzen, dann ist in Euroland recht bald – wie der

Volksmund sagt, »der Ofen aus«. »Das schmutzige Geheimnis des Kapitalismus ist«, schreibt Harald Schumann im *Tagesspiegel*, »dass entweder der private oder der staatliche Sektor Schulden machen muss, wenn die Wirtschaft prosperieren soll. Wenn aber alle EU-Staaten gleichzeitig sparen, ist der Rückfall in die Rezession programmiert – und damit weitere Steuerausfälle und Defizite.« Etwas spöttisch weist er darauf hin, »dass Deutschland noch immer weit mehr in die übrigen Eurostaaten exportiert, als von dort hierzulande gekauft wird. Das geht aber nur, solange die Defizitländer ihre Verschuldung ausweiten.«[220] Genau das aber sollen und wollen die Regierungen um jeden Preis vermeiden.

Wer aber nicht hören will, muss fühlen. »Europas Führung fürchtet soziale Unruhen«, titelte *Welt Online* bereits am 19. März 2009.[221] »Es brodelt in der Europäischen Union. Die Menschen haben Angst vor Arbeitslosigkeit und sozialem Abstieg. Und sie sind wütend auf die Politiker. Die verstricken sich jedoch auf europäischer Ebene in technische Details. Weil es nicht vorwärtsgeht, wächst jetzt die Angst vor sozialen Unruhen. Die Protestwelle rollt bereits.«

Der »Terror der Ökonomie«, meint der Jenaer Soziologieprofessor Stephan Lessenich, »ist auch der Terror einer Leistungskultur und Unterwerfungsbereitschaft, der uns noch um die Ohren fliegen wird. Ich kann mir vorstellen, dass sich das auch in Form von politischer Aggression äußern wird.«[222]

Und wie die sich entladen wird, kann niemand vorhersagen. Proteste an sich, selbst Generalstreiks oder Armenaufstände, sind nicht automatisch etwas »Fortschrittliches«; man denke nur an den verbalen »Antikapitalismus« zu Beginn der Nazi-Ära. Dass dabei die Kommunisten teilweise regelrecht kopiert wurden – wie allein die Bezeichnung »National*sozialismus*« schon zeigt –, beweist keinesfalls eine von »linken« Tagträumern behauptete »Überlegenheit der sozialistischen Idee«, sondern eher die Raffinesse und Gefährlichkeit faschistischer Ideologien. Aber aus welcher Ecke die Gefahr auch droht, eines scheint wahrscheinlich: Wenn sich die politisch Verantwortlichen nicht bald etwas einfallen lassen, sondern trotzig an ihrem Kaputtspar- und Umverteilungskurs festhalten, geraten nicht nur sie, sondern die gesamte Gesellschaftsordnung in ernsthafte Schwierigkeiten. Dass der Kapitalismus mit seiner grenzenlosen und ungehemmten Profitgier irgendwann sein eigener Totengräber sein wird, das wissen im Grunde ihres Herzens auch die Superreichen und ihre Politiker. Nur da ihnen im Gegensatz zu den von ihnen verachteten – auch christlichen – »Gutmenschen« das Schicksal künftiger Generationen weniger wichtig ist als eine Schramme in ihrem Dienst-Ferrari und sie dem Grundsatz »man lebt nur einmal« anhängen, kann man getrost davon ausgehen, dass Schwarz-Gelb oder Rot-Grün nur ein anderes Wort sind für Verantwortungslosigkeit. Und wer einmal in der Fernsehsendung »Mainz, wie es singt und reiert« die ästhetisch abstoßenden Politpromis im Prä-Koma den Gassenhauer »In hundert Jahren ist alles vorbei« hat lallen hören, der weiß, dass unsere Eliten es ernst meinen. »Nach uns die Sintflut«, lautet das Credo, da kann man noch so viel »Prognosen« über die Alterspyramide im Jahre 2395 und über die Arbeitslosenzahlen anno 4357 aufstellen. Sollte die westliche Marktwirtschaft noch eine Zeitlang vor dem Untergang gerettet werden können, werden dies weder Schwarz-Gelb noch Rot-Grün fertigbringen.

Gebrüder Grimm reloaded: Das Märchen vom Staatsbankrott

Wann ist ein Bürger bankrott? Nehmen wir mal an, sein Hab und Gut sei 300 000 Euro wert. Nun leiht er sich aus irgendwelchen Gründen bei der Kreditmafia 100 000 Euro, kann aber zum vereinbarten Termin wegen eines vorübergehenden Engpasses nicht zahlen. Bankrott ist er selbstverständlich nicht, und eigentlich könnte der Geldhai sein Geld per Gericht eintreiben – kann er aber nicht, weil er selbst von Interpol gesucht wird. Also droht er dem Gläubiger, ihm zwei Finger abzuhacken oder seine fünfjährige Tochter zu entführen ... und nötigt ihn zu einem weiteren Kredit mit 50 Prozent Zinsen wegen des angeblich hohen Risikos, obwohl das angesichts der realen Vermögensverhältnisse des Schuldners gleich null ist.

Absurdes Beispiel? Genauso geht es zu in der »großen Politik«. Auch *Bild*, dessen Image so ruiniert ist, dass eine weitere Kritik schon an Leichenschändung grenzt, schlägt im Einklang mit dem nationalistischen Sumpf vor: »Verkauft doch eure Inseln, ihr Pleite-Griechen.«[223] Von *Bild* ist man ja nichts anderes gewohnt. Aber auch der Chef der CDU-Mittelstandsvereinigung, Josef Schlarmann, sagt, ein Bankrotteur müsse alles, was er habe, »zu Geld machen, um seine Gläubiger zu bedienen. Griechenland besitzt Gebäude, Firmen und unbewohnte Inseln, die für die Schuldentilgung eingesetzt werden können.«[224] Natürlich klingt das nicht nur wie übelster Kolonialismus; es ist genau das. Verkauf von griechischem Staatseigentum fordert auch der FDP-Finanzexperte Frank Schäffler. Ihm geht es jedoch primär um das Verscherbeln (»Privatisierung«) etwa der Energieversorger, Flughäfen oder Häfen.[225] Aber gerade das ist ja ein Wesensmerkmal und Ziel der marktwirtschaftlichen Variante der Globalisierung: schwächere Länder – in diesem Fall durch getürkte »Ratings« und Wucherzinsen – in finanzielle Schwierigkeiten bringen und sie dann nach und nach aufkaufen. Anderseits widerlegen Schlarmann und Schäffler mit ihren neokolonialistischen Fieberphantasien ungewollt die Märchen vom Staatsbankrott: Jedes Euroland verfügt über mehr materielle Werte, als es aktuelle Schulden hat.

Den perfiden Mechanismus des Bankrott-Geredes und damit

der typischen Marktwirtschaft erklärt Robert von Heusinger in der *Berliner Zeitung*. »Wann ist ein Land pleite? Bei einem Schuldenstand von 120 Prozent gemessen am Bruttoinlandsprodukt, wie ihn die Griechen haben? Japan hat fast 200 Prozent Staatsschulden und gilt als Top-Schuldner. Oder bei einem Haushaltsdefizit von 13,6 Prozent wie in Griechenland? England und die USA haben eine genauso hohe Staatsverschuldung und sind noch obenauf.« Starökonom Willem Buiter von der *Citibank* hat sogar herausgefunden, die strukturellen Defizite in England und den USA seien viel dramatischer als in Griechenland, Portugal und Spanien. Aber »solch rationale Argumente zählen an den Märkten nicht. Ein Land ist dann pleite, wenn es keinen Kredit mehr bekommt«, weil »kein Vertrauen in die Rückzahlung desselben besteht ... Je mehr Anleger glauben, dass ein Land Probleme hat, seine Schulden zurückzuzahlen, desto höhere Zinsen muss das Land bieten; und je höher die Zinsen, desto wahrscheinlicher ist es, dass das Land die Schulden nie wird zurückzahlen können. Deshalb ist Vertrauen das allerhöchste Gut im Kapitalismus.«[226]

Es geht also nicht um die wirklichen Vermögensverhältnisse und erst recht nicht um das Vertrauen der Normalbürger, sondern um die Angst der Spekulanten – zu denen genau genommen auch die Kleinstaktionäre zählen –, um ihre Renditen und um ihr »investiertes« Geld. Es ist die Angst des Pferderennen-Zockers, der im Vertrauen auf einen »heißen Tipp« zwielichtiger Gestalten eine Riesensumme auf den Einlauf im vierten Rennen gesetzt hat – wie die Börsenglücksspieler auf die Lehman Brothers – und dann empört ist, wenn die Sache in die Hose geht.

8 Volksvermögen –
Vermögen des Volkes?

Deutschland ist mit einem Bruttonationaleinkommen von 2,3 Billionen Euro (2006) hinter den USA und Japan das drittreichste Land der Welt.[227] Die Ausplünderung des Staates durch eine kleine Minderheit drückt sich auch in weiteren nüchternen Zahlen aus. Alle Güter wie Fabriken, Immobilien, Aktien und Bargeld zusammengerechnet, besitzen die Deutschen etwa neun Billionen Euro, nur ist dieser Reichtum ungleich verteilt: Ein Prozent der Bevölkerung besitzt über 25 Prozent des gesamten Vermögens in Deutschland – und damit mehr als die unteren 80 Prozent der Bevölkerung zusammengenommen.[228] Den reichsten 10 Prozent gehören sogar fast zwei Drittel des Volksvermögens.[229] Dagegen haben zwei Drittel der Bundesbürger kein oder nur ein geringes Vermögen, ungefähr die Hälfte hat kein Vermögen und lebt unmittelbar vom Einkommen.[230]

Daraus ergibt sich dreierlei:

Erstens ist die Gesellschaft nicht arm, sondern steinreich: Staaten mit einer verarmten Bevölkerung und einer Handvoll in Gold und Prunk lebendem Parasitengesindel nennt man bei uns Bananenrepublik.

Zweitens darf die Floskel »Stärkere Schultern müssen mehr tragen als schwächere« nicht länger als – häufig wahlkampfbedingter – Appell vorgetragen, sondern muss entsprechend des Sozialstaatsgebots unseres Grundgesetzes ohne Wenn und Aber in Form höherer Abgaben für die Reichen durchgesetzt werden, zumal die zumeist ihr Supervermögen gar nicht selbst erarbeitet haben. Hinzu kommt: Laut *Tagesschau* hat etwa jeder dritte Milliardär das Vermögen geerbt[231] – darunter nicht wenige, deren Eltern Adolf Hitler durch Finanzspritzen zur Macht verholfen hatten oder nach 1945 als Kriegsverbrecher verurteilt worden waren und großenteils deshalb im Gefängnis gesessen hatten. Drittens steht in einem der reichsten Länder der Welt folglich nicht weniger, sondern sogar mehr Sozialstaat auf der Tagesordnung. Er ist nicht nur durch Artikel 20 des Grundgesetzes vorgegeben, sondern bei angemessener Besteuerung der Vermögenden offenbar auch finanzierbar. Wer dagegen die heutigen und geplanten Verhältnisse »Neue Soziale Marktwirtschaft« nennt, der könnte auch Radrennen als »Neuen Marathonlauf« oder einen Fernseher als »Neues Radio« bezeichnen.

Steuerbetrug als »Notwehr«

Häufig wird gesagt, bei höheren Steuern würden die Reichen ihr Geld ins Ausland schaffen. Dies gleicht der Drohung eines 18-jährigen Nichtsnutzes, ohne Erhöhung des Taschengeldes von 1000 auf 2000 Euro werde er nach Pakistan auswandern. Kluge Eltern lassen sich aber nicht nötigen, sondern drehen dem verwöhnten Herrn Sohn den Geldhahn ganz zu.

Das bedeutet: Wer sein (Schwarz-)Geld illegal außer Landes bringt, gehört bedeutend härter bestraft. Ein Steuerverbrecher wie der frühere Postchef Klaus Zumwinkel erhielt wegen Steuerhinterziehung von fast einer Million eine provozierend lächerliche zweijährige Bewährungsstrafe.[232] In den USA wandern solche Elemente in den Bau, der Schauspieler Wesley Snipes zum Beispiel für drei Jahre.[233] Steuerbetrug ist kein Kavaliersdelikt oder gar Notwehr, wie manche Neoliberale und Superreiche glauben machen wollen.[234] Und so ist auch der Aufruf des Historikers Arnulf Baring zum Steuerboykott[235] schlicht und einfach eine »öffentliche Aufforderung zu Straftaten«, wofür nach Paragraph 111 des Strafgesetzbuches bis zu fünf Jahre Gefängnis vorgesehen sind.

Alljährlich verliert der deutschen Staat 30 Milliarden Euro durch Steuerhinterziehung, schätzt Dieter Ondracek, Chef der Deutschen Steuer-Gewerkschaft (DSTG).[236] Hauptgrund dafür sind mindestens 15 000 fehlende Steuerbeamte. Von 130 000 Stellen sind nur 115 000 besetzt. Schlamperei oder Absicht? Schließlich bringen allein die rund 2400 unmittelbaren Steuerfahnder doch dem Steuerzahler ein Vielfaches dessen ein, was sie ihn kosten! Laut Deutscher Steuer-Gewerkschaft bringen sie dem Staat jährlich 1,6 Milliarden Euro – pro Fahnder bis zu einer Million –, kosten aber nur 80 000 Euro, einschließlich der Pensionsansprüche.[237] »Normalerweise müsste man Heerscharen solcher Leute einstellen«, meint Ondracek. Gerade die reichen Länder wie Bayern tun das aber nicht: Von einer Million Euro gehen 500 000 Euro an den Bund, 360 000 Euro fließen durch den/ Länderfinanzausgleich ab, und die verbleibenden 140 000 Euro stellen offenbar eine zu geringe Motivation dar, die Steuerfahnder personell besser auszustatten.[238]

Der ehemalige bayerische Ministerpräsident Franz Josef Strauß soll in einem Bierzelt einmal gesagt haben: »Ich stelle keine weiteren Steuerfahnder ein, weil alles, was die mehr reinholen, geht an den Länderfinanzausgleich, und damit füttere ich die Roten in Nordrhein-Westfalen. Da bleibt das Geld lieber bei meinen bayerischen Unternehmern.«[239]

Das ist natürlich Quatsch: Gerade wer kaputtsparen will, freut sich auch über eine noch so geringe Einnahme. Der wahre Grund ist denn auch, dass reiche Länder zwischen den Zeilen »Straffreiheit für Steuerhinterzieher« als Standortvorteil anpreisen: Hier können Unternehmen ihre Bilanzen nach Belieben »kreativ gestalten«, ohne irgendeine ernsthafte Kontrolle befürchten zu müssen. Einem notorischen Zechpreller ist ein

117

halbblinder, gehbehinderter 75-Jähriger als Kellner ja auch lieber als ein 25-jähriger Meistersprinter und Bodybuilder.

Wie weit die »Beide-Augen-Zudrücker« dabei gehen, zeigt ein fast zehn Jahre alter Fall aus der Äppelwoi-Metropole Frankfurt, der aber völlig zu Recht noch heute Gerichte und seit Januar 2010 einen Untersuchungsausschuss des Landtags beschäftigt.[240] Eindrucksvolle Bilanz der Frankfurter Fahnder im Jahre 2000: 60 000 eingeleitete Verfahren und 250 Millionen Steuernachzahlungen. Trotz oder wegen dieser Erfolge bekamen die Fahnder nach dem Regierungswechsel in Hessen unter Ministerpräsident Roland Koch die ersten massiven Probleme.[241] Vier Steuerfahnder wurden aufgrund psychologischer Gutachten zwangspensioniert, nachdem sie sich kritisch über die angebliche Untätigkeit ihrer Behörde geäußert hatten. Inzwischen hat ein Berufsgericht festgestellt, dass die Gutachten fehlerhaft waren; der Gutachter ist rechtskräftig verurteilt. Die Betroffenen erklärten, sie seien aus dem Dienst entfernt worden, um große Steuersünder zu schützen. Der Ärger begann im Jahre 2001: Damals hatte das Finanzamt Frankfurt per Dienstanweisung Steuerfahnder von Tausenden Verdachtsfällen abgezogen.[242]

Der Verdacht liegt nahe, dass hinter alledem die menschenverachtende Logik des Standortvorteils durch faktische Legalisierung des Steuerbetrugs steckt.[243] Dies übrigens macht verständlich, warum namhafte Wissenschaftler wie Pierre Bourdieu die »Standort-Logik« – Theorie kann man diesen hirnlos-reaktionären Quark ja wohl kaum nennen – als »wohldurchdachtes Delirium« bezeichnen und in die Nähe totalitärer Ideologien rücken.»Kein Mensch fragt, warum nicht die reich vorhandenen Überschüsse besteuert werden, sondern Renten und Arbeitslosengeld«, stellt der Siegener Germanistikprofessor Clemens Knobloch fest. »Nur mit Hilfe der Standort-Rhetorik kann man den Armen verkaufen, dass es ihnen bessergehen wird, wenn sie den Reichen etwas abgeben. Oder eben mit Gewalt.«[244] Festzuhalten bleibt: Wer mindestens 30 Milliarden Euro an Steuergangster verschenkt, dessen Sparprogramme haben die Glaubwürdigkeit der Liebesschwüre eines vorbestraften Heiratsschwindlers.

Ausbürgerung: Warum eigentlich nicht?

Die Deutsche Steuer-Gewerkschaft plädiert seit langem für die Ausbürgerung von Deutschen, die der Steuerersparnis wegen ins Ausland umziehen: »Es ist schäbig und unanständig«, so ihr Chef Dieter Ondracek, »wenn jemand alle Segnungen annimmt, die ihm das Heimatland bietet, sich aber drückt, wenn's ums Zahlen geht … Wir schlagen vor, die Besteuerung an die Staatsangehörigkeit zu koppeln.«[245] Dasselbe fordert auch Die Linke: »Geld oder Pass.«[246] Nun darf aber laut Grundgesetz kein deutscher Staatsbürger ausgebürgert werden.

Artikel 16 des Grundgesetzes
(1) Die deutsche Staatsangehörigkeit darf nicht entzogen werden. Der Verlust der Staatsangehörigkeit darf nur aufgrund eines Gesetzes und gegen den Willen des Betroffenen nur dann eintreten, wenn der Betroffene dadurch nicht staatenlos wird.

Andererseits kann die Politik entsprechende Gesetze erlassen und sogar das Grundgesetz ändern – es wäre ja nicht das erste Mal. Mindestens ebenso wichtig ist es aber – und insofern war das Medienspektakel um Klaus Zumwinkel eine gute Sache –, Steuerbetrüger in der öffentlichen Meinung mit Zuhältern oder Geiselnehmern gleichzusetzen. Diese verkommenen Subjekte stehlen dem Volk das Geld, das dann zum Beispiel für die Renovierung von Schulen, die Einstellung von Lehrern oder für bezahlbare medizinische Versorgung fehlt. Besonders peinlich wird es, wenn Steuerflüchtlinge von gewissen Medien nicht geächtet, sondern devot hofiert werden. Deshalb ist es ein Unding, wenn Sportler und andere Promis mit steuerbedingtem Auslandswohnsitz im Fernsehen wie Helden gefeiert, anstatt auf der Straße angespuckt zu werden.

Freischampus für Reiche:
Darf's ein bisschen mehr sein?

Man braucht schon sehr viel Chuzpe, ein mangelndes Fachwissen über Wirtschaft und Recht, eine halblegale finanzielle Motivation oder ein therapiebedürftiges Gerechtigkeitsempfinden, um seit Jahren und über fast alle Parteigrenzen hinweg mit Sparprogrammen und Steuerpolitik zugunsten der Superreichen den Rest des Volkes hemmungslos zu schröpfen.

- Die sogenannte Abgeltungssteuer für leistungsloses Einkommen aus Kapitalbesitz liegt bei etwa 25 Prozent und bevorteilt damit leistungsloses Einkommen gegenüber dem aus ehrlicher Arbeit. Damit zahlt zum Beispiel eine tüchtige Boutique-Besitzerin, ein findiger Entwicklungsingenieur oder ein nimmermüder Unfallchirurg prozentual bedeutend mehr an den Staat als der lebenslustige Erbe eines Aktienpakets für die Dividende. Leidtragende sind also längst nicht mehr nur die sozial Schwächeren, sondern auch die Mittelschicht, also echte »Leistungsträger«. Und der Staat verschenkt mit dem lachhaften Abgeltungs-Obolus Jahr für Jahr zweistellige Milliardenbeträge.
- Seit Anfang 1997 die Vermögenssteuer nach einem Urteil des Bundesverfassungsgerichts abgeschafft wurde, tut die Politik

das direkte Gegenteil dessen, was die höchsten deutschen Richter gemeint hatten. Sie kritisierten nämlich gerade nicht, dass die Reichen zu viel, sondern dass einige unter ihnen – die Großgrundbesitzer und Luxuseigenheimbesitzer – zu wenig zahlten: Wer nach dem Krieg pro Quadratmeter umgerechnet 0,20 Cent zahlte, konnte dies bis dato noch geltend machen, auch wenn der Preis auf über 1000 Euro gestiegen war. Die Richter forderten die Angleichung der Immobilienpreise an ihren wirklichen Wert. Aber der Politik konnte der Richterspruch »kreuzweise«. Sie schafften die Vermögenssteuer kurzerhand ganz ab.

Einer Studie des DIW zufolge könnte die Wiedereinführung dieser Steuer dem Staat jährlich 25 Milliarden Euro einbringen. Dazu müsste man nur die Belastung von Vermögen auf das Durchschnittsniveau der EU-Länder und der wichtigsten Industrienationen anheben.[247] In den USA macht die Vermögenssteuer 3,1 Prozent des Bruttoinlandsprodukts aus, und die Superreichen begrüßen, dass sie zur Kasse gebeten werden. »Reiche Leute haben eine spezielle Verpflichtung gegenüber der Gesellschaft«, sagt Bill Gates senior, Vater des reichsten Mannes der Welt und Microsoft-Gründers. »Wenn einer meint, er habe es alles alleine geschafft«, so Papa Gates, »sollte er nach Westafrika ins Exil geschickt werden.«[248]
Auch in Deutschland fordern immer mehr Reiche wie die knapp 50 Mitglieder der Initiative Vermögender für eine Vermögensabgabe höhere Belastungen für sich selbst – die Antithese zum verlogenen Charity-Zirkus, wo sich Superreiche für eine *freiwillige* Spende von ein paar tausend Euro für die Resozialisierung alleinerziehender Zwergpudel oder die Befreiung Grönlands vom Packeis als großherzige Samariter feiern lassen. Mitglieder der Initiative transportierten im Oktober 2009 Spielgeld in Höhe von 100 Milliarden Euro mit Lastenfahrrädern zum

Ort der Koalitionsverhandlungen, berichtete man mit berechtigtem Stolz, und füllten damit ein großes »Haushaltsloch«. Während drinnen darüber diskutiert wurde, wie man die bestehenden Lücken kaschieren und vertuschen kann und dass massive Einschnitte bevorstehen, hat man draußen demonstriert, was die Lösung für die Haushaltsmisere wäre: eine Vermögensabgabe.[249]

Konkret fordert man zunächst: Menschen mit einem Vermögen von über 500 000 Euro müssen mit einer auf zwei Jahre befristeten Vermögensabgabe in Höhe von jeweils fünf Prozent in die Pflicht genommen werden.

> »Ich fand auch früher schon die Vermögenssteuer viel zu niedrig. Mit der Abgeltungssteuer sparen wir Vermögenden uns auch wieder fast 25 %, weil die auf die Einkommenssteuer angerechnet wird. Ich würde jetzt am liebsten eine echte Börsenumsatzsteuer und eine Vermögensabgabe leisten, würde die aber zweckgebunden machen. Also, ihr Reichen aller Länder, vereinigt euch!«
>
> Eva Stilz, Initiative Vermögender
> für eine Vermögensabgabe

Einer der ersten Reichen, die für einen größeren Beitrag der »starken Schultern« zum Gemeinwohl eintraten, der Hamburger Reeder und Multimillionär Peter Krämer, kritisierte die geplante Streichung des Elterngeldes für Hartz-IV-Empfänger als skandalös und forderte stattdessen die Wiedereinsetzung der Vermögenssteuer. »Wir haben in Deutschland eine absolute soziale Schieflage«, beklagte er im Juni 2010 in einem dpa-Gespräch. »Statt die Ärmsten noch stärker zu belasten, sollte der Staat vielmehr die Reichen in die Pflicht nehmen.« Auch Angela Merkel nahm er sich zur Brust: Sie betreibe »Klientelpolitik der FDP«.[250] Die Initiative der Vermögenden ist nicht hoch genug einzuschätzen, zerstört sie doch das Märchen vom »Sozialneid«. Sind diese Reichen am Ende neidisch auf sich selbst?

Ganz anders verhält es sich mit entsprechenden Äußerungen aus der Politik, besonders der SPD, die für die Wiedereinführung der Vermögenssteuer grundsätzlich vor Wahlen antritt und für diese bühnenreife Darstellung als Vertreter der kleinen Leute schon längst den Oscar oder wenigstens den Bambi verdient hätte. Publikumswirksam und für eine Oppositionspartei gerade nach einer Bundestagswahl relativ folgenlos vertritt sie seit 2009 eine alte Forderung der Linkspartei.[251]

Eine Erbschaft bedeutet leistungslosen Geldsegen, der trinkfreudige Partylöwen, koksende Modepüppchen und alle möglichen Faulpelze und Lebemänner zu Millionären machen kann. Luxuskreuzfahrtschiffe, Nobelspielcasinos oder Edelbordelle sind voll von dieser Sorte Mensch – ebenso die Schlagzeilen der Skandalblätter. Insofern sollten diese Herrschaften froh sein, dass sie überhaupt etwas erhalten und der Staat das Erbe nicht zugunsten wohltätiger Zwecke oder notwendiger Bildungsausgaben konfisziert.

Die Erbschaftssteuer musste 2008 ebenfalls reformiert werden, weil auch hier das Bundesverfassungsgericht die zu niedrige Bewertung von Immobilien für verfassungswidrig erklärt hatte; de facto hielt sie nämlich Steuergeschenke für die Reichen bereit. Aber auch hier handelte die Politik entgegen dem Geist des Urteils des höchsten deutschen Gerichts, indem sie die Freibeträge für Ehegatten und eingetragene Lebenspartner auf 500 000, für Kinder auf 400 000 sowie für Enkel auf 200 000 Euro erhöhte. Selbstgenutztes Wohneigentum bleibt für Ehegatten und Partner erbschaftssteuerfrei, und zwar ungeachtet der Größe des Objekts, also auch für Schlösser à la Neuschwanstein, bei Kindern »nur« bis zu einer Wohnfläche von 200 m².

Ebenfalls vom Fiskus verschont wird, wer einen geerbten Betrieb erst nach zehn Jahren verkauft – so lange kann er die Klitsche ja verpachten und an den Stränden von Saint-Tropez oder Malibu dem Steuerzahler den Stinkefinger zeigen. Schwarz-Gelb will selbst diese kurze Anstandsfrist noch weiter verkürzen. Offizielle Begründung: Die bisherige Steuer gefährde bei Familienfirmen Arbeitsplätze und Liquidität, wie die damalige Finanzstaatssekretärin und gelernte Lehrerin Barbara Hendricks (SPD) ernsthaft glauben machen wollte – wider besseres Wissen, denn eine interne Notiz ihres eigenen Ministeriums hatte ihr mitgeteilt: »Die immer wieder vorgetragene Behauptung, die Erbschaftssteuer gefährde den Fortbestand mittelständischer Familienunternehmen, ist bisher durch keinen konkreten Fall belegt.«[252]

Eigentliche Nutznießer sind nach einem Bericht von *Monitor* »die superreichen Familienunternehmer und die Besitzer großer Aktienpakete ... beispielsweise die Aldi-Brüder, die Familie Quandt, die Familie Herz, die Familien Braun, Otto, Oetker und Oppenheim ...«[253] Und gerade diese Absahner spielen sich als großzügige Gönner auf, wie etwa beim Berliner Denkmalschutz: »Otto, Oetker und Oppenheim engagieren sich ebenfalls mit Millionenbeträgen für die arme Stadt«, jubiliert das Springer-Blatt *Die Welt*.[254] Da können einem Tränen der Rührung kommen, denn wie der Bremer Wirtschaftsprofessor Rudolf Hickel zu Recht bemerkt: »Durch leistungslosen Zugewinn ... steigt die ökonomische Leistungsfähigkeit und damit auch der soziale Status der Erben.«[255]

Etwa vier Milliarden Euro brachte die Erbschaftssteuer allein im Jahre 2009 in die Staatskasse.[256] Bei sozial vernünftigen Sätzen könnte dies ein Vielfaches sein. Die Demagogie zur Rechtfertigung der Reform erinnert ein wenig an das Plakat des Grafikers Klaus Staeck zur Bundestagswahl 1972: »Deutsche Arbeiter! Die SPD will euch eure Villen im Tessin wegnehmen.«

Tatsächlich war die Witwe eines Lokführers mit ihrem fünfstelligen Erbe von der Steuer ebenso wenig betroffen wie die beiden Söhne eines Kfz-Meisters, dessen einzige Angestellte sie waren. Das Faszinierend-Beängstigende ist, dass sich zu viele Menschen immer noch offenkundige Unwahrheiten einreden lassen, obwohl sie schon ein kurzes Nachlesen oder Nachfragen, zumindest aber der gesunde Menschenverstand eines Besseren belehren müsste.

Das politische Ziel dieser Art von Erbschaftssteuer ist ohnehin eine Art Wiedererrichtung von Erbadel und Ständestaat durch die Hintertür. Die reichsten Familien sollen über Generationen – wenn's geht, bis zum Verglühen der Erde in fünf Milliarden Jahren – auch die reichsten bleiben. Ist eine solche Politik mit der im Artikel 3 des Grundgesetzes garantierten Chancengleichheit vereinbar?

- Die Körperschaftssteuerreform von 2002, insbesondere die Steuerfreiheit für den Verkauf von Firmenanteilen, ermöglichte es Großkonzernen, nach Lust und Laune andere Unternehmen zu kaufen oder zu verkaufen, ohne den Kostenfaktor Steuer berücksichtigen zu müssen. Nicht zuletzt die berüchtigten »Heuschrecken« profitierten davon. Die Reform führte zu jährlichen Mindereinnahmen von etwa 30 Milliarden Euro[257] und bildete – was noch schwerer wiegt – Deutschlands Beitrag zum Turbokapitalismus und zu der damit verbundenen Steigerung der Unberechenbarkeit der Weltwirtschaft. Sich jetzt über die Unmenge dubioser Finanzmodelle, über Leerverkäufe, Währungsspekulation und die Finanzkrise zu beklagen ist so, als ließe man einen vom Herrchen scharf gemachten Bullterrier von der Leine und spiele dann den Entsetzten, wenn er kleine Kinder anfällt.

- Eine ähnliche Folge für den Staatshaushalt hat die Senkung des Spitzensteuersatzes zum Ende der Ära Helmut Kohl von 53 Prozent im Jahre 1998 auf zwischenzeitlich 42 Prozent unter der rot-grünen Regierung. Die Erhöhung der Einkommenssteuer für Spitzenverdiener im Jahre 2007 (ab 250 001 Euro für Ledige und 500 002 Euro für Verheiratete) auf 45 Prozent als Reichensteuer auszugeben beleidigt den Verstand und das Gerechtigkeitsempfinden der Bürger. Gemäß Gustav Horn, Leiter des gewerkschaftsnahen Instituts für Makroökonomie und Konjunkturforschung, handelt es sich bei dieser Form der Steuergesetzgebung nur noch um »symbolische Politik«[258], die letztlich nur geringe Auswirkungen hat und »niemandem hilft«.[259] Entsprechend stellte der Wirtschaftswissenschaftler Rudolf Hickel fest, die Reichensteuer habe einen reinen Placebo-Effekt: »Eine generelle, aber zeitlich begrenzte Erhöhung des Spitzensteuersatzes auf 45 Prozent wäre effektiver gewesen.«[260] Aber auch ein um 6 Prozent niedrigerer Spitzensteuersatz als in der Endphase der Regierung Kohl war dem Chef der CSU-Landesgruppe im Bundestag, Peter Ramsauer, schon zu viel, und er ereiferte sich über diese »ökonomisch unsinnige Neidsteuer«.[261]

Nimmt man alle Steuergeschenke und faktisch geduldete Steuerhinterziehung zusammen, so dürfte der Schaden der Allgemeinheit zugunsten der Superreichen und Wirtschaftsverbrecher in den dreistelligen Milliardenbereich gehen. Dass dies selbst juristische Akrobaten mit dem Sozialstaatsgebot nur schwer in Einklang bringen können, versteht sich am Rande.
Fazit: Natürlich haben die Geschenke (»Rettungspakete«) für angeblich marode und – noch angeblicher – »systemrelevante« Banken und Großkonzerne das größte Loch in den Staatshaushalt gerissen. Bei der Frage, wie man aus den roten Zahlen herauskommt, scheiden sich die Geister: Einnahmen erhöhen oder Ausgaben kürzen? Auf Deutsch: Die »starken Schultern« zur Kasse bitten oder den Normalbürgern und sozial Schwa-

chen noch mehr wegnehmen? Schwarz-Gelb hat sich genauso wie zuvor Rot-Grün unmissverständlich entschieden. Die Frage ist allerdings, wie lange das Volk sich das noch gefallen lässt und wann ihm »der Draht aus der Mütze springt«. Sogar Gewerkschafter wie ver.di-Chef Frank Bsirske sehen den »sozialen Zusammenhalt« in Gefahr.[262]

9 Zahlen wir die Zeche?

Die Mehrheit der Bevölkerung lehnte im April 2010 die Unterstützung Griechenlands durch Milliardenkredite aus Deutschland ab. Laut einer Dimap-Umfrage hielten 57 Prozent die Finanzhilfen für eine »schlechte Entscheidung«, 33 Prozent waren dafür.[263] »Hierzulande wird die Griechenland-Hilfe diskutiert, als gehe es darum, Reissäcke nach Äthiopien zu schicken – ein Akt schierer Nächstenliebe«, mokiert sich die *Financial Times Deutschland*. Dabei profitiere Deutschlands Wirtschaft mit ihrem hohen Exportanteil davon, dass für einen Gutteil des Außenhandels jedes Währungsrisiko entfalle. »Gerade das hiesige Wachstum wurde davon begünstigt, dass das Land Rekordmengen exportieren konnte«[264], davon 50 Prozent in Euroländer.[265] Das an Verfolgungswahn grenzende Gefühl, wir würden immer und überall anderen Völkern und Staaten unser sauer verdientes Geld in den Rachen werfen, hat durchaus eine lange Tradition.

> *»Die Neigung, sich für fremde Nationalitäten und Nationalbestrebungen zu begeistern, auch dann, wenn dieselben nur auf Kosten des eigenen Vaterlandes verwirklicht werden können, ist eine politische Krankheit, deren geographische Verbreitung sich leider auf Deutschland beschränkt.«*
> Otto von Bismarck 1863 im preußischen Landtag[266]

Sieht man einmal vom rechten Sumpf ab, der besonders in der Nachkriegszeit gegen die Wiedergutmachungszahlungen für den Holocaust hetzte, so gab es ähnlich dümmliche Vorurteile zum Thema Entwicklungshilfe später wieder im Zusammenhang mit der deutschen Wiedervereinigung.

Nun ist kein einziger Staat der marktwirtschaftlich organisierten »westlichen Welt« ein Samariterbund, die Bundesrepublik schon gar nicht. So ging es während der Zeit des Kalten Krieges – die staatskapitalistische UdSSR war da nicht anders – bei der Entwicklungshilfe um politische Einflussnahme, man könnte auch sagen: Regierungsbestechung. Zum anderen aber, und das gilt bis heute, ist Entwicklungshilfe meist nichts als innerdeutsche Umverteilung: Der Steuerzahler blecht, aber von dem Geld kaufen die Dritte-Welt-Staaten Produkte deutscher Konzerne oder gestatten ihnen das Betreiben von Hungerlohnfabriken, in denen nicht selten Kinderarbeit stattfindet. So gerieten Firmen wie Adidas, Puma oder C&A deswegen in die Schlagzeilen.[267]

Ähnlich verhielt es sich mit dem Gerücht, »die Wessis« würden »den Ossis« den Aufbau ihrer maroden Wirtschaft finanzieren. Am Ende blieben der Abwicklungsgesellschaft Treuhand 256,4 Mrd. DM Schulden. Dies ist umso bemerkenswerter, als der 1991 ermordete Vorgänger von Birgit Breuel, Detlev Karsten Rohwedder, am 22. Oktober 1990 die der Treuhand anvertraute DDR-Volkswirtschaft knapp drei Wochen nach der Wiedervereinigung folgendermaßen beurteilt hat: »Der ganze Salat ist etwa 600 Milliarden Mark wert.« Es bleibt also eine Differenz zwischen dem realen Wert der DDR und der Endabrechnung der Treuhand von über 420 Milliarden Euro.[268] Überflüssig zu sagen, dass das DDR-Vermögen buchstäblich verschleudert wurde. »Ein Flügel der Treuhand befasste sich mit der Veräußerung von 37 Milliarden Quadratmeter Forst und Ackerboden. Das Land wurde vielfach für lächerlich niedrige Summen verkauft, zum allergrößten Teil an Westdeutsche«, schreibt Franziska Augstein in der *Süddeutschen Zeitung*. »Für die DDR-Industrie gilt das Gleiche: Nur 5 Prozent der Käufer kamen aus dem Osten, 85 Prozent hingegen aus Westdeutschland.« Süffi-sant fügt sie hinzu: »Dennoch wäre es falsch, die Treuhand-manager allesamt als Ganoven in Nadelstreifen zu sehen.«[269] Der Normalbürger hat also nicht »den Aufbau Ost« finanziert, sondern die Schnäppchen der westdeutschen Konzerne und der Superreichen.

Nicht anders verhält es sich – wie gesehen – mit den Finanz-spritzen für Griechenland. Das Schicksal des griechischen Vol-kes interessiert die meisten politisch Verantwortlichen noch weniger als das Paarungsverhalten der Silberfische. Sie geben dem hellenischen Staat nur deshalb Geld, damit der den Ban-ken und Milliardären die völlig überhöhten Renditen für die Staatsanleihen zahlen kann. Auch hier also dasselbe Lied: Deut-sche Steuerzahler finanzieren ausschließlich ihre eigene Ober-schicht plus einer Handvoll griechischer Krösusse. Sogar die *Frankfurter Allgemeine* fragt: »Warum sollen Steuerzahler der EU-Staaten mit ihrem Geld die Griechen rauspauken, während die Gläubiger satte Renditen einsacken?«[270]

Es wächst auseinander, was zusammengehört

Nicht wesentlich anders argumentiert *Die Welt*. Unter dem *Bild*-würdigen Titel *Deutschland bleibt größter Nettozahler der EU* hetzt sie gegen den Rest Europas. Wer da keinen Hass auf die anderen EU-Mitglieder hegt, ist selbst schuld.

Aber tatsächlich: Allein im Jahre 2008 zahlte Deutschland an die EU 8,8 Milliarden netto, also mehr, als es von ihr erhielt – gegenüber 2007 ein Anstieg um 1,4 Milliarden. Grund sind sin-kende Rückflüsse aus Brüssel nach Deutschland, vor allem in den Bereichen Arbeit und Wachstum. Insgesamt zahlen zwölf der 27 EU-Staaten höhere Beiträge ein, als ihnen an Agrarsub-ventionen, Regionalfonds oder Forschungsförderung aus dem

EU-Haushalt zufließen. Von Agrarsubventionen profitierten vor allem Frankreich (10 Milliarden Euro), Spanien (7,1 Milliarden Euro) und Deutschland (6,6 Milliarden Euro). Unterm Strich berappen nach Deutschland Frankreich und Italien netto am meisten, während Großbritannien, dessen Wirtschaft von der Wirtschaftskrise besonders getroffen wurde, seinen Beitrag von 4,2 Milliarden Euro auf 0,8 Milliarden Euro deutlich senken konnte. Griechenland, Spanien und Polen erhielten am meisten Geld aus dem EU-Haushalt, allen voran Griechenland mit 6,3 Milliarden Euro.

Der gesamte EU-Haushalt betrug im Jahre 2008 rund 116,5 Milliarden Euro. Das Geld stammte zu etwa 75 Prozent von den Mitgliedern, die je nach Wirtschaftskraft einzahlen. Der Rest kam hauptsächlich aus Zolleinnahmen. 90 Prozent der Gelder – 105 Milliarden Euro – wurden direkt in den Mitgliedsstaaten ausgegeben. Allein auf Frankreich, Spanien, Deutschland und Italien entfielen 47,3 Milliarden Euro. Die zwölf neuen EU-Länder erhielten fast 20 Milliarden Euro, also knapp 20 Prozent.[271]

Nun sahen wir bereits, dass bloße Zahlen zuweilen nichtssagend oder sogar irreführend sind. Mal abgesehen davon, dass auch Deutschland das Prinzip praktiziert, dass stärkere Bundesländer über den Länderfinanzausgleich die schwächeren unterstützen, verbietet sich eine »Netto«-Rechnung schon aus folgendem Grund: Das Geld *an* die EU kommt vom Steuerzahler, die Mittel *von* der EU aber landen nicht bei ihm, sondern bei unserer Wirtschaft. Es ist, als leihe jemand seiner Freundin 500 Euro, die das Geld aber nicht an ihn zurückzahlt, sondern an seinen reichen Cousin. »Nettozahler« bedeutet also, dass der Steuerbürger mehr behalten hat, als unsere Wirtschaft erhalten hat; und die wiederum hat dennoch keinen Grund zum Klagen: Zum einen handelt es um ein *Geschenk*, zum anderen ist die Bundesrepublik als Exportchampion die mit Abstand größte

Nutznießerin der EU und der Eurozone. Wobei der problemlose Import von billigen Arbeitskräften inzwischen bedeutungslos ist: Nicht polnische Arbeitnehmer zieht es nach Deutschland, sondern deutsche nach Polen, denn sie verdienen dort mittlerweile besser als bei uns, als Tankwart zum Beispiel 30 Prozent mehr.[272] Ein erhellendes Beispiel: Ein Installationsunternehmer aus Zittau bewarb sich um die Renovierung einer Hotelpension in Karpacz. »Ich war selbst überrascht, dass mein Angebot preisgünstiger war als das der polnischen Handwerker. Rund 15 000 Deutsche arbeiten bereits hier, während sich die Polen ihrerseits lieber in Irland oder Großbritannien verdingen – weil dort die Löhne höher sind als bei uns.«[273] Deutsche Bauern können kaum noch die gewohnten polnischen Saisonarbeiter für die Spargelernte begeistern: In anderen Ländern gibt's höhere Löhne und bessere Arbeitsverträge.[274]

Wir sehen also: Einerseits nutzt die vornehme Zurückhaltung der Gewerkschaften der Konkurrenzfähigkeit unserer Wirtschaft, andererseits will kaum ein Ausländer zum Hungerlohn bei uns arbeiten. Dies mag in Zeiten der Krise kein Problem sein und von den neoliberalen Kaputtsparern sogar begrüßt werden, doch will man mangels Inlandsnachfrage die Exportquote auf 120 Prozent schrauben? In Phasen des Aufschwungs allerdings könnte sich diese Politik bitter rächen. Dann könnte man Arbeitskräfte aller Qualifikationsstufen aus dem Ausland gut gebrauchen; doch die kämen nicht: Wenn sich Deutschlands Ruf als nicht nur ausländerfeindliches, sondern auch asoziales Land erst einmal verfestigt hat, müsste ein Pole, Inder oder Tscheche schon mit dem Klammerbeutel gepudert sein, um ausgerechnet hier zu arbeiten. Da hilft auch kein Gejammer über den »Nettozahler« Deutschland, zumal es völlig an der Wirklichkeit und an den wirklichen Problemen vorbeigeht. Zumindest teilweise zahlen wir nämlich wirklich die Zeche – wenn man unter *wir* die kleinen Leute und als Empfänger die deutsche Wirtschaft versteht und wenn man sich klarmacht, dass die deutsche Wirtschaft und die Bundesregierung mit Kaputtsparprogammen und Wirtschaftsliberalismus die Einheit Europas und der Eurozone nicht fördern, sondern hintertreiben.

Euro am Ende?

Man kann es nicht allen recht machen – das gilt auch und besonders für den Kurs einer Währung, speziell des Euro. Ist der Kurs hoch, jammert die Exportwirtschaft, deren Produkte außerhalb der Eurozone logischerweise teurer werden. Ist er niedrig, mosern die Importeure und die Weltreisenden, die in Acapulco, Malibu und Tokio weniger auf den Putz hauen können. Ein niedriger Kurs eignet sich zudem vorzüglich zur Panikmache bei jenen simplen Gemütern, die schon zu DM-Zeiten den Kurs mit einer Bundesligatabelle verwechselten: je höher, desto besser, je niedriger, desto brenzliger. So jagt seit Wochen und Monaten eine Katastrophenmeldung über Kursverfall und »Vierjahrestiefs« bis hin zur Bankrottprognose die andere, und dies bei einem Kurs um 1,20 US-Dollar. Dabei sollte bei allen Hiobsbotschaften nicht vergessen werden, dass der Euro im Oktober 2000 bei 0,8252 US-Dollar lag, ohne dass irgendjemand den Notstand ausgerufen hätte.

Ein niedriger Euro-Kurs kann starken Exportnationen sogar nützen: »Schwacher Euro beflügelt deutsche Wirtschaft«, lautete eine Schlagzeile der *Financial Times Deutschland* vom 2. März 2010.[275] Schon hier wird deutlich, dass der Kurs einer Währung für sich genommen innerhalb gewisser Grenzen kaum etwas aussagt und lediglich die Handelsbilanz beeinflussen kann. Ein hoher Kurs führt möglicherweise dazu, dass eine Volkswirtschaft mehr einführt, als sie exportiert, und so ein Defizit entsteht und umgekehrt. Wichtig ist der Kurs für Staaten, die viel

Geld einer anderen Währung ge- oder verliehen haben. Wer zum Beispiel Dollarguthaben hat, gewinnt ebenfalls durch einen schwächelnden Euro. Existenzielle Bedeutung aber hat sein Kurs für Währungsspekulanten.

In diesem Zusammenhang wird ein wesentlicher Aspekt häufig übersehen: »Exportweltmeister« klingt wie »Fußballweltmeister«, und ein ständig hoher Überschuss in der Handelsbilanz gilt vielen automatisch als etwas Positives. Aber ist er das wirklich? Zunächst einmal: Da sich fast die gesamte deutsche Wirtschaft und erst recht die exportintensiven Konzerne in Privatbesitz befinden, ist die Handelsbilanz eine rein rechnerische Größe: Nicht »der Staat« verkauft mehr, als er kauft, sondern die Konzerne A, B, C exportieren mehr, als D, E, F importieren. Dies bedeutet aber: Die Exportkonzerne häufen riesige Auslandsguthaben an, die sie aber nicht ausgeben wollen oder können. Damit gleichen sie jenen Sonderlingen, die wie arme Leute leben und sich nach ihrem Tod als Millionäre entpuppen. Von all dem Geld aber haben sie zeit ihres Lebens nichts gehabt. Ebenso wenig profitiert die eigene Bevölkerung von einem Überschuss in der Handelsbilanz, also von den riesigen Profiten der Exportindustrie. Die Unternehmenssteuern und Arbeitsplätze kann man hier getrost ausklammern, denn beides gilt für Importeure oder Binnenunternehmen wie Supermarktketten genauso. Gesamtwirtschaftlich betrachtet, wäre also eine halbwegs ausgeglichene Handelsbilanz am sinnvollsten. Aber genau das ist ja das Problem der Marktwirtschaft: Warum soll ein Elektromarkt mehr Fernseher importieren, nur weil ein Auto-Exporteur gigantische Gewinne einfährt?

Der niedrigere Wechselkurs gegenüber dem Dollar lässt also keinesfalls auf einen Verfall des Euro schließen, zumal er sich ja zwischenzeitlich erholte und am 19. Juli 2010 auf 1,37 kletterte. Der Kurs hängt wie der von Aktien und dem Preis nahezu jeder Ware von Angebot und Nachfrage ab. Je mehr Banken und Spekulanten ihre Euros in andere Währungen tauschen, desto niedriger der Kurs. Die Frage ist, warum sie das tun. Dass der »Anleger« die Zukunftsaussichten eines Unternehmens oder eines Staates einschätzt, ist bestenfalls die halbe Wahrheit, weil seine eigene Prognose völlig uninteressant und auch nicht Grund seiner Entscheidung für Kauf oder Verkauf ist. Entscheidend ist für ihn, wie sich die wichtigsten anderen »Anleger« verhalten werden. Und Maßstab für diese Schätzung ist eine weitere, nämlich wie viel diese anderen »Investoren« auf die »Analysen« der Fachpresse, der »Experten« und vor allem der Rating-Agenturen geben. Sollte das Eurosystem also zerfallen, dann gewiss nicht wegen der Wechselkurse, sondern wegen des zunehmenden »Nord-Süd-Gefälles« im Euroraum. Und folglich haben die apokalyptischen Horrorgemälde vor allem einen Sinn: den Bürger vom »alternativen Sachzwang« seiner eigenen Ausplünderung zugunsten der Reichen und Mächtigen zu »überzeugen«.

»Eurokrise«: Sind die Spekulanten schuld?

Sowenig man Supermarktkunden verübeln kann, dass sie die Schnäppchenregale leer kaufen, so wenig kann man Spekulanten ankreiden, wenn sie Dollar oder Euro kaufen. Und solange man den Prognosen dubioser Rating-Agenturen blind vertraut, ist jede Kritik an Spekulanten pure Heuchelei. Das Problem aller Spekulation ist das System der Marktwirtschaft. Es ist eben ein System, in dem mehr oder minder alles erlaubt ist.

Wer zum Beispiel spekuliert gegen den Euro? Glaubt man dem *Handelsblatt*, so werden die meisten Hedgefonds, die seit Monaten gegen den Euro wetten, nicht von Managern gesteuert, sondern von Computern. Die Rechner der sogenannten Trendfolge-Fonds wie AHL, der zum weltweit größten börsennotierten Hedgefonds Man Group gehört, durchsuchten mittels komplizierter mathematischer Modelle und Programme die Datenströme an einer Vielzahl von Kapitalmärkten nach Hinweisen auf Trends, auf die sie aufspringen.[276]

Diese Darstellung ist zumindest irreführend und erinnert an »wissenschaftliche« Lottosysteme. Niemand bestreitet, dass mathematische Modelle bei allen möglichen technischen und wirtschaftlichen Fragen nützliche Hilfsmittel sein können – mehr aber auch nicht. Schon der schwedische Wirtschaftsnobelpreisträger Gunnar Myrdal polemisierte 1932 gegen die Verherrlichung mathematischer Modelle; sie führe »zu einer leeren Formel, deren psychologischer Erkenntnisgehalt gleich null ist. Mit großem Aufwand theoretischen Scharfsinns bringt man schließlich auf der Basis reiner Zirkeldefinitionen nichts anderes zustande als eine umständliche Formulierung einer begrifflichen Tautologie.«[277] Auch Thomas Straubhaar sagt: »Es liegt in der Natur der Sache, dass Bewertungen mit Risiken, Unsicherheit, Wahrscheinlichkeiten und Einschätzungen verbunden sind. Da helfen weder mathematische Modelle noch Standardisierungen weiter. Im Gegenteil: Sie täuschen eine Genauigkeit und Verlässlichkeit vor, von der sich zu viele haben täuschen und verführen lassen.«[278]

Für die Währungsspekulation heißt das: Kein Computer der Welt kann »externe Faktoren« wie die Wirtschaftspolitik von Staaten oder Zentralbanken vorausberechnen. Es handelt sich vielmehr um Wetten, die man auch verlieren kann. Richtig allerdings ist, dass die Manager der Hedgefonds dem »Sachzwang der Profitmaximierung« unterworfen sind.

»Die Spekulanten« gibt es nicht, sagt Florian Weber von der Schnigge Wertpapierhandelsbank AG. Natürlich nicht, ebenso wenig wie das halbseidene Zockergesindel in den illegalen Spielhöllen von St. Pauli. Gemäß Weber sind »die Spekulanten« vielmehr von Politik und Öffentlichkeit als Gegner auserkoren worden: »Hart gesagt, ist das politischer Populismus – irgendeine Sau muss eben durchs Dorf getrieben werden.« Man dürfe Ursache und Wirkung nicht verwechseln. Nun wird sich kein Zuhälter als Zuhälter und kein Spekulant als Spekulanten bezeichnen. Die einen nennen sich »Beschützer«, die anderen »Investoren« – zu denen übrigens auch Zuhälter zählen, die in die aufreizenden Klamotten ihrer Bordsteinschwalben »investieren«. Wieso wurde »Investor« eigentlich noch nie zum »Unwort des Jahres« gekürt? »Investor« ist einer der wenigen Berufe, in dem man sein Geld ohne einen einzigen Handschlag verdient – auch dann, wenn man für zwei Jahre in der Karibik oder einem Bangkoker Bordell verschwindet.

Interessanterweise gibt sogar *Spiegel Online* den Anti-Euro-Spekulanten Tipps: »So profitieren Sie von der Eurokrise … An der Börse herrscht Chaos, der Euro rutscht und rutscht. Manche Anleger flüchten bereits aus dem gemeinsamen Währungsraum. Und tatsächlich: Außerhalb der Eurozone finden sich interessante Investmentalternativen – vor allem in Rohstoff- und Schwellenländern.«[279]

Im Falle Griechenlands sind gemäß Florian Weber die Spekulationen eine Folge der desolaten wirtschaftlichen Situation des Landes. »Investoren stellen fest: Das ist mehr Schein als Sein, Griechenland hat gelogen.«[280] Im Gegensatz zu den Spekulantenverteidigern mahnt Patrick Welter in der *Frankfurter Allgemeinen Zeitung:* »Es ist falsch, allein die Griechen für die Misere verantwortlich zu machen. Die Schuldenkrise deckt den jahrelangen Schlendrian der Europäer im Währungsraum auf. Der Kardinalfehler geschah 1998, als Belgien und Italien in den gar nicht so exklusiven Klub zugelassen wurden, obwohl beide Länder mit einem Schuldenstand von mehr als 100 Prozent des Bruttoinlandsprodukts die Eintrittskriterien nicht erfüllten. Die Zulassung Belgiens und Italiens zur Währungsunion ver-

Leerverkauf

Bezeichnung für den Verkauf von Wertpapieren, die der Verkäufer gar nicht besitzt, sondern nur geliehen hat. Er hofft, diese Papiere bis zum Erfüllungstermin billiger als bei Vertragsabschluss kaufen zu können und somit einen Gewinn einzustreichen. Bei ungedeckten Leerverkäufen verkauft man Aktien oder Anleihen, die man nicht einmal geliehen hat. Tun dies viele Spekulanten gleichzeitig, können sogar mehr Papiere verkauft werden, als es tatsächlich gibt – wodurch der Kurs noch schneller sinkt.

Credit Default Swap (CDS)

Versicherungsvertrag für Gläubiger von Anleihen gegen das Ausfallrisiko des Anleiheemittenten. Die Höhe der Prämie, Swap genannt, richtet sich nach dem vom Markt eingeschätzten Ausfallrisiko. Mittlerweile entstand ein eigener CDS-Markt, dessen einziger Zweck der Profit ist. Anleger sind meist Banken und Hedgefonds, die CDS kaufen, ohne die Anleihen zu besitzen. Sie hoffen auf einen weiteren Anstieg der CDS-Preise, also eine Zuspitzung der Wirtschaftskrise des betreffenden Landes bis hin zum Staatsbankrott. Manche Politiker geben dem CDS-Handel die Schuld an der Verschärfung der Probleme Griechenlands: je höher die CDS-Preise, desto unattraktiver der Kauf von Staatsanleihen. Hinzu kommt, dass CDS nur außerbörslich gehandelt werden, wodurch diesem Markt jede Transparenz fehlt. Und es gibt auch keinerlei gesetzliche Regelungen.

hinderte, zwei Jahre später Griechenland den Eintritt zu verweigern.«[281] Die Folge der Krise ist jedenfalls, dass Hedgefonds und Banken, aber auch Versicherungen, Investmentfonds und Vermögensverwalter mit CDS und Leerverkäufen auf Staatspleiten in der Eurozone wetten, vor allem auf die Pleite Griechenlands.

Der Einfluss auf den Euro-Kurs ist, dem Marktanalysten Heino Ruland vom Finanzdienstleister Ruland Research zufolge, vergleichsweise gering, verglichen mit Aktionen der Europäischen Zentralbank wie dem Kauf von Staatsanleihen einiger Euroländer, um die Finanzmärkte zu stabilisieren.[282] Die katholische Zeitung *Die Tagespost* dagegen trifft den Nagel nicht ganz auf den Kopf: »Dass Menschen entführt werden, um Geld zu erpressen, ist ein altbekanntes Phänomen. Aber dass eine Währung entführt wird, um Regierungen zu erpressen, ist eine Errungenschaft unserer Zeit.«[283] In Wahrheit werden Staaten mit der Behauptung erpresst, ihr Schuldenberg und möglicher Bankrott bringe den Euro in Gefahr, und daher müssten sie dringend und rigide sparen. Nun ist aber nicht vorwiegend der Euro bedroht, sondern viele Euroländer sind es. *Ihnen* und ihrer möglichen Pleite gelten auch die Wetten der Spekulanten. Kritisch für die Währung würde es allerdings dann, wenn zu viele Staaten tatsächlich ihren Bankrott erklärten oder aus dem Euro-Verbund aussteigen müssten.

10 Die *PIIGS*-Staaten –
Wahrheit und Legende

Wie ist es nun um die *PIIGS*-Staaten (Portugal, Irland, Italien, Griechenland, Spanien) wirklich bestellt? Im Zeitalter der gefälschten Statistiken und geschönten Bilanzen weiß das niemand so richtig; deshalb verlassen sich ja selbst integre Politiker und Banker sowie Kleinstanleger und Medien letztlich auf die »Analysen« der Rating-Agenturen, durch die die Probleme vieler Länder nicht unwesentlich verursacht oder verschärft werden – kaum ein Bericht über einen Problemstaat, in dem man sich nicht auf die Herabstufer im weißen Kragen beruft. Im Ergebnis müssen schlecht bewertete Staaten horrende Zinsen für ihre Kredite und Staatsanleihen zahlen: Die Schuldenfalle schnappt zu. Von der Not der anderen profitiert allerdings – na, wer schon? – Deutschland. Da viele Anleger von den riskanten Anleihen der Problemstaaten auf deutsche umgestiegen sind, muss Deutschland ihnen auch immer weniger Zinsen zahlen. Noch im Juni 2009 brachte eine Staatsanleihe 2,85 Prozent, im April 2010 nur 2,19 Prozent. Seit September 2009 verkaufte die Deutsche Finanzagentur Anleihen für mehr als 120 Milliarden, was bei einem Zinsvorteil von 0,5 Prozent 600 Millionen Gewinn bedeutet, also bei einer durchschnittlichen Gesamtlaufzeit von sechseinhalb Jahren vier Milliarden Euro ausmacht.[284]

Pleitepatient Griechenland

Beim Stichwort Griechenland denken geistig gesunde Menschen an Sirtaki und Zaziki, an die Sonnenuntergänge auf Kreta oder den Zauber von Inseln wie Mykonos, an die Akropolis, den Koloss von Rhodos oder die Tempel von Delphi. Lediglich die wahren geistigen Unterschichten, die bestenfalls halbgebildeten, geldgeilen Würstchen, sehen dieses wunderbare Land nur unter dem Aspekt, wie man ohne eigene Arbeit aus diesem Land möglichst viel Kohle herausziehen kann. Etwas anderes als der finanzielle Aspekt dürfte dieser Sorte Mensch so verborgen sein wie dem Spulwurm die Weltraumfahrt. Entsprechend waren auch die Schlagzeilen jener Lichtgestalten, die sich selbst ernsthaft als »Journalisten« bezeichnen: »Griechenland bankrott? Wehe, wenn der erste Staat kippt«, titelte das *Hamburger Abendblatt* bereits am 8. Februar 2010.[285]

Nach der Devise »Lieber ein Ende mit Schrecken als ein Schrecken ohne Ende« plädiert Paul Krugman für Griechenlands Austritt aus dem Euroverbund[286] und singt – was noch viel schwerer wiegt – ein Loblied auf das frühere System flexibler Wechselkurse. »Dann hätte die Möglichkeit bestanden, durch einen variierten Wechselkurs die Ausgaben im Inland mit den anderen Ländern abzustimmen. Griechenland hätte zum Beispiel durch Kurssenkung der Drachme im Vergleich zur D-Mark seinen Export verbessern, mehr Touristen an seine Küsten holen und seine Importe einschränken können.«[287]

Dazu *Focus Money Online*: »Gerüchte um eine Wiedereinführung der Drachme findet die Regierung gar nicht lustig.«[288] Und Peter Bofinger warnt, ein Austritt Griechenlands läge nicht im deutschen Interesse, weil es dann nicht nur eine Abwertung, sondern auch einen Schuldenschnitt gäbe. »Lieber die Augen zu und den Schwächsten stabilisieren, als das gesamte Euro-System ins Rutschen zu bringen.«[289]

Krugmans Argumente klingen zweifellos plausibel, aber mit dieser Begründung könnte man auch in Deutschland die Vielstaaterei wieder einführen. Strukturschwache Bundesländer könnten dann den Magdeburger Taler, den Rostocker Gulden oder die Kieler Sprotte abwerten. Andererseits hätte das System der

Kleinstaaterei selbst in Jahrhunderten nicht so viel kollektive Staatsverschuldung – also die Ausplünderung der Steuerzahler zugunsten der Reichen und Mächtigen – zustande gebracht wie die Anführer der Europäischen Union in wenigen Monaten. Und wenn man nun Griechenland »hilft«, dann hilft man natürlich nicht dem Volk – wie käme man als »rationaler« *homo oeconomicus* denn auch dazu? –, sondern ausschließlich sich selbst.

Am 7. Mai 2010 beschlossen die EU-Länder ein dreijähriges Kredithilfsprogramm für Griechenland über insgesamt 110 Milliarden Euro, von dem der Internationale Währungsfonds IWF 30 Milliarden trägt.[290]

Anteil der EU-Länder 2010[291]

Staat	Prozent	Mrd. Euro
Deutschland	27,92	8,376
Frankreich	20,97	6,290
Italien	18,42	5,527
Spanien	12,24	3,673
Niederlande	5,88	1,764
Belgien	3,58	1,073
Österreich	2,86	0,859
Portugal	2,58	0,774
Finnland	1,85	0,555
Irland	1,64	0,491
Slowakei	1,02	0,307
Slowenien	0,48	0,145
Luxemburg	0,26	0,077
Zypern	0,20	0,061
Malta	0,09	0,028

Und dann ging alles Schlag auf Schlag. »Verbrennt die Eurokrise das Ersparte?«, fragte der *Stern*.[292] »Euro in Gefahr«, warnte sogar der *Tagesspiegel*. Und Wolfgang Schäuble, der uns schon in Sachen Terrorismus in Angst und Schrecken versetzte, warnt diesmal als Finanzminister, es gehe »um die Stabilität des Euro als Ganzes«.[293] Der Titel des *Spiegel* vom 3. Mai 2010 lautete: »Euroland, abgebrannt – Ein Kontinent auf dem Weg in die Pleite«. Dass einige Ökonomen des Nicht-Eurolandes und Spekulanten-Eldorados Großbritannien Anfang Juni einen »Euro-Crash« erwarteten[294], erstaunt zwar weniger, doch selbst EU-Handelspartner wie Russland machten sich Sorgen. Präsident Medwedjew hält sogar einen Kollaps des Euro für möglich.[295]

Auf der Grundlage dieser Horrorvisionen wurde schon am 10. Mai das Gesamtpaket auf 750 Milliarden Euro und der deutsche Beitrag auf 123 Milliarden Euro erhöht. Es gilt allerdings für alle EU-Staaten und besteht aus 440 Milliarden Euro Kreditgarantien für die Euroländer, 60 Milliarden sofort verfügbaren Krediten für die EU und 250 Milliarden Euro IWF-Darlehen.

Die Kreditgarantien sollen über eine Zweckgesellschaft nach Luxemburger Recht gemanagt werden. Sie würde sich im Notfall selbst Geld pumpen, wenn ein Eurostaat sich am Kapitalmarkt nicht mehr zu bezahlbaren Zinsen finanzieren könnte. Anders als beim Kreditpaket für Griechenland steuern nicht die einzelnen Geberländer Kredite bei. Die Gesellschaft soll die Bestnote der Rating-Agenturen erreichen, um das Geld zu günstigsten Zinsen zu erhalten.[296] Die Spekulanten registrierten es mit wohlwollender Skepsis. Der Dax gewann 0,33 Prozent, in London und Paris endete der Handel im Minus mit 0,99 Prozent beziehungsweise 0,73 Prozent. Nach einem Plus am Vortag verlor der Euro wieder an Wert.[297]

Gegen dieses Paket klagte der CSU-Bundestagsabgeordnete

Peter Gauweiler vor dem Bundesverfassungsgericht. Er sah sein in Artikel 28 des Grundgesetzes garantiertes Recht auf demokratische Teilhabe verletzt. Am 10. Juni wiesen die Richter einen entsprechenden Eilantrag allerdings ab – mit einer aufschlussreichen Begründung: Würde Deutschland seine Zusagen zum Rettungspaket auch nur vorübergehend aussetzen müssen, könnte dies nach Einschätzung der Bundesregierung zu einer Vertrauensminderung an den Märkten führen, deren Folgewirkungen nicht absehbar seien.[298] Das höchste deutsche Gericht stützt sich auf eine »Einschätzung der Bundesregierung« und argumentiert mit dem ominösen »Vertrauen der Märkte«. Auf Deutsch: »Sie mögen ja recht haben, aber die Profitinteressen der Spekulanten gehen nun mal vor.«

Dieses Verhalten ist Wasser auf die Mühlen jener Kapitalismuskritiker, die den Staat wie weiland schon Karl Marx als *Diktatur der Bourgeoisie*[299] – sprich: der Konzernprofite – sehen, denn deren Rettung dient ja letztlich das Hilfspaket. Eine Studie des Centrums für Europäische Politik (CEP) stuft den Rettungsschirm als groben Verstoß sowohl gegen das Grundgesetz als auch gegen das EU-Recht ein. Zum einen sei das EU-Parlament übergangen worden, zum anderen dürfe die EU keine Anleihen ausgeben, um einzelnen Mitgliedern aus der Patsche zu helfen. Ein Verstoß gegen die deutsche Verfassung war es laut Studie, dass Bundestag und Bundesrat zwar über den deutschen Beitrag zum Paket abgestimmt hätten, nicht aber über den Teil des Rettungsschirms, der den finanziellen Beistand über die EU-Kommission betrifft. Außerdem sei die Öffentlichkeit über die Ausgestaltung des Euro-Rettungsschirms in einigen Punkten getäuscht worden. Anders als behauptet, sei der sogenannte Europäische Finanzierungsmechanismus beispielsweise nicht auf drei Jahre begrenzt, sondern »zeitlich unbefristet installiert«, schreibt der Autor Marcell Jeck. Entgegen der Darstellung, die EU dürfe maximal 60 Milliarden Euro an

Anleihen aufnehmen, finde sich in der Verordnung keine solche Regelung.[300]

Die Kanzlerin sah sich kurz vor der Landtagswahl in NRW im Mai 2010 in der Bredouille. Einerseits war die Angstmache nötig für die – natürlich nur per Umfrage und nicht per Volksabstimmung ermittelte – Zustimmung der Bevölkerung zum Hilfspaket, andererseits drohte die »Apocalypse-now-Stimmung« *(Süddeutsche Zeitung)* Merkels Image zu schaden. Und so startete sie eine beispiellose TV-Offensive in Sachen Volksberuhigung, denn letztlich war ihre Kanzlerschaft in Gefahr. »So besetzte sie das öffentlich-rechtliche Fernsehen. Der rhetorischen Ornamentalik dienten Kurzfilme in den kargen Nachrichtensendungen des Privatfernsehens. Der Kanzlerin konnte man in diesen Stunden Staatsfernsehen nicht entgehen … ›Wir setzen uns ein für die Stabilität unserer Währung‹, sagt Merkel im ZDF. Und: ›Wir schützen das Geld unserer Bürgerinnen und Bürger in Deutschland.‹ Das klingt, als sage sie eine Broschüre auf.« [301]

Doch alles war vergebene Liebesmüh: Die CDU rutschte bei der NRW-Wahl von 44,8 Prozent im Jahre 2005 auf 34,6 Prozent. Es ist eben nicht so einfach, die Bürger für ihre eigene, als »Rettungsschirm« getarnte, Hunderte von Milliarden teure Ausplünderung zu begeistern: Mal eine »systemrelevante« Bank, mal der gesamte »notleidende« Bankensektor, mal die »krisengeschüttelte« Wirtschaft, mal Griechenland, mal ganz Euroland. Was kommt als Nächstes? Ein Rettungsschirm für die Fußballbundesliga und ein Hilfspaket für verarmte Adlige?

Wie aber stellen sich nun die Deutschen die Rettung des Euro vor? Nach der bereits erwähnten Umfrage von K & A Brand Research und Respondi vom 6. Juni 2010 meinen 75 Prozent, Griechenland habe »über seine Verhältnisse gelebt«, und dementsprechend fordern nur 36 Prozent kräftige Finanzspritzen für Problemstaaten; 58 Prozent sprechen sich für Sparen in ganz Euroland und Strafen bei Verstößen aus; 33 Prozent für eine

Transaktionsgebühr für Spekulationsgeschäfte mit Währungen; 35 Prozent verlangen sogar ein Verbot von riskanten Geschäften mit Währungen und Staatsanleihen; 25 Prozent halten den Euro für eine »Totgeburt« und wollen die D-Mark zurück, denn nach Abschaffung der Gemeinschaftswährung sei jedes Land nur noch für die eigenen Schwierigkeiten verantwortlich.[302] Die Befürworter der Rückkehr zur einstigen Landeswährung verkennen allerdings, dass der Euro zumindest Deutschlands exportorientierter Wirtschaft außerordentlich nützt – jeder vierte Arbeitnehmer produziert für die Ausfuhr, jeder dritte erwirtschaftete Euro kommt aus dem Exportgeschäft.[303] Immerhin brachte der Handel mit Griechenland von 2007 bis 2009 einen Überschuss von 17 Milliarden Euro.[304] Insgesamt stieg der Anteil des Exports am BIP von 22 Prozent im Jahre 1993 auf 47 Prozent 2009. Über 43 Prozent der Exporte wiederum gingen in Euroländer.[305]

Im Gegensatz zu den Deutschen sind 75 Prozent der Franzosen entschieden für die Griechenland-Hilfe. Sie fürchten, dass ihrem Land sonst das Gleiche passieren könnte. Der Schuldenberg wächst und wächst – auf voraussichtlich 80 Prozent seines Bruttoinlandsprodukts in diesem Jahr; das Defizit liegt um die acht Prozent, also weit über den Maastricht-Kriterien. Dennoch ist Haushaltsminister François Baroin zuversichtlich: »Wir können die Stirn bieten, weil wir eine solide Volkswirtschaft sind und entschlossen, unser Defizit zu senken.« Zudem erhofft sich Paris von den 6,2 Milliarden Kredit an Griechenland einen dicken Reibach: Die Griechen zahlen fünf Prozent Zinsen, Frankreich selbst kann sich das Geld billiger leihen. Finanzministerin Christine Lagarde rechnet mit rund 150 Millionen Euro Gewinn.[306]

Heribert Dieter von der Stiftung Warentest sieht dagegen in der Griechenland-Hilfe eine »Einladung an Spekulanten, im nächstschwächeren Staat auch wieder die Zinsen hochzutreiben, bis sie den dortigen Fiskus überfordern und die Eurogemeinschaft eingreifen muss.« Er befürchtet »eine Rutschbahn, von der niemand weiß, wo sie endet«.[307] Und er sollte recht behalten: Das monströse Hilfspaket beruhigte die griechische Lage nur knapp einen Monat lang. Mitte Juni begannen die Zocker-Mafiosi (»Die Märkte«) das Spiel von vorn. Und wieder begann es mit einer Herabstufung der Kreditwürdigkeit durch Rating-Kurpfuscher. Nach Standard & Poor's animierte diesmal am 14. Juni die Agentur Moody's zu Wetten auf den Staatsbankrott.[308] »Moody's Herabstufung Griechenlands richtete bei griechischen Anleihen ein Blutbad an«, meinte Chiara Cremonesi von Unicredit. Die Renditeaufschläge für griechische Papiere stiegen drastisch. Anleihen mit einer Laufzeit von zehn Jahren brachten rund 10,4 Prozent Rendite ein, etwa 7,7 Prozentpunkte mehr als deutsche Bundesanleihen. Und auch Kreditversicherungen auf griechische Anleihen zogen erheblich im Preis an; schließlich stufte da der »Datenanbieter« CMA die Wahrscheinlichkeit eines Ausfalls innerhalb von fünf Jahren damit nun auf 56,5 Prozent ein. Wie man das so exakt ausrechnet, sollten uns diese zwielichtigen Amateurmathematiker einmal genau erklären und ob sie dazu Skat- oder Canastakarten benutzen.

Dabei entbehrt die Schwarzmalerei jeder Grundlage. Kein Spekulant muss vorläufig Angst um seinen Einsatz haben. »Für die kommenden anderthalb bis zwei Jahre ist eine Pleite Griechenlands de facto auszuschließen«, sagt Sintje Diek, Anleihen-Expertin bei der HSH Nordbank. »Dafür sorgen die Kreditzusagen durch die europäischen Partnerländer und den Internationalen Währungsfonds.«[309] Im Gegenzug wird natürlich erwartet, dass das Mittelmeerland seine Staatsfinanzen zu Lasten des Volkes saniert, damit es für ausländische »Investoren« – und dadurch der Euro für die Spekulantengemeinde – wieder attraktiver wird.

Sparen auf Kosten der Kleinen

Unter dem Druck der Europäischen Union beschloss die griechische Regierung im April 2010 ein weiteres Sparpaket. Es soll das Haushaltsdefizit um 4,8 Milliarden Euro verringern. Durch Steuererhöhungen will die Regierung mehr Geld einnehmen. Gleichzeitig plant sie, die Ausgaben deutlich zu kürzen. »Diese Maßnahmen sind für das Überleben des Landes und der Wirtschaft notwendig«, sagte Ministerpräsident Giorgos Papandreou – natürlich ein Sozialdemokrat – nach der Verabschiedung der Sparmaßnahmen durch das Kabinett. Das Paket entspricht etwa 2 Prozent des griechischen Bruttoinlandsprodukts. Die EU-Kommission erwartet, dass die Regierung in Athen das Haushaltsdefizit von zuletzt 12,7 Prozent des Bruttoinlandsprodukts in diesem Jahr um mindestens 4 Prozentpunkte verringert. »Von Experten aus Deutschland regnet es dazu gleichfalls Vorschläge – einer rücksichtsloser und uninformierter als der andere«, kritisiert der *Freitag*.[310] Vor allem die kleinen Leute in Griechenland müssen den von ausländischen Spekulanten mit verursachten Schlammassel ausbaden.

Wichtigste Punkte des Sparpakets sind:

- Anstieg der Haupt-Mehrwertsteuer von 19 auf 21 Prozent, der niedrigeren Sätze von 4,5 auf 5 Prozent und von 9 auf 10 Prozent,
- höhere Steuern auf Alkohol, Tabak, Benzin und Luxusgüter,
- eine Sondersteuer von einem Prozent für alle, die 2009 mehr als 100 000 Euro verdienten,[311]
- dreijähriges Einfrieren der Einkommen im öffentlichen Dienst und in der Privatwirtschaft,
- Streichung des 13. und 14. Monatsgehalts im öffentlichen Dienst,
- Wegfall von Sonderzahlungen (für Ostern, Urlaub und Weihnachten) für Pensionen des öffentlichen Dienstes und der Pri-

vatwirtschaft; Besitzer von Immobilien, die mehr als fünf Millionen Euro wert sind, müssen ebenfalls einen Sonderbeitrag zur Haushaltssanierung leisten,

- Solidaritätsabgabe bei Pensionen von mehr als 1400 Euro pro Monat,
- gleiches Pensionsalter für Frauen und Männer im öffentlichen Dienst,[312]
- allgemeine Kürzung der Renten.

Wie wenig ausländische Konsumkonzerne auf die Kaufkraft der griechischen Bevölkerung vertrauen, bewies Aldi Süd mit seiner Ankündigung, sämtliche 38 Filialen zu schließen und das Krisenland zu verlassen.[313] Gibt es ein besseres Beispiel dafür, dass eurolandweites Kaputtsparen und die damit verbundene Verarmung der Bevölkerung letztlich auch der deutschen Exportwirtschaft schaden?

Der Chef der Eurogruppe, Luxemburgs Premier und Diplomzyniker Jean-Claude Juncker, wertete dagegen die Maßnahmen, die in vielen Fällen die Hälfte des Monatseinkommens ausmachen, als »ambitioniert«.[314] Na klar, es ist immer »mutig«, »tapfer« oder· eben »ambitioniert«, den kleinen Leuten Wasser zu verordnen und selbst in Schampus zu baden. Aber das kennen die Deutschen ja von der Mehrwertsteuererhöhung, der Agenda 2010 und astronomischen Diätenerhöhungen.

Professor Dennis Snower, Chef des Kieler Instituts für Weltwirtschaft (IfW), ist überzeugt: »Das Sparpaket ist für Griechenland kaum zu stemmen. Selbst wenn die Maßnahmen nur teilweise umgesetzt werden, droht dem Land eine Rezession oder gar Depression.«[315] Auch der *Freitag* meint: »Freilich ist IWF-Ökonomen – anders als Parteipolitikern von Schwarz-Gelb – längst aufgegangen, dass der von außen verordnete extreme Sparkurs für Griechenland nur in einer schweren ökonomischen Depression und sozialen Auszehrung enden kann«.[316]

Ausgenommen vom Spardiktat sind natürlich Profiteure und – ähnlich wie in Deutschland – die Steinreichen. Ausnahmsweise völlig zu Recht nimmt *Bild* den Reeder, Bankier und Vierfachmilliardär Spiros Latsis aufs Korn: »Warum retten wir diesen Griechen-Milliardär?« Latsis hält für zwölf Milliarden Euro griechische Staatsanleihen; die traumhaften Zinsen kann ihm sein Land aber nur mit Hilfe des EU-Rettungspakets zahlen.[317] Auch Vermögensberater Bert Flossbach urteilt über Latsis: »Der alleine erhält praktisch ein Geschenk von 1,5 Milliarden Euro durch die Rettung der EU und des IWF.«[318]

Ähnliches trifft, nur in viel größerem Umfang, für die Banken zu, deren Anleihen samt Traumzinsen dadurch ebenfalls gesichert sind.[319] Dies ist auch der eigentliche Grund für die symbolische »Unterstützung« der Griechenlandhilfe durch die Banken – Dax-Konzerne sind eben nicht dem »Allgemeinwohl«, sondern dem Profit der Aktionäre verpflichtet. »Heucheln statt helfen«, kommentiert entsprechend *Spiegel Online*.[320]

Der Grünen-Chef im EU-Parlament, Daniel Cohn-Bendit, nennt ein typisches Beispiel: »Wir sagen, die Griechen sollen sparen, aber sowohl die französische wie die deutsche Regierung fordern, dass die Verträge mit der Vorgängerregierung über Waffenkäufe nicht angetastet werden. Die Franzosen haben denen Fregatten für zweieinhalb Milliarden Euro verkauft, dazu Helikopter und Flugzeuge. Die Deutschen haben U-Boote im Wert von einer Milliarde in Griechenland abgesetzt.«[321]

Aber das griechische Volk setzt sich mit Massenprotesten gegen das Sparprogramm zur Wehr. So gingen am 5. Mai Hunderttausende in ganz Griechenland auf die Straße. Allein in der Hauptstadt waren es mehr als 200 000 Menschen – eine der größten Demonstrationen der vergangenen zwanzig Jahre. Zornige Demonstranten besetzten die Akropolis und versuchten, das Parlamentsgebäude zu stürmen. Die Polizei setzte Tränengas ein. Immer wieder waren Explosionen von Tränengasgranaten zu hören. Menschen gerieten in Panik und flohen aus dem Stadtzentrum. Tragischer Höhepunkt: Während einer Großdemonstration am 5. Mai 2010 in Athen kamen bei einem Brandanschlag von »Autonomen« auf eine Filiale der Marfin Egnatia Bank drei Bankangestellte ums Leben. Die Proteste hatten sich ausgeweitet, als sich Angestellte aus der Privatwirtschaft dem zweitägigen Streik der Staatsbediensteten anschlossen. Flüge wurden gestrichen, der öffentliche Nahverkehr brach größtenteils zusammen. Krankenhäuser arbeiteten nur mit einer Rumpfbesetzung. Züge und Fähren stellten ihren Betrieb ein. Auch Schulen, Finanzämter und selbst die Akropolis blieben geschlossen. Journalisten schlossen sich dem Ausstand an, Sendungen in Rundfunk und Fernsehen wurden eingestellt. »Das Land kann nicht ohne Kampf kapitulieren«, sagte der Vorsitzende der Gewerkschaft GSEE Yannios Panagopoulos.[322] Der Protest sei auch »eine Botschaft an die Menschen in Europa«. Was in Griechenland begonnen habe, werde sich bald ausbreiten, weil Europa sich als »unfähig im Umgang mit der Krise« erwiesen habe.[323]

Die Proteste gelten aber auch dem Druck aus dem Ausland. »Sie sind wie Raubvögel«, wettert ein 76-jähriger Demonstrant, der mit einer 345-Euro-Rente auskommen muss. »Die Deutschen nehmen Kredite für 3 Prozent auf und nehmen von uns 5 Prozent.«[324] Vermögensberater Bert Flossbach erläutert, warum der Mann nicht ganz unrecht hat und warum Banken Griechenland-Anleihen kaufen. »Sie leihen sich das Geld für ein Prozent bei der EZB, kaufen Anleihen für 5, 6 oder 7 Prozent, legen im Prinzip die Papiere als Pfand zurück zur EZB, trotz schlechten Ratings … und das ist natürlich das, was die Branche als einen sehr lukrativen ›carry trade‹ bezeichnet. Insofern sind die Maßnahmen, die von den Banken angekündigt worden sind, diese freiwilligen Beteiligungen, letztlich mehr eine Art Marketing-Gag.«[325]

Dabei ginge es auch anders: »Die Alternative zum Staatskonkurs wäre eine Umschuldungsaktion der Euroländer«, schreibt der *Freitag*, »also ein Teilverzicht europäischer Banken auf ihre Forderungen an die Griechen. Offiziell kommt das für Kanzlerin Merkel nicht in Frage, schon weil es die Oppositionsparteien zu Recht verlangen. Das hieße ja, einen Teil der Kosten dieser Schuldenkrise auf die Profiteure umzuleiten – statt auf die griechische oder eigene Bevölkerung.«[326]

Der Nächste bitte: Spanien

Ende Mai 2010 setzte FitchRatings – als zweite Rating-Agentur nach Standard & Poor's im April – Spanien von der Bestnote um eine Stufe herab. Prompt fiel der Euro auf 1,23 Dollar. Die Begründung der Rater war allerdings genau umgekehrt wie im Fall Griechenland. Man befürchtete nicht eine Schuldenexplosion, sondern eine Rezession infolge der Sparpolitik der Regierung. Kurz zuvor hatte das Parlament zur Beruhigung der Finanzmärkte ein Paket beschlossen, das bis Ende 2011 etwa 15 Milliarden Euro bringen soll.

Unter anderem sollten die Gehälter der Staatsangestellten sofort um 5 Prozent gekürzt und ebenso wie die Renten im Jahre 2011 eingefroren werden. Und für die meisten unserer Politiker wohl unvorstellbar: Die Minister erhalten sogar 15 Prozent weniger. Die staatlichen Investitionen sollen bis 2011 um 6,0 und die Entwicklungshilfe um 0,6 Milliarden Euro gekürzt werden. Aber auch die bei den neoliberal verseuchten EU-Granden so beliebten asozialen Aktionen kommen nicht zu kurz. So soll die Sonderbeihilfe für Familien mit Neugeborenen (»Baby-Scheck«) in Höhe von 2500 Euro gestrichen werden. Da ließ trotz einer Arbeitslosenquote von 20 Prozent das Lob aus Brüssel nicht lange auf sich warten: »Diese Maßnahmen scheinen in die richtige Richtung zu gehen«, schwärmte EU-Währungskommissar Olli Rehn. Dass Spanien durch Einführung der Zwangsarbeit wie zu Francos Zeiten noch mehr sparen könnte, verkniff er sich allerdings. Zudem will Spanien die Neuverschuldung von zuletzt 11,2 Prozent des Bruttoinlandsprodukts im Jahr 2009 bis 2013 auf den zulässigen Höchstwert von 3,0 Prozent senken.

Eigentlich müsste Spanien mit seinem Sparpaket im Sinne marktradikaler Menschenverachtung ein Musterknabe sein. FitchRatings sagte allerdings das Schrumpfen der Wirtschaft um 4,5 Prozent voraus und wertete ab. Durch die Abstufung werden natürlich die Kredite teurer. Und allein 2010 braucht Spanien fast 100 Milliarden Euro, um alte Kredite abzulösen und seine Haushaltsdefizite zu finanzieren. Dabei steht das Land auf den ersten Blick relativ gut da: Ende 2009 machten die gesamten Schulden nur 55 Prozent des BIP aus. Allerdings stiegen die Verbindlichkeiten in nur zwei Jahren um 20 Prozent. Und neue Schulden stehen ins Haus: Der Bankrott droht einigen der 45 spanischen Sparkassen, die insgesamt etwa 325 Milliarden Euro an Baudarlehen vergeben haben. Die Baudarlehen sind aber seit dem Platzen der spanischen Immobilienblase gefährdet. Das Bild erinnert an die USA: Viele der gerade gebauten Häuser stehen leer – oder ihre Bewohner können die Kredite nicht mehr bedienen, weil sie arbeitslos sind (die Arbeitslosenquote beträgt inoffiziell 20 Prozent). Zwei Sparkassen musste der Staat bereits stützen. Die Rater tippen auf bis zu 43 Milliarden Euro nötiger Steuergelder.[327]

Die völlig widersprüchlichen Maßstäbe für Griechenland und Spanien mit demselben Ergebnis »Daumen runter« sind kaum dazu geeignet, Nobelpreisträger Krugmans zitierte These, das System der Rating-Agenturen sei »zutiefst korrupt«, ernsthaft zu widerlegen. Und wenn man dann einen Bericht der *New York Times* liest, dem zufolge einige Banken »Mitarbeiter der

Rating-Agenturen angeheuert« hätten, um Hypothekenpapiere mit einer guten Bewertung auflegen zu können, dann kann und sollte man sich seinen Teil denken.[328] Das Ganze erscheint wie ein Teufelskreis: Statt den »Urteilen« der Rating-Agenturen aus den erwähnten Gründen nicht zu trauen, werden sie von Banken und anderen Währungsspekulanten als willkommener Vorwand benutzt, von bestimmten Staaten Wucherzinsen (Diktion: »Risikozuschläge«) zu erpressen. Das funktioniert nicht anders als im normalen gesellschaftlichen Leben: Braucht jemand dringend Geld, erhält aber keinen Cent von einer seriösen Bank, landet er notgedrungen beim »Hausfrauenkredit« der Geldhaie. Und auch zu den Rating-Agenturen gibt's eine Parallele: Es ist der gehässige Nachbar oder Verwandte, der überall verbreitet: »Borg dem bloß kein Geld. Das siehst du nie wieder.«

Unter derartigen Bedingungen ist für manche Staaten der Gedanke, aus der Eurozone auszutreten, gar nicht so abwegig. Schließlich geht's, wie oben beschrieben, Ländern wie Norwegen oder der Schweiz, die beide nicht der Eurozone angehören, blendend.

Abschusskandidat Portugal

Danach hatte die EU-Mafia Portugal am Wickel. Portugal ist ein klassisches Beispiel, wie die neoliberalen Wirtschaftsverbrecher binnen kürzester Zeit ein blühendes Land in den Ruin treiben können. Noch im Jahre 2007 lief alles bestens: In nur zwei Jahren konnte die Regierung das Budgetdefizit mehr als halbieren und unter die Maastricht-Marke von 3 Prozent drücken. Das BIP stieg um 1,9 Prozent, und die Staatsverschuldung fiel auf weniger als 64 Prozent des BIP. Doch dann kam die Finanzkrise: Portugals BIP stagnierte und ging 2009 sogar um

2,7 Prozent zurück. Weil die Steuereinnahmen wegbrachen und die Regierung gleichzeitig auf Konjunkturprogramme setzte, stiegen die Staatsschulden auf 9,3 Prozent und werden für 2010 auf 86 Prozent des BIP geschätzt. Und natürlich stuften die Rating-Agenturen Standard & Poor's und FitchRatings Portugal herab.[329] Dies führte dazu, dass das Land Wucherzinsen bezahlen muss. Die Rendite für portugiesische Anleihen lag bei 5,519 Prozent. Entsprechende deutsche Anleihen rentierten mit lediglich 2,957 Prozent.[330]

»Portugal verspricht noch härteren Sparkurs«, frohlockte *Welt Online* am 8. Mai 2010. Die »sozialistische« Regierung unter Ministerpräsident José Sócrates – die Antwort Portugals auf Leute wie Gerhard Schröder und Wolfgang Clement – sagte der EU zu, das Haushaltsdefizit im Jahre 2010 statt wie geplant auf 8,3 nun auf 7,3 Prozent und 2011 auf 4,6 Prozent zu verringern. Dafür wolle man sogar den Bau eines internationalen Großflughafens auf Eis legen[331] – was die Betreiber des Frankfurter Flughafens sicherlich mit heller Freude erfüllt hat. Geplant sind außerdem neben der Erhöhung der Mehrwert-, Einkommens- und Börsenumsatzsteuer auch eine Kürzung der Arbeitslosenhilfe sowie Jobabbau und Gehaltsstopp im öffentlichen Dienst. Zudem will man viele Unternehmensbeteiligungen verscherbeln – vielleicht an Heuschrecken oder Großbanken – und so sechs Milliarden Dollar einnehmen. Großprojekte wie eine Hochgeschwindigkeitsbahn von Lissabon über Porto ins spanische Vigo werden zurückgestellt, die Lokal- und Regionalbehörden dürfen sich gar nicht mehr verschulden.[332]

Dabei war Portugal schon vorher für seine (A-)Sozialpolitik gelobt worden, zum Beispiel auf der Internetseite unseres Auswärtigen Amtes. Demzufolge hat das Land bis zum Ausbruch der aktuellen Finanz- und Wirtschaftskrise das Defizit von 6,1 Prozent des BIP (2005) auf 2,6 Prozent (2007) reduzieren können, »unter anderem durch eine Rentenreform, durch Einsparungen bei der staatlichen Gesundheitsversorgung und durch die konsequentere Eintreibung von Steuern und Sozialabgaben. Auch hatte die Regierung eine Reform des Arbeitsrechts (Flexibilisierung der Arbeitszeiten, niedrigere Lohnnebenkosten) sowie des öffentlichen Dienstes durchgesetzt (Angleichung der Rechtsstellung der Bediensteten an den privaten Sektor und Reduzierung der Zahl der Beschäftigten).«[333]

Ganz offensichtlich wird in der Marktwirtschaft der Bürger nicht als Person[334] mit seiner unantastbaren Menschenwürde (Artikel 1 des Grundgesetzes), mit all seinen Bedürfnissen und seinem Recht auf ein erfülltes Leben gesehen, sondern als »Ware Arbeitskraft« (Karl Marx), die den »Investoren« zu Profiten verhilft, aber auch Kosten verursacht. Und wenn die Raffkes den ihnen vom Volk erarbeiteten Profit verzocken, muss das Volk mit der Senkung seines Lebensstandards dafür einstehen.

Vor dem Beitritt zum EU-Vorläufer EG im Jahre 1986 wäre niemand auf die Idee gekommen, Portugal als verarmtes Land zu bezeichnen. Seit am 24. April 1974 die regierende faschistische Mörderbande durch die Nelkenrevolution gestürzt und die Kolonien Angola, Mozambik und Guinea-Bissau in die Unabhängigkeit entlassen wurden, entwickelte sich Portugal recht schnell nicht nur zu einem westlich-demokratischen, sondern auch wirtschaftlich relativ stabilen Staat. Es kam zu Verstaatlichungen und zu einer Landreform. Die Verfassung von 1976 definierte den Übergang zum Sozialismus als Staatsziel – vergleichbar natürlich nicht mit dem Staatskapitalismus der Ostblockstaaten, sondern eher mit dem »demokratischen Sozialismus« aus dem SPD-Parteiprogramm. Die Probleme begannen, als der neoliberale Präsident Aníbal Cavaco Silva die Verstaatlichungen zurücknahm und seine Wirtschaftspolitik eher an den USA und Großbritannien orientierte. Richtig bergab ging es mit Portugal aber erst nach der Einführung des Euro im Jahre 1999. »Die portugiesische Wirtschaft hat mit der griechischen gemein, dass wir seit der Einführung des Euro auf dem internationalen Markt ständig an Produktivität und Wettbewerbsfähigkeit eingebüßt haben«, klagt *Jornal de Negocios*-Chefredakteurin Eva Gaspar. »Das ist die Mutter aller Übel und dafür verantwortlich, dass wir seit einem Jahrzehnt stagnieren.«[335] Das Milliardärs-Geschmeiß sieht das natürlich anders: »Wer über seine Verhältnisse lebt und das ausgibt, was er nicht hat, muss die Folgen in Kauf nehmen«, sagt der Präsident des mächtigen Sonae-Konzerns, Belmiro de Azevedo, der als reichster Mann Portugals gilt. Und auch Zeitungschef Pedro Santos Guerreiro meint: »Der Feind ist unter uns.« Der Feind: das Volk?

Jedenfalls musste auch der Atlantikstaat lernen: Wer mit dem Teufel aus einem Topf isst, braucht einen langen Löffel. Selbstverständlich war Portugal nach den Kriterien der neoliberalen und professioneller Hilfe bedürftigen »Mein Ferrari, meine Villa, meine Yacht, meine Frau«-Fraktion nie »reich«. Diesen im Grunde bedauernswerten Figuren wird es auch ewig ein Rätsel sein, wie Südländer so viel Lebensfreude haben können, wo sie doch nicht einmal ein Appartement in Chicago oder ein Aktienpaket von Daimler besitzen.

Doch auch diesen Menschen reicht es irgendwann: »Was die Portugiesen am meisten erschreckt«, sagt die Wirtschaftswissenschaftlerin Eva Gaspar, »ist die Tatsache, dass die Arbeitslosigkeit ein Rekordniveau von 10,4 Prozent erreicht hat und man das Gefühl hat, dass sich die Lage so schnell nicht bessern wird.« Und die Wochenzeitschrift *Visão* bestätigt: »Viele Menschen, die bis vor kurzem Arbeit, Träume von einem Eigenheim, Autos und Reisen hatten, haben heute nichts zu essen; bei vielen komme immer häufiger nur Suppe auf den Tisch.«[336]

Aber auch die Portugiesen wehren sich: Ob Busfahrer oder Eisenbahner, Ärzte oder Beamte, Piloten oder Staatsangestellte, Briefträger oder Parlamentsmitarbeiter: Seit März 2010 jagt in

Portugal ein Proteststreik den anderen. »Vor allem Zollbehörden, Krankenhäuser und Müllabfuhr sind im Ausstand, aber auch Schulen und Finanzämter sind betroffen«, berichtete die *Deutsche Welle* am 4. März. Und der Chef der größten Gewerkschaft CGTP, Manuel Carvalho da Silva«, droht bereits: »Die Protestaktionen werden zunehmen.«[337] Ein erster Vorgeschmack war im Juni 2010 eine Demonstration mit 300 000 Teilnehmern.[338]

Problemfall Irland

»Krise treibt Renditen nach oben«, frohlockte die *Frankfurter Allgemeine Zeitung* schon im Februar 2009. Beim aktuell gültigen Kurs von 88,80 Prozent entspricht das noch immer einer Rendite von 5,53 Prozent. Das ist ausgesprochen üppig, bringen es die zehnjährigen Bundesanleihen derzeit doch nur noch auf eine Rendite von 2,80 Prozent. Ähnlich happig fallen inzwischen auch die Kosten für Versicherungen gegen den Ausfall irischer Staatsanleihen aus.« Die CDS ging von 50 Prozent Ausfallwahrscheinlichkeit aus.[339]

Irland ist ein besonders drastisches Beispiel, wie der neoliberale Umbau der Volkswirtschaft und die Aktivitäten des Spekulantenpacks ein Land binnen kürzester Zeit in den Ruin treiben können. Im Jahre 2007 lag Irlands Staatsverschuldung noch bei 25,1 Prozent des BIP, 2008 bereits bei 44,1 Prozent des BIP. 2009 überschritt dann die Neuverschuldung von 180 Milliarden Euro mit 65,8 Prozent des BIP die »Konvergenz-Kriterien« von 60 Prozent des BIP als Obergrenze. Ebenso beim Staatshaushalt: Während es im Jahre 2007 noch ein Plus von 0,3 des BIP gab, entstand 2008 ein Defizit von 7,2 Prozent und 2009 sogar von 12,5 Prozent. Das Defizit soll bis 2013 entsprechend den Maastricht-Kriterien wieder auf 3 Prozent gesenkt werden.

Und das Rezept? Da Irland nach den EU-Regionalkriterien zu den »Regionen mit allgemeinem Entwicklungsrückstand« zählt, erhielt es Zuschüsse aus »Kohäsions-« und »Strukturfonds«. So wurde die Infrastruktur ausgebaut, die Unternehmenssteuern wurden gesenkt, und auch die geringen Steuer- und Abgabenquoten machten Irland für ausländische Spekulanten (»Investoren«) attraktiv. Schon bald nannte man das Land den »keltischen Tiger«.

Aber die Quittung kam recht schnell: Als Folge der Finanzkrise platzte auch in Irland die Immobilienblase. Als eine der ersten Industrienationen schlitterte das Land bereits im dritten Quartal 2007 in eine Rezession. Im vierten Quartal 2008 brach die Wirtschaft um 8 Prozent ein, und im Jahre 2009 schrumpfte die Wirtschaft erneut um 7 Prozent.[340] »Irland wird wieder ein Auswanderungsland«, titelte *euronews* schon am 26. März 2009.[341]

Es gehört schon ins Perversitäten-Kabinett, dass die »wohlhabenden Staaten« – sprich: die Banken, die Reichen, die Mächtigen und ihre Politiker – auch arme Länder wie Irland zum Beitrag an der Griechenlandhilfe nötigen. 1,3 Milliarden Beteiligung presste die marktradikale EU-Mafia im Mai 2010 den Iren ab. Mit unverhohlener Häme titelt der *Spiegel*-Journalist Carsten Volkery über ein Land mit 13 Prozent Arbeitslosigkeit: »Wie der Schuldenkönig zum Vorbild wurde«[342]. Grund des Schulterklopfens: Im Dezember 2009 legte die Regierung den Haushalt 2010 mit weiteren Einsparungen in Höhe von vier Milliarden Euro vor. »760 Millionen Euro werden in Wohlfahrtsprogrammen gekürzt, darunter das Arbeitslosen- und Kindergeld, 980 Millionen Euro an laufenden Ausgaben, fast genauso viel an Investitionen und eine Milliarde Euro an Gehältern im öffentlichen Dienst. Staatsbedienstete müssen nun mit 5 bis 15 Prozent weniger Gehalt auskommen.«

Und weiter: »Die Rosskur sorgt regelmäßig für Demonstrationen in Dublin, doch zeigen sich Beobachter erstaunt, wie glimpflich die Proteste bisher abgelaufen sind. Ganz ohne Wirkung bleiben sie aber nicht: Die Gewerkschaften haben der Regierung gerade die Zusage abgerungen, in den nächsten Jahren keine weiteren Gehaltskürzungen im öffentlichen Dienst vorzunehmen.« All das erinnert zwangsläufig an DGB-Boss Michael Sommer, der die »Armut per Gesetz« genannte Agenda 2010 seines Intimfreundes Gerhard Schröder nahezu vorbehaltlos unterstützte und dessen »Kritik« sich sinngemäß darin erschöpfte, dass der DGB einer Zwangsarbeit nicht zustimmen werde.

Sorgenkind Italien

Im Jahre 2004 war Italiens Staatsverschuldung mit 106 Prozent des BIP die höchste in der EU,[343] 2007 betrug sie 103,5 Prozent, 2008 fast106 und 2009 mit etwa 1757 Milliarden Euro 114,6 Prozent des BIP. Durch den Abbau des Defizits soll die Neuverschuldung »nur moderat« steigen: 2010 auf 117 und 2011 auf 118 Prozent des BIP[344], was aber immer noch nach der Staatsverschuldungsquote Griechenlands die zweithöchste im Euroraum ist. Anderseits befinden sich laut Unicredit nur 42 Prozent der italienischen Staatsschulden im Ausland gegenüber 77 Prozent der griechischen. Die Verschuldung der italienischen Haushalte liegt bei nur 57 Prozent der verfügbaren Einkommen, während der Durchschnitt in der Eurozone bei 93 Prozent liegt. Alexander Kockerbeck von der Rating-Agentur Moody's meint süffisant: »Italien profitiert davon, dass es mehr als andere Länder daran gewöhnt ist, mit hohen Schulden und geringem Wachstum umzugehen.«[345]

Das Haushaltsdefizit betrug 2004 etwa 3,2 Prozent des BIP, 2007 nur 1,5 Prozent, kletterte aber im Jahre 2008 auf 2,7 und

2009 auf 5,3 Prozent des BIP. Für 2011 hat sich die Regierung 4,6 und für 2012 sogar weniger als die erlaubten 3 Prozent vorgenommen. Ende Mai 2010 wurde ein Sparpaket in Höhe von 24 Milliarden Euro für die nächsten zwei Jahre beschlossen. Ministerpräsident Silvio Berlusconi sagt dazu: »Die Opfer sind zwingend erforderlich, um unsere Währung zu retten. Es geht auch darum, Gehälter, Pensionen, Ersparnisse und Einkünfte der Wirtschaft zu sichern. Den Euro zu retten bedeutet, die Zukunft Italiens zu retten.« Zur Ankurbelung der Produktivität sollen jedoch Steuererleichterungen erfolgen. Die Einschnitte bei den kommunalen Förderungen stoßen aber bei Opposition, Gewerkschaften und Bürger auf Kritik. Tenor: »Die Kosten der Krise sollen diejenigen bezahlen, die sie auch verursacht haben.«[346]

Große Teile Italiens gehören nach den EU-Kriterien zu den EU-Regionen mit allgemeinem Entwicklungsrückstand. Sie werden vom Europäischen Fonds für regionale Entwicklung (EFRE) unterstützt. Mit diesen EU-Mitteln will man die Infrastruktur ausbauen. Geplant ist unter anderem der Bau der gigantischen Hängebrücke über die Straße von Messina. EU-Mittel gibt es, weil die Brücke Teil des »TEN-Korridors«[347] Berlin–Palermo ist.[348]

Trotz der Rekordschulden ist Schwarzsehen tabu. Silvio Berlusconi betont immer wieder, seinem Land gehe es blendend. Die meisten Politiker und Journalisten machen in Optimismus. So ließen die Zeitungen bei dem Wort *PIIGS* einfach ein I weg. Mit den anderen vier Wackelkandidaten habe Italien nichts gemein. Und tatsächlich wurde Italien bislang von der Finanzkrise weitestgehend verschont. Der Staat musste keine Banken retten – nicht ein einziges Geldinstitut geriet in eine »dramatische Schieflage«. Als »zu provinziell« wurde Italiens Bankensektor noch vor der Krise von neoliberalen Nimmersatts beschimpft, weil die Banken aus Mailand, Turin oder Rom sich aus der

Zockerei an den Derivate-Märkten weitestgehend heraushielten. Folglich mussten sie nach dem Lehman-Crash nicht Milliarden-Summen für Schrottpapiere abschreiben.

In Italien platzte auch keine Immobilienblase, obwohl auch hier in den letzten Jahren viel gebaut wurde und die Wohnungspreise kräftig gestiegen sind. Aber die Banken gewähren Immobilien-Kredite erst nach einer gründlichen Prüfung der Kunden. Folglich spielten die berüchtigten faulen Kredite (Sub-primes) in Italien nie eine Rolle. Vier von fünf Familien besitzen ein eigenes Häuschen oder eine Wohnung, doch die sind zum Großteil bereits abbezahlt. Deshalb fielen die Immobilienpreise kaum, und seit Frühjahr 2010 verzeichnen die Makler schon wieder eine deutliche Belebung des Geschäfts.

Mit »nur« 8,8 Prozent Arbeitslosen – laut dem Statistischen Amt ISTAT vom März 2010 – und einem Anstieg um einen Prozentpunkt gegenüber dem Vorjahr steht Italien im Vergleich zu den anderen vier Pleiteaspiranten gut da, auch wenn wie bei uns Hunderttausende zu Kurzarbeitern wurden.

Auch bei den »Investoren« steht Italien offenbar besser da als die anderen PIIGS-Staaten. Noch schreckt das die Märkte nicht. Als das Land Ende April 2010 – also mitten in der Griechenlandkrise – 6,5 Milliarden für Staatsanleihen ausgab, gab es sogar Order von mehr als 10 Milliarden Euro, und der Zinsaufschlag gegenüber deutschen Anleihen blieb bei knapp unter einem Prozent.[349]

Bleibt aber immer noch der Schuldenberg, und da finden marktradikale Trommler wie Tobias Piller von der *Frankfurter Allgemeinen Zeitung*, dass noch nicht genug Milliarden eingespart und die kleinen Leute nicht ausreichend geschröpft würden: »Die großen Ausgabenblöcke für die immer noch üppigen Renten, für den überbesetzten Staatsdienst und das teilweise verschwenderische Gesundheitswesen werden wohl kaum angetastet.«[350] Kommentar von Michael R. Krätke im *Freitag:* »Nicht spekulationswütige Banken – die verschwenderischen Sozialstaaten europäischen Zuschnitts stehen am Pranger. Das neoliberale Weltbild ist wieder in Ordnung.«[351]

Staatspleite à la Argentina

Sollte sich die Hoffnung der Spekulantengilde auf den Staatsbankrott der PIIGS-Staaten wirklich erfüllen, könnte diese Länder ein ähnliches Schicksal ereilen wie in den Jahren 2001/2002 Argentinien – und auch hier hatte der IWF seine Finger im Spiel. Die Südamerikaner verfehlten die mit dem Flaggschiff der freien Marktwirtschaft vereinbarten Ziele und wurden zahlungsunfähig. Die Ursachen der Argentinien-Krise sind teilweise auf wirtschaftspolitische Beschlüsse Ende der achtziger und Anfang der neunziger Jahre zurückzuführen. Nach dem Sturz der Militärdiktatur im Jahre 1983 erlebte das Land eine Hyperinflation, woraufhin die damalige Regierung Carlos Menem 1991 eine 1:1-Bindung der Währung an den US-Dollar einführte. Das beendete die Inflation und führte zunächst zu wirtschaftlicher Stabilität und einem Aufschwung. Doch der Anfang 1992 eingeführte Peso war durch die Dollar-Bindung hoffnungslos überbewertet. Man konnte zwar billiger importieren, aber argentinische Waren waren auf dem Weltmarkt zu teuer, was viele Unternehmen in den Ruin trieb. Nun begann eine atemberaubende Kapitalflucht, so dass Argentinien immer mehr Kredite aufnehmen musste, um alte Schulden zahlen zu können. Hinzu kam, dass Brasilien, einer der wichtigsten Handelspartner, im Jahre 1999 seinen Real abwertete und folglich für geldgierige ausländische »Investoren« interessanter wurde. Diese zogen sich nach und nach aus Argentinien zurück. Das Exportvolumen sank weiter, und das Handelsdefizit kletterte. Hinzu kam: Mit der Dollar-Bindung hatte man den Einfluss auf die eigene Zinspolitik verloren und war von der US-Konjunkturpolitik abhängig. Weil aber der Dollar Ende der neunziger Jahre sehr stark war, wurden argentinische Waren immer schwerer verkäuflich. Immer mehr Auslandskapital musste her. Insofern war die Dollar-Koppelung eine Hauptursache der Wirtschaftskrise.

Um das Land vor dem Bankrott zu bewahren, schnürte der Internationale Währungsfonds IWF in den Jahren 2000 und 2001 mehrere Hilfspakete, die dann allerdings mit übelsten, aber typisch neoliberalen Auflagen verbunden waren; unter anderem handelte es sich um die Liberalisierung des Gesundheitswesens, weitere Privatisierungen, die Verringerung der Einfuhren und die drastische Verringerung des Haushaltsdefizits. Schließlich wollten das internationale Kapital und der IWF ja kein bankrottes, sondern ein wie eine Kolonie ausbeutbares Argentinien.

Die IWF-Kredite brachten eine scheinbare Entspannung der wirtschaftlichen Situation, aber dann kamen der 11. September 2001 und die angeblich durch diesen Terrorakt verursachte globale Wirtschaftskrise – als wären die Gangster der »New Economy« nicht schon ein Jahr zuvor aufgeflogen und ihre Spekulationsblase geplatzt. Jedenfalls wurde schon damals das bekannte Spielchen praktiziert: Die Rater von Standard & Poor's stuften Argentinien herab, die »Investoren« gaben sich »zurückhaltender«, und der IWF zog seine Hilfe zurück, da das Land die auferlegten Kriterien natürlich nicht erfüllen konnte. Anders als derzeit in den Euroländern hatte das Schüren der Angst Erfolg: Allein am 30. November 2001 hoben die Bürger 1,3 Milliarden Peso von ihren Konten ab, um sie 1:1 in Dollar umzutauschen. Daraufhin fror die Regierung die Bankguthaben zunächst ein: Nur ein paar hundert Dollar durften monatlich abgehoben werden, was allerdings das Vertrauen in die Wirtschaft noch mehr schwinden ließ.

Mitte Dezember 2001 hatte sich die Wirtschaftskrise zu einer Regierungskrise ausgeweitet. Binnen zwei Wochen hatte das

Land fünf verschiedene Präsidenten. Gleichzeitig gingen Tausende Menschen auf die Straßen, »Supermärkte und Geschäfte wurden geplündert. Insgesamt starben bei den gewalttätigen Ausschreitungen 28 Menschen«, berichtete die *Tagesschau*.[352] Die Regierung rief schließlich den Notstand aus und erklärte angesichts von mittlerweile etwa 100 Milliarden Dollar Schulden offiziell den Staatsbankrott.

Weil der IWF kein Geld mehr herausrückte, zahlte das Land auch nicht mehr an seine Gläubiger und war dadurch vorübergehend nicht mehr vom IWF abhängig. Anfang 2002 hob man im Rahmen eines Notstandsprogramms die Dollar-Bindung auf, woraufhin der Peso deutlich absackte. Daraufhin verlor die argentinische Währung deutlich an Wert. Zudem handelte man mit dem IWF neue Unterstützung aus: Obwohl Argentinien weiterhin nicht im Traum an eine Entschädigung wenigstens der »Privatanleger« dachte – der Busfahrer aus Buenos Aires oder die Putzfrau aus Pinneberg dürften an der Misere aber kaum schuld gewesen sein –, bekam Argentinien im Januar 2003 ein Darlehen über rund drei Milliarden US-Dollar.

Im September 2003 betrugen die Auslandsschulden 172 Milliarden US-Dollar. Erst im Januar 2005 bot man den Gläubigern die Umwandlung ihrer Staatsanleihen an. Obwohl sie im Schnitt auf mindestens 50 Prozent des Werts ihrer Einlagen verzichten sollten, nahmen überraschend viele die Offerte an: 76 Prozent der Staatsverbindlichkeiten wurden in längerfristige Staatsanleihen getauscht, wodurch die Staatsschulden auf 72 Milliarden Dollar im März 2005 sanken. Bereits im zweiten Halbjahr 2002 erholte sich die Wirtschaft wieder und profitierte vom weltweiten Aufschwung. »Doch Kritiker bemängelten, die Schere zwischen Arm und Reich klaffe in Argentinien nun weiter denn je auseinander.«[353]

Die wichtigste Lehre aus dem Argentinien-Desaster ist: Die Währungsunion mit wirtschaftlich stärkeren Staaten kann ein

Land in die Schuldenfalle und schließlich in den Ruin treiben; es *kann* sich aber durch die Auflösung dieser fatalen Liaison auch relativ schnell – wenigstens halbwegs – wieder erholen, wobei allerdings die kleinen Leute den Schaden bezahlen. Taugt aber Argentinien als Vorbild für die PIIGS-Staaten? Sollen Portugal, Irland, Italien, Griechenland und Spanien Euroland verlassen, um durch Abwertung ihrer eigenen Währung international wieder konkurrenzfähig zu werden, also mehr aus- als einzuführen und so das Defizit der Handelsbilanz abzubauen? Hier gilt wohl das geflügelte Wort: »Das hättet ihr euch früher überlegen müssen.« Wie im wirklichen Leben macht es nämlich einen Unterschied, ob man irgendwo austritt oder gar nicht erst eintritt. Insofern kann man die nicht zur Eurozone zählenden EU-Mitglieder Großbritannien, Schweden und Dänemark nicht mit den Problemstaaten vergleichen. Diese Länder sind hochverschuldet und außerdem zum Objekt der Spekulanten geworden. Und wenn sie sogar gegen den Euro wetten, dann täten sie es bei einer griechischen Drachme oder einem portugiesischen Escudo erst recht. Die Folge wäre: Im internationalen Handel würde man dieses Geld nicht akzeptieren. Ähnlich erging es – wenn auch vor ganz anderem politischen Hintergrund – der DDR. Sie musste ihre Importe entweder in Naturalien oder in westlichen Devisen wie D-Mark bezahlen, die sehr schnell zur Schattenwährung wurde. Kurz vor der Wende kostete auf dem Schwarzmarkt eine D-Mark zehn DDR-Mark.[354] Ähnlich könnte es allen schwächeren Euroländern gehen, die einen währungspolitischen Alleingang wagen. Letztlich müsste man wie Argentinien beim IFW um Hilfe betteln, die man aber nur gegen strenge »Sparauflagen« erhalten würde. Und im Nu wären diese Staaten »Billiglohnländer«, in die Global Player und andere Unternehmen Teile ihrer Produktion verlegen würden. Von daher ist Krugmans Ratschlag an Griechenland so realitätsfremd wie etwa die Frage, wie die

Rentenkassen ein Durchschnittslebensalter von 220 Jahren bewältigen könnten. Rein währungsmathematisch mag er recht haben, aber wie die meisten Neoliberalen blendet er – zumindest hier – den Einfluss der Politik aus.

Fiskalpolitik: Entweder richtig oder gar nicht

Mit der Fiskalpolitik will der Staat die Wirtschaftskonjunktur beeinflussen. So kann er versuchen, durch Erhöhung seiner Ausgaben oder Steuersenkungen in einer Rezession die Wirtschaft in Schwung zu bringen und durch die umgekehrten Maßnahmen eine überhitzte Konjunktur einzubremsen. In der EU ist dies das individuelle Vergnügen der Mitgliedsstaaten, das allerdings durch gewisse Vorgaben wie Stabilitätspakt und Konvergenzkriterien schon ziemlich eingeschränkt ist – aber offenbar noch nicht eingeschränkt genug.

Euroland und die EU brauchen angesichts der immer größeren Unterschiede zwischen den Wirtschaften der einzelnen Staaten eine einheitliche Haushalts-, Steuer- und Lohnpolitik, wobei Letzteres angesichts der Tarifautonomie leichter gesagt als getan ist. Ebenso dürften die nationalen Regierungen kaum besonders angetan sein von der Idee, wesentliche Teile ihrer Steuerhoheit an die EU abzutreten – die CSU, die offenbar schon eine bundesdeutsche Regelung über Kruzifixe in Schulen als innere Einmischung in Bayerns Angelegenheiten empfände, dürfte beim bloßen Gedanken daran in kollektive Hysterie verfallen. Dennoch führt aus genannten Gründen kein Weg an einer Angleichung vorbei; sonst dürfte eine Krise die andere jagen und der Zerfall der Währungsunion und vielleicht sogar der gesamten EU nur noch eine Zeitfrage sein. Eine gemeinsame Geldpolitik bei unterschiedlicher und teilweise einander widersprechender Fiskalpolitik kann auf Dauer nicht funktionieren. »Wer

A sagt, muss auch B sagen«, und die Methode »Wasch mich, aber mach mich nicht nass« ist wie überall im Leben auch hier ein saudummer Plan. »Wir haben die Lektion der mangelnden wirtschaftlichen Kooperation gelernt«, beteuert auch EU-Kommissar Rehn. Die währungspolitische Abstimmung in der Eurozone reicht ihm zufolge nicht aus. Rehn weiß aber auch, dass Eingriffe in die Haushaltshoheit der Mitgliedsländer ein sensibles Thema sind. »Die Kommission will und kann nicht die nationalen Haushalte kontrollieren.« Das letzte Wort haben nach wie vor die nationalen Parlamente. »Aber wenn wir unser gemeinsames Schicksal in der Wirtschafts- und Währungsunion ernst nehmen, dann müssen alle Mitglieder die Regeln beachten, die sie sich selbst gegeben haben.«[355]

Selbst die SPD – immerhin als rot-grüne Regierungspartei durch die von ihr beschlossene Senkung des Spitzensteuersatzes, die Abschaffung der Steuer auf den Verkauf von Unternehmen und die Einführung von Hartz IV mitverantwortlich für das gegenwärtige Desaster – gibt aus der sicheren Position einer Oppositionspartei, die ja ohnehin nichts umsetzen muss, ihren Senf dazu. In einer gemeinsamen Erklärung mit der ebenfalls nicht in Regierungsverantwortung stehenden Sozialistischen Partei Frankreichs (PS) regt man unter anderem an:

1. ausgeglichenes und abgestimmtes Wirtschaftswachstum aller EU-Staaten,
2. gemeinsame Instrumente zur Krisenvorbeugung und zum Krisenmanagement,
3. eine verbesserte europäische Steuerpolitik,
4. einen sozialen Stabilitätspakt für Europa. Zu diesem Punkt fordert man:
   • Das Prinzip eines Mindestlohns, dessen Niveau in jedem Staat unter der Berücksichtigung der nationalen wirtschaftlichen Entwicklung zu vereinbaren ist. Ein am jeweiligen nationalen Durchschnittslohnniveau orientierter

prozentualer Wert – etwa 60 % – könnte eine Untergrenze einziehen. Den Mitgliedsstaaten steht es frei, für ihr Land höhere Mindestlöhne einzuführen.

- Einen Prozess von sozialer Konvergenz mit prozentualen Werten für Sozial- und Bildungsausgaben, in Abhängigkeit vom erzielten Bruttoinlandsprodukt pro Kopf (BIP) jedes Staates. Diese Konvergenzbewegung kann eine Angleichung der Ergebnisse der Sozialpolitik erleichtern, ohne auf eine Harmonisierung abzuzielen, die aufgrund der spezifischen Traditionen der einzelnen Mitgliedsstaaten nur schwer zu erreichen wäre.[356]

Dieser eigentlich vollständig belanglose Text zeigt zweierlei. Erstens ist er inhaltlich so wachsweich, dass er beliebig interpretiert werden kann. Dennoch zeigt er, dass die »Einsicht« besserer Koordinierung der Fiskalpolitik auch vor solchen Parteien nicht haltmacht. Zweitens ist die Ausdrucksweise nicht für die breite Masse geeignet, sondern bestenfalls für Möchtegern-Intellektuelle – ein Text »von Halbgebildeten für Halbgebildete«. Nur ist das Thema zu ernst, um sich über die viertklassigen Nachfolger eines Willy Brandt und Helmut Schmidt lustig zu machen.

Wichtiger ist die Tatsache, dass die Regierungen namens ihrer jeweiligen Geldgeber nicht einmal in ihren kühnsten bezahlten Alpträumen eine gemeinsame Fiskalpolitik wirklich wollen. Dieses Buch untersucht nicht, wer von wem geschmiert wird; Tatsache ist aber, dass normal denkende Bürger und in Sachen Ökonomie nicht allzu ahnungslose und halbwegs integre Politiker sich über die dringende Notwendigkeit einer einheitlichen Haushalts- und Sozialpolitik im Klaren sind.

Einstweilen sind aber die Staaten auf sich allein gestellt. Einige von ihnen – die Euroländer Belgien und Slowenien sowie die nicht zur Eurozone gehörenden EU-Mitglieder Schweden und Ungarn – gründeten daher einen nationalen »fiskalpolitischen

Rat«; auch Frankreich, Rumänien, die Slowakei und Griechenland planen ein solches Gremium. Der Vorteil: Anders als ein Rechnungshof, der nur im Nachhinein kritisiert, wenn das Kind schon in den Brunnen gefallen ist, sollen die neuen Einrichtungen den Haushalt oder Gesetzesentwürfe sofort überprüfen und besonders auf Transparenz und Zuverlässigkeit offizieller Haushaltsprognosen achten. Darüber hinaus soll der Rat die Umsetzung von Maßnahmen kontrollieren, die zu einem ausgeglichenen Haushalt führen, zum Beispiel die Einhaltung von Schuldengrenzen, Ausgabenauflagen und Umlageverfahren. Außerdem kann dieses Gremium viel früher als die dubiosen Rating-Agenturen vor fiskalpolitischen Risiken warnen und auf notwendige Reformen hinweisen.

Die ganze Sache hat natürlich mit einer einheitlichen Fiskalpolitik der Eurozone oder der EU nicht viel zu tun, zumal der Rat keinerlei Machtbefugnisse hat – außer der, die Regierung bloßzustellen. Deshalb soll er genügend Fachkompetenz aufbauen, »um das Vertrauen der Presse und der Öffentlichkeit zu gewinnen«, wie die *Financial Times Deutschland* schreibt. Darüber hinaus soll er »die makroökonomischen Rahmenbedingungen entpolitisieren«.[357] Sparprogramm, »Vertrauen der Presse«, »entpolitisieren« – dies alles klingt nach neoliberalem Propagandaverein wie unsere Initiative Neue Soziale Marktwirtschaft: Das Sparen auf Kosten der kleinen Leute mag ein »Sachzwang« sein, hat aber mit Politik nichts zu tun.

Bleibt also die vage Hoffnung, dass sich die Euroländer zu einer einheitlichen Fiskalpolitik entschließen. Die wäre zwar nach Stand der Dinge wahrscheinlich neoliberal dominiert, anderseits würde es bei einer einheitlichen Fiskalpolitik aber ein wenig schwieriger werden, die Völker gegeneinander auszuspielen und aufeinanderzuhetzen. Hätten zum Beispiel Griechen und Deutsche ähnliche Sozialsysteme, wäre es lachhaft, sich gegenseitig eine »Rundum sorglos«-Absicherung zu unterstellen.

Und auch für Spekulanten würde es unattraktiv, auf den Staatsbankrott einzelner Euroländer zu wetten. Je unwahrscheinlicher er durch eine gemeinsame Fiskalpolitik würde, desto weniger Risikorendite wäre abzustauben. Zudem könnte man den verheerenden Standortwettbewerb – wer macht den »Investoren« die größten Steuergeschenke? – eindämmen. Das – und nicht etwa das Demokratiedefizit – ist es ja, was Global Player an Diktaturen so hassen: Dort können sie nicht eine Region gegen eine andere ausspielen und den Bau einer Zweigfabrik meistbietend versteigern.

Wie sich die EU-Kommission eine einheitliche Fiskalpolitik vorstellt, erläuterte sie schon im Mai 2010: Ab 2011 sollen die EU-Mitglieder ihr und den anderen Mitgliedsstaaten ihre Budgetentwürfe vorlegen, bevor die nationalen Parlamente darüber abstimmen. Falls die Kommission Risiken für die Eurozone sieht, kann sie einschreiten. Allerdings will sie nur gute Ratschläge und Empfehlungen geben, nicht aber das nationale Haushaltsrecht einschränken, versicherte Präsident José Manuel Barroso. Auch die Partnerländer sollen die nationalen Haushalte vorab einsehen dürfen.

»Die Fiskalpolitik muss vorab koordiniert werden, damit die nationalen Haushalte die Stabilität der anderen Mitgliedsstaaten nicht in Gefahr bringen«, sagte EU-Währungskommissar Olli Rehn in Brüssel. Er plädiert außerdem für automatische Strafen bei Überschreitung der Schuldengrenze – auch ohne mehrheitliche Zustimmung der Euro-Finanzminister. So könnten unter anderem Finanzhilfen aus dem Fonds für strukturschwache Regionen eingefroren werden. Darüber hinaus sollen die Staats- und Regierungschefs jeweils zu Jahresbeginn Leitlinien zur Wirtschaftspolitik als Grundlage für die nationalen Stabilitäts- und Reformprogramme vorgeben. Kanzlerin Merkel aber gingen die Vorschläge noch nicht weit genug. Sie forderte einen stärkeren Überwachungsmechanismus für den Stabilitäts- und Wachstumspakt und verwies darauf, dass hierfür entsprechende Änderungen der EU-Verträge unumgänglich seien.[358] Wohlgemerkt: Das war, *bevor* sie auf dem G-8-Gipfel in Toronto wegen ihres Sparwahns eins auf den Deckel bekam.

Das politische Kartell

Auf einen ganz anderen Blickwinkel macht der Hamburger Volkswirtschaftsprofessor Wolf Schäfer aufmerksam. »Die Absprachen der Staatschefs bilden ein Strategiekartell und schädigen die deutschen Steuerzahler.« Schäfer vergleicht Kartelle in der Wirtschaft mit denen in der Politik. Üblicherweise werden Kartelle definiert als wettbewerbsbeschränkende Absprachen von Marktteilnehmern. Sie sind in allen wettbewerblich organisierten Gesellschaften verboten, wenn sie Dritte schädigen. Dieses Verbot bezieht sich bekanntlich aber nur auf »ökonomische« Kartelle, also auf Unternehmen. Der Sinn des Kartellverbots liegt in der Verhinderung der Schädigung Dritter, die von den Absprachen negativ betroffen sind, zum Beispiel, indem sie als Nachfrager höhere Preise zahlen müssen als bei funktionierendem Wettbewerb.

Das gegenwärtige Währungsszenario in Europa ist Schäfer zufolge allerdings »dazu angetan, das Problem der Existenz politischer Kartelle in den Fokus zu nehmen. Auch hier kann es eine Schädigung Dritter, zum Beispiel der deutschen oder europäischen Steuerzahler, geben, die durch europaweite Absprachen politischer Funktionsträger entsteht. Da die ökonomischen Schäden politischer Kartelle mindestens ebenso groß sind oder sogar größer sein können als die der ökonomischen Kartelle, darf man es nicht von vornherein ablehnen, auch bei ihnen über die Frage eines grundsätzlichen Kartellverbots nachzudenken.«

Bisher gälten Absprachen zwischen Politikern »als gemein-wohlorientiert und für die Bürger wohlstandsfördernd. Das entspricht aber nicht der Realität, denn die Neue Politische Ökonomie zeigt auf – und die empirische Erfahrung bestätigt dies täglich –, dass Politiker prinzipiell ebenso eigennutzorientiert handeln wie alle anderen Menschen auch. Zum Beispiel geht es Politikern darum, ihre Macht und ihr Amt zu sichern und damit ihr Einkommen und ihr Ansehen.«

Wolf Schäfer gemäß sieht folglich die Wahrheit anders aus: »Das Politikkartell verlagert das Risiko der Banken auf die Steuerzahler … Das politische Kartell zur ›Rettung des Euro, koste es, was es wolle‹, ist etabliert: auf wessen Kosten? ›Schutz-schirme‹ gigantischen Ausmaßes, die im Falle Griechenlands beinahe täglich um zig Milliarden größer wurden, um danach weiter zu explodieren, wurden verabredet. Denn, so das Mantra der EU-Klasse: ›Wenn der Euro zerbricht, zerbricht Europa.‹ Wieso eigentlich? Aus Sicht der Kanzlerin sind die Rettungs-schirme, also die Haftungsübernahme für überschuldete Euro-Staaten, alternativlos. Wieso denn: Sind geordnete Umschul-dungs- und Staateninsolvenzverfahren keine Alternative?«

Diese Situation ist Schäfer zufolge entstanden, »weil das andere Kartell, die Gläubigerbanken, sich gegenüber dem europäischen Politikkartell hat durchsetzen können, das kleine Griechenland als systemisches Risiko für die Eurozone zu klassifizieren. Das europäische Politikkartell wiederum hat es daraufhin geschafft, den Tabubruch der Aufhebung der politischen Unabhängigkeit der EZB durchzusetzen. Auf politischen Druck hin hat sie be-schlossen, den Banken die griechischen und andere Schrottpa-piere abzukaufen. Damit verlagert das Politikkartell das Gläubi-gerrisiko der Geschäftsbanken letztlich auf die Steuerzahler. Diese sind zwar empört, doch weil die Millionen Bürger sehr he-terogene Präferenzen haben, schaffen sie es nicht, politischen Widerstand aufzubauen und ein (Gegen-)Kartell zu bilden.«

Schäfer schließt daraus: »Das europäische Kartell der Politik inszeniert diese Strategie durch fundamentalen Bruch mit Geist und Buchstaben des Lissabon-Vertrages.« Die No-bail-out-Regel[359] verkörpere »die Gegenphilosophie zur politischen Kartellbildung in Europa: Jedes Land sollte für seine Schulden selbst verantwortlich sein, mithin auch für ein eigenes potenzielles Insolvenzverfahren. Das hätte geheißen: Keine politischen Absprachen zu Lasten Dritter mit der Begründung ›systemischer‹ Risiken. Diese Regel gilt nun aber nicht mehr, weil die politische Klasse Europas sich abgesprochen hat, die von ihr aufgetürmten nationalen Schuldenberge als ›systemische‹ Risiken für den Euro zu deklarieren. ›Systemisch‹ bricht alle Grundsätze der Eigenverantwortlichkeit und öffnet die Schleusen zur politischen Kartellbildung zum Zwecke der Verantwortungsabwälzung auf die Steuerbürger.« Und gerade dadurch sei das Ganze »geradezu eine Einladung an die Spekulation zur Gegenwette«.

Und Schäfer fragt: »Was tun gegen politische Kartelle, die Dritte schädigen? Insbesondere gegen diejenigen, die in Europa ihr selbst gesetztes Verbot (no bail out) außer Kraft setzen? Die Lösung liegt vor allem bei den Geschädigten, den Steuerbürgern: Der Ruf nach direktdemokratischer Mitsprache, nach Volksabstimmungen, und die Gründung neuer politischer (Protest-)Gruppen inner- und außerhalb der etablierten Parteien könnten zunehmen.«[360]

Schäfer bringt das auf den Punkt, was wir schon immer geahnt haben: Die PIIGS-Staaten waren gar nicht »notleidend«; ihre Bürger waren nicht so faul und lebten auch nicht »über ihre Verhältnisse«. Vielmehr hat sich das Kartell der Großen einige Opfer »ausgeguckt«, um deren Bürgern und denen ihrer eigenen Länder hemmungslos das Geld aus der Tasche zu ziehen. Wo dieses Geld hinwandert, kann man mühelos jeder Statistik über die Vermögenszuwächse der Superreichen und den Aktienkursen und Bilanzen der Großkonzerne entnehmen. Und angesichts der statistisch nachweisbaren Tatsachen und mit gesundem Menschenverstand nachvollziehbaren Entwicklungen kann man jene Schlussfolgerungen integrer Wissenschaftler nicht ganz von der Hand weisen, die von halbkriminellen neoliberalen Banden als »Verschwörungstheorie« belächelt werden.

Nach deren Logik aber ist ja auch die Unterstützung Adolf Hitlers durch das Großkapital wie durch NSDAP-Mitglied Fritz Thyssen[361] eine »Verschwörungstheorie«. Nicht die heutigen Sozialkritiker saßen nach dem Zweiten Weltkrieg als Kriegsverbrecher im Gefängnis, sondern Typen wie Alfried Krupp von Bohlen und Halbach, bereits seit 1931 förderndes Mitglied der SS, seit 1935 Mitglied des Nationalsozialistischen Fliegerkorps, wo er zuletzt den Rang eines Standartenführers innehatte. Ab 1938 war Alfried Krupp von Bohlen und Halbach Mitglied in der NSDAP. 1937 wurde er – ebenso wie sein Vater – zum Wehrwirtschaftsführer ernannt. Zudem war er Stellvertreter seines Vaters in dessen Funktion als Kuratoriumsvorsitzender der Adolf-Hitler-Spende der deutschen Wirtschaft. Er war 1941 Mitbegründer und anschließend Präsidiumsmitglied der Reichsvereinigung Kohle und ab 1942 stellvertretender Vorsitzender der Reichsvereinigung Eisen. Außerdem war er Beiratsmitglied der Ausfuhrgemeinschaft für Kriegsgerät, Mitglied des Rüstungsrats beim Reichsminister für Rüstung und Kriegsproduktion sowie Mitglied des Verwaltungsrats der Berg- und Hüttenwerksgesellschaft Ost mbH (BHO). Nach Kriegsbeginn war er für die Demontage von Betrieben in den besetzten Gebieten und deren Wiederaufbau im Deutschen Reich verantwortlich.[362]

Genau dies – die schamlose Erpressung und Ausplünderung fremder Völker – wird heute von den physischen oder geistigen Nazi-Erben fortgesetzt – wenn auch in ungleich harmloserer Form.

11 Allheilmittel Marktradikalismus

Als Modell klingt die völlig freie Marktwirtschaft durchaus plausibel. Aber ebenso plausibel klingt die These, dass ein Bundesligaclub unweigerlich deutscher Meister wird, wenn dessen Torwart in 34 Spielen keinen einzigen Gegentreffer zulässt und dessen Stürmer jede Chance zu einem Tor machen. Auf ähnlich »realistischen« Annahmen basiert das marktradikale Modell.

Freie Marktwirtschaft funktioniert, wenn ... Der Mensch als Egoist

So allgemein gesagt, ist das banal. Ob Urlaubsziel oder Klamotten, Freundeskreis oder Job, Musik-CD oder Wohngegend: Jeder erstrebt das, was ihm am meisten zusagt (das nötige Kleingeld vorausgesetzt). Der Neoliberale aber macht aus diesem tatsächlich rational handelnden Menschen einen hemmungslosen Raffke und erklärt alle für »bekloppt«, die sich sozial, solidarisch, eben »uneigennützig« verhalten. Nun zeigt aber die Wirklichkeit den Normalbürger keineswegs als gierigen Nimmersatt. Die enormen Spenden für Opfer von Naturkatastrophen sprechen ebenso für sich wie die überquellenden Regale der Fundbüros.

Das Modell des Adam Smith: Lizenz zur Habsucht?

Ähnlich wie Christen die Zehn Gebote zitieren Neoliberale den Marktwirtschaftspapst Adam Smith: »Nicht vom Wohlwollen des Fleischers, Brauers oder Bäckers erwarten wir unsere Mahlzeiten, sondern von ihrer Bedachtnahme auf ihr eigenes Interesse. Wir wenden uns nicht an ihre Humanität, sondern an ihren Egoismus …«[363] Allerdings schrieb Adam Smith außer dem hier zitierten Werk *Der Reichtum der Nationen* auch das Werk *Theorie der ethischen Gefühle,* das ihn mit seinem Beharren auf die »abendländische Solidaritätsmoral« als Kronzeugen für skrupellose Absahner unbrauchbar macht, hatte es doch »verbreitete Klischeebilder von Smith als Vater eines einseitig mechanistischen und profitorientierten Wirtschaftsliberalismus überzeugend widerlegt«.[364] Dass Smith den Widerspruch von Eigennutz und Moral letztlich nicht überzeugend auflösen konnte, nennt die Wissenschaft »Adam-Smith-Problem«.

Nicht einmal sein eigennütziger Modellbäcker backt Brötchen aus angeborener Profitgier, sondern weil er das Geld zum Kaufen von Waren braucht: Für seine Bäckerei ebenso wie für den Lebensunterhalt. Da der Bäcker aber Konkurrenten hat, muss er höchste Qualität möglichst preiswert verkaufen. Und da es für *jedes* Produkt mehrere Anbieter gibt, verbessert die freie Konkurrenz eigennütziger Anbieter unterm Strich unaufhörlich das Gemeinwohl, und bei globaler freier Konkurrenz gilt dies für die gesamte Menschheit.

Nun ist die Realität zwar genauso simpel, allerdings ein wenig profaner als die wunderbare Welt des Adam Smith: Der Kunde kauft die Ware oder Dienstleistung nämlich nicht, weil sie einen Nutzen *hat*, sondern weil er sich einen Nutzen *verspricht*. Folglich muss der Anbieter »Spitzenqualität zu fairen Preisen« nicht *liefern*, sondern *vortäuschen*. »Mehr scheinen als sein«, lautet das durch die immensen Werbeausgaben bewiesene Motto. Das Produkt muss mehr scheinen als sein. Während die Qualität vor allem durch irreführende, fehlende oder falsche Produktangaben vorgegaukelt wird – die Verbraucherschützer haben alle Hände voll zu tun –, täuscht man günstige Preise vor, indem man sie unvergleichbar macht. An der Wursttheke eines Supermarkts findet man Päckchen zu 112, 90, 85, 72 oder auch 68 Gramm, und wer macht sich schon die Mühe, die gesetzlich vorgeschriebenen, aber winzig klein gedruckten Kilopreise zu suchen?

Fälle wie dieser vergrößern den Abstand zwischen möglicher und wirklicher Qualität immer mehr. Dass die »Kaufmannsehre« des Adam Smith die Ausnahme, dagegen das Sparen an geeignetem Rohmaterial, qualifiziertem Personal und Sicherheitsstandards der Normalfall ist, kommt von Zeit zu Zeit durch Skandale wie die um Gammelfleisch, unqualifiziertes Pflegepersonal oder Bahnkatastrophen ans Tageslicht.

Auch der unwürdige und erpresserische Umgang mit Mitarbeitern, Zulieferern und Endverkäufern wird zuweilen durch Affären wie die Bespitzelung des eigenen Personals, die Nötigung kleiner Landwirte durch Lebensmittelketten oder das Mobbing von Subunternehmern bekannt. Der »rationale Anbieter« ist also häufig weniger »ehrbarer Kaufmann« als skrupelloser Ganove, womit eigentlich schon die freie Marktwirtschaft als »Erfolgsmodell« widerlegt ist.

Wie informiert ist der Käufer?

In der neoliberalen Theorie gibt es aber auch noch den umfassend informierten Verbraucher, dem eine Schlüsselstellung zukommt. Er vergleicht akribisch das Angebot, kauft keine mindere Qualität und zahlt stets nur den günstigsten Preis, weshalb sich durch die Konkurrenz nur das Beste vom Besten durchsetzen und somit der freien Marktwirtschaft ein ewiges Leben beschieden sein müsste. Allerdings ist dieser allwissende kritische Kunde unter den gegenwärtigen Bedingungen natürlich eine Utopie, gegen die der Hollywood-Renner *Superman* wie eine Dokumentation wirkt.

Selbst wenn man spaßeshalber faire Anbieter unterstellt: Wie soll ein Kunde zum Beispiel unter zig Sorten Salami, Gouda, Kaffee, Waschmittel, Feuchtigkeitscreme, Haarfestiger, Hometrainer und Möbelpolitur »kompetent und kritisch« abwägen – möglichst noch anhand einer Preis-Leistungs-Analyse? Und sollen selbst solche idealen Superkunden die tägliche Schnäppchenjagd auf zehn Supermärkte und 30 Kilometer ausdehnen und wie im Modell die Fahrtkosten von der Ersparnis abziehen? Abgesehen davon, dass dies ein Fulltimejob wäre, der sogar die Profis der Stiftung Warentest überfordern dürfte: Im wirklichen Leben erfährt der Verbraucher nur von jenem winzigen Bruchteil der für ihn interessanten Angebote, dessen Werbung er zufällig sieht oder wenn das Produkt zufällig in »seinem« Supermarkt angeboten wird. Aber aller Wahrscheinlichkeit nach würde er das ihm von den Wirtschaftsmathematikern bis auf zehn Kommastellen berechnete ideale Produkt selbst dann nicht einmal erkennen, wenn man es ihm in den Einkaufswagen legen würde. Der allseitig informierte Kunde entlarvt sich als reines Wunschdenken.

Die Marke zählt, nicht das Produkt

Zu diesem Wolkenkuckucksheim der Marktwirtschaft passt auch, dass viele Produkte wegen eines Nutzens gekauft werden, der mit dem eigentlichen Gebrauchswert nichts zu tun hat.

»Ein Produkt entsteht in der Fabrik, der Kunde aber kauft eine *Marke*«, sagen die Marketingprofis.[365] Teure Markenartikel bedeuten schließlich Sozialprestige, und zwar schon von der Grundschule an. Die Albernheit des Markendünkels zeigt sich daran, dass viele identische Produkte desselben Herstellers als teure Nobelmarken und als spottbillige No-Names verkauft werden.[366] Dies gilt auch für jene ans Idiotische grenzende Werbung, nach der zum Beispiel das Anbieten von irgendeinem Knabberkram aus einer schüchternen grauen Maus den umschwärmten Mittelpunkt einer Clique macht, der das andere Geschlecht plötzlich mühelos »in die Kiste kriegt«. Aber so absurd es klingt: Einige wenige entwickeln allein durch den Kauf bestimmter Schokoriegel oder Parfüms tatsächlich ein enormes Selbstbewusstsein; sie fühlen sich wie Angelina Jolie oder George Clooney. Andererseits gilt hier dasselbe wie für Placebos: Manchmal helfen sie ja wirklich, weil die Patienten an ihre Heilkraft glauben.

Wir sahen eben, dass es den perfekt durchblickenden Verbraucher nicht gibt. Aber stimmt denn wenigstens, dass *grundsätzlich* alles produziert wird, für das eine Nachfrage besteht? Die Alltagsrealität zeigt uns: nur wenn die Kasse stimmt, wie BR-online am Beispiel des aus Zuckerrüben gewonnenen erdölfreien Ölersatzstoffes Polylactid demonstriert, der bereits heute in der Chirurgie und in der Landwirtschaft genutzt wird. Die Textilindustrie könnte den Stoff auch verwenden, zum Beispiel für Jeans. Aber »noch ist ihre Produktion zu teuer und für den Markt nicht rentabel«.[367]

»Das Kapital schafft sich seine Nachfrage selbst«, schrieb der französische Ökonom Say bereits im Jahre 1803.[368] Während also echte Bedürfnisse aus Kostengründen nicht befriedigt werden, redet die Wirtschaft den Menschen angebliche Bedürfnisse ein – oft mittels gigantischer Werbekampagnen, die nicht selten die Produktionskosten übersteigen. Oder hätte irgendein Kind ohne die an Belästigung grenzende Werbung das unersättliche Verlangen nach fett machendem Fraß und harten Drinks verspürt?

Besonders abstoßend ist das Spiel mit der Angst der Menschen um ihre Gesundheit. »Systematisch erfinden Pharmafirmen und Ärzte neue Krankheiten«, stellte der *Spiegel* schon im Jahre 2003 fest: »Darmrumoren, sexuelle Unlust oder Wechseljahre – mit subtilen Marketingtricks werden Phänomene des normalen Lebens als krankhaft dargestellt. Die Behandlung von Gesunden sichert das Wachstum der Medizinindustrie.«[369] Nach deren Logik nämlich sind zum Beispiel Menschen, die arglos Medikamente gegen frei erfundene Krankheiten kaufen, rationale Verbraucher, und die »kreativen« Anbieter befriedigen in Wahrheit nur eine dringende Nachfrage.

Durch die rosarote Brille der Neoliberalen betrachtet, handeln aber die gutgläubigen Käufer ebenso überteuerter wie überflüssiger Mittelchen gegen erfundene Krankheiten »rational«, und die Hersteller und Händler bieten lediglich an, wonach der Kunde verlangt. Dass Euroland abgebrannt ist, bezieht sich also keineswegs nur auf das rein Finanzielle, sondern auch auf die Lebensqualität. Dummerweise hängt in der Marktwirtschaft beides miteinander zusammen. Schon Karl Marx wies auf den »Doppelcharakter der Ware« hin. Einerseits muss sie einen Gebrauchswert haben, anderseits kostet sie Geld.[370] Bei den Zahlen der Staatsverschuldung spielt es keine Rolle, ob der Staat für Schwerter oder Pflugscharen Geld ausgibt, für Rüstung oder Bildung, ob er Kindergärten bauen lässt oder Steuergeschenke für Hoteliers auslobt; und die neoliberalen Finanzpolitiker interessiert das auch nicht weiter. Den Bürger dagegen schon. Ihm ist es nicht egal, wenn verkommenen Börsenzockern ihre zig Milliarden an Schulden zuzüglich ihrer millionenschweren Versagerprämien (»Boni«) und Aktiendividenden von seinen Steuergeldern ersetzt werden, während sein eigenes hart erarbeitetes Geld weder für einen Ostseeurlaub noch für ein überfälliges neues Auto, oft nicht einmal für neue Kleidung und Weihnachtsgeschenke für die Kinder reicht.

Noch jenseitiger aber wird es, wenn die Bundesregierung ihr Misserfolgsrezept »Sparpaket« den anderen Euroländern aufzwingt. Eine Kanzlerin, die im Gegensatz zu jedem 16-jährigen Gymnasiasten anscheinend nicht einmal den Unterschied zwischen brutto und netto kennt[371], ein Jurist als Finanzminister, der vermutlich nie eine einzige VWL-Vorlesung besucht und seine ökonomischen Kenntnisse womöglich aus dem Wirtschaftsteil des *Schwarzwälder Boten* und der SAT.1-Bildungssendung *Galileo* bezieht, ein Wirtschaftsminister, der offen bekennt: »Ich bin stolz, ein Neoliberaler zu sein«[372], ein Verteidigungsminister, der sein Fachgebiet vielleicht aus *Landser*-Heften oder einem Karatekurs kennen mag ... Kaum einer von unseren politisch Verantwortlichen hat eine auch nur halbwegs fundierte Kenntnis von seinem Fachgebiet. Unvergessen ist der Spruch der Politologin und ehemaligen Staatssekretärin im Bundesgesundheitsministerium, Marion Caspers-Merk (SPD). Auf die Frage, ob sie genau wisse, was der Risikostrukturausgleich ist, antwortete sie: »Nein, das weiß ich nicht. Ich muss es auch nicht wissen, denn ich kann Politik!«[373] Hinzu kommt eine Jugend, die laut Pisa infolge von Analphabetismus mit drei Kreuzen unterschreiben muss. Und auf dieser Grundlage will Deutschland ein Vorbild für alle anderen Eurostaaten sein? Da könnte auch ein Mensch, in dessen Wohnung sich Kakerlaken-Kolonien häuslich eingerichtet haben, Vorträge über Hygiene halten.

Die Religion der »unsichtbaren Hand«

Ungeachtet der Realität halten die Neoliberalen am Glauben an die »unsichtbare Hand« des Adam Smith, die über den freien Markt der Menschheit das Paradies auf Erden beschert, so beharrlich fest wie einige verbohrte Christen an der Schwangerschaft der Jungfrau Maria. Das heilbringende Wirken der freien Konkurrenz als »unsichtbare Hand« kann man zum Beispiel an Helmut Kohls »blühenden Landschaften« des Ostens überprüfen. Auf dem Reißbrett neoliberaler Volkswirte führt nämlich die ungehemmte Marktwirtschaft zur »optimalen Ressourcen-

Allokation« – alle Produktionsmittel und Arbeitskräfte landen automatisch dort, wo sie gebraucht werden. Folglich müssten die Problemregionen im Osten und im Westen ein regelrechtes Überangebot an Investoren, Arbeitsplätzen, Lehrern, Ärzten und Jugendclubs haben. Haben sie aber nicht, im Gegenteil. Dies liegt aber natürlich nicht am Marktradikalismus. Dessen Propagandisten argumentieren: Der Mensch kann 30 Tonnen stemmen. Schafft er es nicht, ist menschliches Versagen in Form von falscher Ernährung schuld.

»Frechheit siegt« ist ein Wesensmerkmal des Neoliberalismus – muss es auch sein, wo doch bis in die letzten Ecken, Nischen und Ritzen unserer Gesellschaft das Marktversagen als Dauerzustand immer mehr Bürgern erkennbar wird. Es sind eben nicht Hunderttausende von Einzelfällen, sondern das System selbst ist fehlerhaft. Wissenschaftler von Karl Marx bis John Maynard Keynes haben Smith' idyllische »kleine Bäckerei am Ende der Straße« längst ihres kitschig idyllischen Charismas entkleidet und aufgedeckt, dass der Kaiser Neoliberalismus keine neuen Kleider hat, sondern nackt ist. Das »Marktversagen« nämlich – sprich: Konjunkturzyklus und Krise – gehört zur Marktwirtschaft wie das Wasser zum Meer. Alle Jahre wieder übersteigt das mögliche Angebot die zahlungskräftige Nachfrage. Diese Nachfrage soll nach Keynes der Staat durch öffentliche Investitionen übernehmen.

Bei der Immobilienkrise hingegen versuchte das Kapital den Krisenzyklus auszutricksen, und zwar durch absehbar »faule« Kredite und eine private Konsumnachfrage auf Pump. So finanzierten viele sozial schwache US-Bürger ihr gesamtes Leben mit Schulden, die sie nie würden zurückzahlen können. Da den Banken dies klar war, versicherten sie die Ausfälle bei anderen Instituten, und diese taten es wiederum bei nochmals anderen. Das Ausfallrisiko gab man – gegen eine Versicherungsprämie – immer weiter und weiter. Und wären die ursprünglichen Kredite nicht geplatzt, würden die Banken sich noch heute dumm und dämlich verdienen.

Aber es handelt sich nicht um Tagträume à la Rosamunde Pilcher und Adam Smith wo es stets ein wundersames Happy End gibt, eher schon um Problemstücke à la John Grisham und John Maynard Keynes. Vielmehr ist das System selbst die Wurzel allen Übels, und das lässt sich nicht so einfach weglügen.

Da hilft nur noch eins: den Neoliberalismus, angetreten als des Rationalismus letzter Schluss, allem logischen Denken zu entziehen und als eine Art Konkurrenzreligion zum Christentum und dessen »unerforschlichem Ratschluss des Herrn« zu verkaufen. So schreibt Laienprediger Friedrich August von Hayek: »Das System funktioniert unter der Bedingung, dass der Einzelne bereit und willig sein muss, sich Änderungen anzupassen und Konventionen zu unterwerfen, die nicht das Ergebnis vernünftigen Planens sind … und deren Ursachen vielleicht niemand versteht.«[374] Man glaubt es kaum: Drei Jahrhunderte nach Beginn der Aufklärung will die neoliberale Gegenaufklärung mit allen Mitteln das Ziel des politisch informierten mündigen Bürgers zerstören und es durch die Vision des einerseits habgierigen, andererseits dumpfen und machtlosen Objekts der Launen der Marktgesetze ersetzen.[375]

Überhaupt ist Hayek offenbar jede Art von Aberglauben und Hokuspokus willkommen, solange er nur den Verstand vernebelt. In seinem Werk *Die überschätzte Vernunft* preist er die Religionen deshalb als entscheidend für die menschliche Evolution, weil ihre Selektion ihm zufolge gerade nicht durch rationale Argumente erfolgt, sondern durch Überlieferung religiösen Glaubens und seiner Anpassung an die Umwelt. Und damit auch alles schön mystisch bleibt, kämpft er gegen ein Religionsmonopol und für Glaubensfreiheit und Konkurrenz der Religionen als Pfeiler des Liberalismus.

Erinnert man sich dann noch an seinen Spott über das Wort

sozial, so wird klar, warum Angela Merkel in einem Kommentar für die *Financial Times Deutschland* schreibt: »Friedrich August von Hayek hat die geistigen Grundlagen der freiheitlichen Gesellschaft im Kampf gegen staatlichen Interventionismus und Diktatur herausgearbeitet. In der Globalisierungsdebatte sind seine Ideen hoch aktuell.«[376]

Bei so viel Marktanbetung fragt sich der vertrauensselige Bürger, warum sich gerade neoliberale Frontkämpfer gegenüber dem Staat ähnlich gebärden wie der scheinselbständige Sprössling, der sich jegliche Einmischung der Eltern streng verbittet und doch pausenlos nach Papas Scheck schreit. Auf dem Höhepunkt der globalen Finanzkrise rief ausgerechnet Vorzeigemanager Josef Ackermann im März 2008 nach dem Staat, als die Selbstheilungskräfte des glorreichen Marktes nicht mehr ausreichten.[377] Prompt spielte sein Gesinnungsgenosse, der damalige Bundeswirtschaftsminister Michael Glos, den Überraschten, obwohl fast zeitgleich beim Geschrei um die Schließung des Bochumer Nokia-Werkes herauskam, dass der finnische Weltkonzern 60 Millionen Euro an Subventionen abgegriffen hatte. Überhaupt gibt es so gut wie keine Branche, die nicht mehr oder minder am Tropf des ungeliebten Staates hängt – so macht »freie« Marktwirtschaft natürlich Spaß.

Auch der Börsianer und Bestsellerautor Dirk Müller meint, eine wirklich freie Marktwirtschaft habe es bei uns nie gegeben: »Unser Wirtschaftssystem und das politische System der westlichen Welt werden von einigen überschaubaren Gruppen geplant, überwacht und gelenkt. Ob Sie diese Gruppierungen jetzt als Finanzelite, Wirtschaftsaristokratie oder Finanzmafia bezeichnen, überlasse ich Ihrer Phantasie.« Und Müller, den wohl noch niemand als linksradikalen Verschwörungstheoretiker beschimpft hat, kommt zu dem Schluss: »Manipulation und Einflussnahme sind allgegenwärtig und halten unser zum Zusammenbruch bestimmtes System mindestens seit den achtziger

Jahren am Leben.« Unser Wirtschaftssystem werde »kollabieren. So wie alle Systeme, die auf Zins und Zinseszins beruhen, in den vergangenen Jahrtausenden kollabieren mussten.«[378]
Was dem Börsianer Dirk Müller allerdings vorschwebt, ist ein System wie in China, »das in Bezug auf die wirtschaftliche Entwicklung ungeheure Vorteile gegenüber unserem parlamentarischen System hat«, weil sich bei uns die Politiker nach den Wählern richten müssen. Ebenfalls sind ihm Umwelt- und Naturschutz sowie demokratische Genehmigungsverfahren ein Dorn im Auge, zum Beispiel beim Bau einer Landebahn: »Deutschland: … Antragstellung, Bürgerbegehren, Lärmschutzanalysen … zwei Jahre später: … Bund für Umweltschutz findet eine seltene Krötenart im Planungsgebiet. Baustopp.« Wie wohltuend dagegen die Diktatur im Reich der Mitte: »China: Ein neuer Flughafen? Bauen wir.« Wenn Müller zwischendurch erwähnt: »Ich will keineswegs unser demokratisches System in Frage stellen«, dann erinnert das an den Rassistenspruch: »Ich habe gar nichts gegen Ausländer.« Aber es geht ja weiter: »Selbst die vielen Arbeitslosen, Armen und Wanderarbeiter sind im chinesischen System ein großer Vorteil.« Die einen wollen um jeden Preis und für jeden Lohn einen Job, die anderen verteidigen ihren Arbeitsplatz bis aufs Messer und arbeiten dafür bis zur Erschöpfung. »Solange es also eine große Schar Arbeitsloser und Mittelloser gibt, so lange wird die Leistungsbereitschaft aller Bürger auf Höchsttouren laufen.«
Bemerkenswert ist: Obwohl Hayeks »Unsichtbare Hand« und das chinesische Modell entgegengesetzte Ausgangspunkte haben – hier gar keine, dort massivste Einmischung des Staates in die Wirtschaft –, sind die Resultate für das Volk doch nahezu identisch: hohe Arbeitslosigkeit, niedrigste Löhne, kein Kündigungs- und Arbeitsschutz, so gut wie keine Maßnahmen zur Bewahrung von Natur und Umwelt. Jeder humanistisch ge-

sinnte und im Sozialstaat aufgewachsene Bürger fasst sich an den Kopf, wie man die Wirtschaft und die Lebensbedingungen des Volkes – von dem laut Grundgesetz ja alle Gewalt ausgeht – getrennt voneinander bewerten kann.

Es handelt sich eben weder um gleichwertige Aspekte noch um eine Einerseits-anderseits-Situation, und folglich muss man auch keinen »Kompromiss« finden zwischen den Traumrenditen der Superreichen und dem Existenzminimum der Armen. Der Staat muss nicht »abwägen« zwischen dem Bau eines Golfplatzes und dem eines Schwimmbads: Ebenso wenig hat er zu entscheiden zwischen der kostenlosen Schulspeisung und einer Steuersenkung für die Wohlhabenden. Dass er es dennoch tut und sich stets zugunsten der Reichen entscheidet – man denke nur an die Vermögens- und Erbschaftssteuer –, ist eine andere Frage.

Die unverbesserlichen Ignoranten

Man kann sich nur noch verwundert die Augen reiben, wie die Großen der EU den »Pleitestaaten« jenes wirtschaftsliberale System aufzwingen wollen, das soeben eine internationale Finanz- und Wirtschaftskrise verursacht hat und in dem skrupellose Banken, Spekulanten und ihre Rating-Agenturen als zwangsläufige Bestandteile der westlichen Marktwirtschaften die eigentlichen Regeln diktieren und die Zukunft ganzer Völker bestimmen. Nach Kanzlerin Angela Merkel und Frankreichs Staatspräsident Nicolas Sarkozy fordert nun auch der französische EZB-Chef Jean-Claude Trichet, gegen den von 2000 bis 2003 wegen Falschaussage in einem Prozess um die mittlerweile privatisierte Bank Crédit Lyonnais ermittelt wurde[379], einen schärferen Stabilitätspakt. »Wir brauchen einen Quantensprung.« Haushaltssünder sollen hart bestraft werden, beispielsweise mit dem Entzug von Stimmrechten. »Euro-Falken knöpfen sich die Schwachen vor«, urteilte *Spiegel Online*.[380] Es ist schon witzig, welche Regierungen und Einrichtungen die ärmeren Länder im Sinne ihrer Gönner und Mäzene aussaugen wollen. Die EZB garantierte erst kürzlich durch den Aufkauf von Schrottanleihen die Wucherzinsen der Großbanken, Heuschrecken und anderer Währungsspekulanten. Und Deutschland kann ebenso wie Frankreich in Sachen Korruption niemand so leicht das Wasser reichen. Wir hatten jede Menge Flick-, Klüngel- und Parteispendenskandale, die Franzosen die Bestechungsaffäre des damaligen Staatskonzerns Elf Aquitaine. Am 29. Januar 2003 wurde dessen ehemaliger Chef Loïk Le Floch-Prigent zu 30 Monaten Gefängnis und einer Geldstrafe von zwei Millionen Franc verurteilt. Am 12. November 2003 erhielt er noch einmal fünf Jahre und eine Geldstrafe von 375 000 Euro. Dagegen legte er keine Berufung ein. Am 8. April 2004 wurde er aus »gesundheitlichen Gründen« entlassen.[381]

Wem wollen – und müssen – es die Regierungen Portugals, Irlands, Italiens, Griechenlands und Spaniens denn recht machen? Ihrer eigenen Bevölkerung? Höchstens in Form von Wahlkampflügen und »Sachzwang«-Märchen – schließlich wollen sie ja wiedergewählt werden und das Volk nicht bis zum Aufstand reizen. Den Superreichen und der Wirtschaft? Einmal abgesehen von der Abhängigkeit der Politik von »Parteispenden«, geht es ja tatsächlich »dem Volk nur gut, wenn es der Wirtschaft gutgeht«, was dem Institut für Demoskopie Allensbach zufolge allerdings nur noch 27 Prozent der Deutschen glauben.[382] Entscheidend sind – vor allem in ihrem Zusammenspiel – Banken und andere Spekulanten sowie die Rater. Ein Land gilt nicht dann als gesund, wenn die Bürger Freude am Leben, Arbeit und erträgliche Einkommen haben, sondern wenn es als Freiwild für »Investoren« und Spekulanten von den Agenturen gut bewertet wird. Bei – meist willkürlicher –

Abwertung droht die Katastrophe. Die Staaten müssen also um »das Vertrauen der Investoren« buhlen. Und deren Gunst gewinnt man umso eher, je bessere Möglichkeiten man den Großkonzernen für freies und von lästigen Sozialgesetzen befreites Schalten und Walten schafft, von den bestmöglichen Chancen auf leistungslose Maximalprofite für die Banken ganz zu schweigen. Eine wichtige Rolle spielt dabei stets die Ausplünderung der Bevölkerung. Fast könnte man meinen, manche Spekulanten und neoliberale Politiker hätten ihren Karl Marx gelernt: Mehrwert, der dann als Profitbeute zur Verfügung steht, wird nämlich nicht im Finanzsektor und schon gar nicht von Spekulanten geschaffen, sondern von Millionen und weltweit Milliarden ehrlich arbeitender Menschen. Denkt man sich für einen Augenblick die marktwirtschaftliche Finanzbranche weg, so würde sich die Bevölkerung – wie nach den Weltkriegen und Naturkatastrophen des vergangenen Jahrhunderts – zwar kärglich durchschlagen, aber die Wirtschaft würde weiterexistieren. Denkt man sich dagegen die Bevölkerung weg, so würden die Genies der Banken und Börsen vermutlich keine sechs Monate überleben: Wie zum Teufel baut man Kartoffeln an, züchtet Hühner und Schweine? Wie backt man Brot, melkt Kühe und repariert oder baut Kühlschränke? Wie mauert man ein Haus, errichtet und entsorgt eine Kanalisation oder näht Kleidungsstücke? Was unternimmt man bei Herzinfarkt, Lungenentzündung oder Bandscheibenvorfall? Ebenso im Bereich Mobilität und Kommunikation: Es gäbe weder Autos noch Flugzeuge, ja nicht einmal Fahrräder oder Schubkarren – kein Internet, kein Telefon, weder Fernsehen noch Radio, auch keine Printmedien. So ein Managerjüngelchen würde sich vermutlich eher die Finger einklemmen, als eine einzige Zeitungsseite zu drucken. Wie bastelt man mangels Elektrizität und Gas eine Petroleumlampe oder dreht wenigstens Kerzen? Und überhaupt: Wie macht man eigentlich Feuer? Diese Spezies Mensch würde ohne das Volk nicht einmal Steinzeitniveau erreichen. »Zu dumm, einen Eimer Wasser auszukippen«, nennt dies der Volksmund.

Das wissen natürlich auch die Herrschenden, und deshalb muss die Bevölkerung durch »Sparpakete« und ähnliche unsoziale Maßnahmen dazu genötigt werden, jene Reichtümer zu schaffen, die sie dann unter sich aufteilen oder verzocken können. In diesem Zusammenhang werden die Reichen und Mächtigen häufig als »Parasiten« bezeichnet. Also lesen wir mal, wie Leute vom Fach, die Apothekerinnen, den Begriff erklären:

Parasiten, auch »Schmarotzer« genannt, sind Lebewesen, die ganz oder teilweise auf Kosten eines anderen Organismus, eines Wirtes, leben. Für den Parasiten ist es daher wichtig, den Wirt nicht zu töten, da er für sein eigenes Überleben wichtig ist.[383]

Auch deshalb sind die Reichen und Mächtigen der EU gegenüber den »Problemstaaten« – aber auch generell gegenüber allen Europäern und letztlich der ganzen Weltbevölkerung – in einer gewissen Zwickmühle. Einerseits wollen sie ungehemmt ihrer drogensuchtähnlichen Profitgier nachgehen, anderseits beschleicht sie die Ahnung, den Goldesel nicht schlachten und den Ast nicht absägen zu dürfen, auf dem sie ein – jedenfalls rein materiell – paradiesisches Leben führen. Schon deshalb liegt der Kampf gegen die Arbeitslosigkeit auch in ihrem Interesse; das Volk soll ja für sie ihre Gewinne erschuften, statt letztlich auf »ihre Kosten« dahinzuvegetieren – Superreiche und Großkonzerne rechnen bekanntlich die Steuergelder zu ihrem Privateigentum, und was der Staat für Sozialleistungen ausgibt, fehlt zum Beispiel für ihre Steuergeschenke.

Ebenso wichtig sind Ausbildung und »Bildung«, womit natürlich keine echte humanistische und politische Allgemeinbildung gemeint ist, sondern nur die Fähigkeit, jene Jobs auszuüben, die die Profitgeier gerade benötigen. Gemäß dem *Berufsbildungsbericht 2010* taugt jeder zweite jugendliche Schulabgänger nicht für eine Ausbildung.[384] Dies gilt übrigens auch für den Führungsnachwuchs. Wirtschaftsprofessor Rudolf Hickel nennt heutige BWL-Absolventen »Fuzzis und Systemzwerge«. Der US-Ökonom Robert Kuttner sieht sogar »eine Generation von graduierten Idioten heranwachsen, die über eine Reihe von Techniken verfügen, aber nichts von Ökonomie verstehen«.[385] Fragt man einen BWLer: »Wenn es für zwei Kästen Bier ein Prozent Rabatt gibt und für zehn Kästen 5 Prozent, wie viel Rabatt gibt es dann beim Kauf von 240 Kästen?«, so wird der Betriebswirt antworten: »120 Prozent.« Dieser Kalauer allerdings wird in Betrieben und in der Finanzpolitik in die Realität umgesetzt. »Je mehr Leute man entlässt, desto mehr spart man, und am meisten, wenn man alle entlässt«, sagt der Rationalisierungsexperte. Und auch Kaputtsparprogramme folgen der Logik: »Je größer die Kürzungen bei Sozialleistungen wie Renten und Hartz IV sowie öffentlichen Ausgaben für Schulen und Kitas, desto mehr Geld in der Staatskasse.« Politische Folgen werden ausgeblendet.

Aber zusehends hat man zumindest in den Betrieben von diesen großspurigen Fachidioten die Nase voll, und so wird inzwischen umgedacht: »Wirtschaft will Querdenker«, schrieb die *Frankfurter Allgemeine Zeitung* bereits im Mai 2008. »Geisteswissenschaftler sind in deutschen Unternehmen gefragt. Mit ihrem breiten Wissen, ihrer sozialen Kompetenz und ihrer Fähigkeit, über den Tellerrand hinauszuschauen, sind sie vor allem in global tätigen Unternehmen eine attraktive Alternative zu den vergleichsweise einseitig ausgebildeten BWLern oder Juristen. Geisteswissenschaftler werden in der Wirtschaft vor allem da eingesetzt, wo es auf analytische und kommunikative Kompetenzen ankommt. Dazu gehören Public Relations, Marketing, Vertrieb und Kundenbetreuung, aber auch die EDV.«[386] Natürlich wird man nicht gerade systemkritische Humanisten einstellen, sondern eher karriere- und geldversessene Akademiker, die gerade wegen ihrer unerwünschten Allgemeinbildung lange Zeit als Auslaufmodell galten. Aber anders als die geistig-moralische Unterschicht kennt das Kapital keinerlei Vorurteile, weder gegen Afroamerikaner noch gegen Kopftuchträgerinnen und erst recht nicht gegen Politologen, Soziologen oder Philosophen. Wenn sie zur Profitmehrung beitragen, sind sie herzlich willkommen.

Wer soll das bezahlen, wer hat so viel Geld?

Da stellt sich allerdings die Frage, vor allem in den hoch verschuldeten *PIIGS*-Staaten: Wer *soll* das alles bezahlen? Natürlich die Normal- und Geringverdiener. Die richtige Frage aber ist: Wer *könnte* das bezahlen? Die Antwort ist ebenso einfach wie alt: Die Wohlhabenden, allen voran die Superreichen. Natürlich können die Milliardäre und ihre Politiker das nicht mehr hören – ähnlich wie Leute mit reparaturbedürftigem Gebiss den Rat, zum Zahnarzt zu gehen. Aber durch häufiges Wiederholen werden diese Vorschläge ja nicht falsch.

Selbst die fünf Problemstaaten verfügen über eine vermögende Oberschicht – man denke nur an all die Agnellis, Armanis oder Berlusconis in Italien, die Reeder-Dynastien Griechenlands, die spanischen Ortegas, Portugals de Azevedos oder die irischen Ganleys[387] –, die mit ihren Milliarden und Abermillionen die Staatsschulden fast allein bequem begleichen könnten. »Steuern von den Reichen werden kaum eingetrieben«, heißt es im *Hamburger Abendblatt* über Griechenland, »in den Häfen schaukeln protzige Yachten.«[388]

Die Krise des Euro ist also die Krise der zwangsläufig mit Spe-

kulation, Korruption und Betrug durchsetzten freien Marktwirtschaft. Und dass die wenigen Profiteure sich an ihren leistungslosen Einkommen und Vermögen so verbissen festkrallen
wie ein Zwergpudel an seinem Knochen, versteht sich am Rande. Nur dass der Zwergpudel nicht »geschäftsfähig« ist und niemandem – außer vielleicht den Nerven von Frauchen und Herrchen – wirklich schadet, während der geldgierige Abschaum
offenbar ganze Volkswirtschaften zugrunde richten kann.

Aber es geht auch anders, wie nicht nur das bereits erwähnte
Beispiel Peter Krämer beweist: So appellierten die beiden reichsten Männer der USA, Bill Gates und Warren Buffett, an die
Spendenbereitschaft ihrer wohlhabenden Landsleute. Wer über
große Vermögen verfüge, solle mindestens die Hälfte für wohltätige Zwecke spenden. Buffett, dessen Investmentgesellschaft
Berkshire Hathaway auf 47 Milliarden Dollar (38 Milliarden
Euro) geschätzt wird, übergab bereits 2006 etwa 99 Prozent seines Vermögens an die Bill & Melinda Gates Foundation.[389] Das
Vermögen von Bill Gates wird auf 53 Milliarden Dollar geschätzt.[390] Die gemeinsame Stiftung mit seiner Frau Melinda,
die über ein geschätztes Vermögen von annähernd 29 Milliarden Dollar verfügt, hat bereits etwa 22 Milliarden Dollar für
wohltätige Zwecke gespendet, meist für die Bereitstellung von
Impfstoffen und weitere Gesundheitsprojekte in Entwicklungs-
ländern in Afrika und Asien sowie für Bedürftige in den USA.
Nun sind Buffett und Gates natürlich keine Heiligen, die ihr
gesamtes Hab und Gut an die Armen verschenken – eher im
Gegenteil, beide sind noch immer Multimilliardäre. Aber im
Gegensatz zu den vielen asozialen Milliardenerben hat zumindest Gates mit Microsoft – bei aller Kritik an seinen Geschäfts-
methoden – etwas Geniales und Nützliches geschaffen, das aus
unserem Alltag kaum noch wegzudenken ist. Und natürlich
bleibt die Kritik an dem neoliberalen oder feudalistischen Credo, das die beiden von einem Peter Krämer und dessen Forde-

rung nach mehr *gesetzlich verbindlicher* Beteiligung der Reichen unterscheidet: Wenn die Reichen etwas abgeben, dann freiwillig; das galt schon zu Zeiten Cäsars und Ludwigs XIV. Buffett und Gates gehen zwar mit gutem Beispiel voran, aber sie »appellieren«, statt entsprechende Gesetze zu fordern.

Das eigentlich Entscheidende aber ist die Botschaft: »Im Grunde haben wir genug Geld, um eine Menge davon der Bevölkerung abzugeben.« Und immerhin folgten bereits vier Milliardärsfamilien dem Appell. Morgridge und Edythe Broad erklärten, dass sie 75 Prozent ihres Vermögens – nach Schätzungen von Forbes beträgt es rund 5,7 Milliarden Dollar – zu Lebzeiten und nach ihrem Tod für wohltätige Zwecke zur Verfügung stellen würden.[391] Man stelle sich nur einmal vor, die notleidende Milliardärin Maria-Elisabeth Schaeffler (Continental) wäre in solch ein Treffen hineingeplatzt, hätte mit verheulten Augen ihr Leid geklagt und um Aufnahme in die Liste der Bedürftigen gebeten. Die ethische Grundhaltung der amerikanischen Spender ist ganze Universen entfernt von der plumpen Begründung unserer Politiker für ständige Steuergeschenke an die Reichen: »Die brauchen jeden Cent, um durch ›Investitionen‹ unsere Wirtschaft anzukurbeln.« So wie Klaus Zumwinkel oder Peter Hartz?

12 Was tut die Politik, und was könnte sie tun, wenn sie wollte?

Um zu vertuschen, dass die Regierung die Kosten der Krise allein auf die kleinen Leute abwälzen, die Spekulanten aber in Ruhe lassen will, stellte Finanzminister Wolfgang Schäuble am 2. Juni 2010 ein Gesetz zum Verbot ungedeckter Leerverkäufe und der Kreditausfallversicherungen (CDS) vor.[392] Diese Finanzgeschäfte hatte die BaFin bereits am 18. Mai verboten, insbesondere ungedeckte Leerverkäufe von Anleihen der Eurostaaten. Daraufhin war der Euro mit 1,22 US-Dollar auf den tiefsten Stand seit 2006 gefallen.[393] Kurz darauf rutschte er sogar auf 1,18 US-Dollar.

Kritik am deutschen Alleingang aus EU-Kreisen wies Schäuble zurück: »Nationale Initiativen beschleunigen europäische Regelungen eher, als dass sie sie verhindern.«[394] Aber auch Altkanzler Schmidt zerpflückte das deutsche Vorpreschen. Merkels Versuch, damit das globale Spekulationsgeschäft einzudämmen, sei »zum Schieflachen«, da die Geschäfte dann außerhalb von Deutschland getätigt würden. »Ich hoffe, dass sie weiß, dass es Unfug und wirkungslos ist.«[395] Natürlich wusste die Kanzlerin das; sonst hätte sie nie diese Luftnummer als Vorschlag präsentiert. »Mutige Initiativen« zum Wohlgefallen des gutgläubigen Stimmviehs haben in Deutschland Tradition. So fordert die SPD dann – und nur dann – die Wiedereinführung der Vermögenssteuer, wenn sie ganz sicher sein kann, dass dies weder im Bundestag noch im Bundesrat eine Mehrheit finden kann. Warum fordern die »Spezialdemokraten« nicht gleich einen Mindestlohn von 4000 Euro, Rente ab 25 und Freibier für alle? Nichts anderes war das Verbot der Leerverkäufe. »Der weitaus größte Teil solcher Leerverkäufe findet ohnehin in New York und London statt«, bestätigt Bankenanalyst Konrad Becker von Merck Finck. »Diese Geschäfte können also ungehindert weiterverfolgt werden.«[396]

Das ist symbolische Politik vom Feinsten – so tun, als ob: Gesetze beschließen, die unwahrscheinlich gut klingen, sich aber als völlig wertlos erweisen *müssen*. Es ist wie in einer TV-Spielshow: »Sie haben so viele Mahagoni-Schrankwände gewonnen, wie Sie ohne fremde Hilfe nach Hause tragen können.« Diese Variante symbolischer Politik – das Aufstellen von Forderungen, von denen man schon vorher weiß, dass es dafür keine Mehrheiten geben wird, die aber beim Volk Punkte bringen könnten – ist aber nicht nur ein Privileg der Opposition, sondern auf internationalem Parkett auch ein Hobby unserer Kanzlerin, wie wir gleich sehen werden.

Am 17. Juni gab es endlich Beschlüsse auf EU-Ebene, wenn auch nicht zu den Leerverkäufen. Die 27 Staats- und Regierungschefs der Mitgliedsstaaten vereinbarten auf ihrem Gipfel in Brüssel vor allem Maßnahmen im Umgang mit den Banken. So sollen alle Geldinstitute einem »Stresstest« unterzogen werden. Der soll klären, ob ein Geldhaus auch bei sehr negativen Entwicklungen an den Märkten oder bei Konjunktureinbrüchen überleben kann. Die Resultate der Tests sollen veröffentlich werden.

Stresstests werden seit 2007 regelmäßig vom Committee of European Banking Supervisors (CEBS) erstellt, einem Zusammenschluss europäischer Bankenaufseher. Konkret ging es darum, wie die Banken die neuen Regeln für das Eigenkapital (Basel II) verkraften. Demnach müssen sie umso mehr Eigenkapital bereithalten, je riskanter ihre Geschäfte sind. Da diese Regeln die Finanzkrise aber nicht verhindern konnten, dringen die Aufseher nun auf eine international abgestimmte Umsetzung. 2009 hatten die Kontrolleure erklärt, keines der geprüften 22 Institute sei in Extremszenarien gefährdet, ohne allerdings genauere Angaben zu machen. Manche Interbanken erhalten derzeit kein Geld mehr, weil die Angst vor neuen Schieflagen groß ist. Deswegen erhöht das Thema Stresstest die Nervosität.

Im Streit um die Veröffentlichung war Madrid vorgeprescht. So hatte die spanische Notenbank bereits im Juni 2010 angekündigt, die Tests für ihre großen Institute »bald« zu publizieren: »Die Resultate werden zeigen, dass der Sektor ausreichend kapitalisiert ist«, hieß es in Madrid. Das Land hoffte, mit diesem Signal die Finanzmärkte zu beruhigen, denn zeitgleich wurde darüber spekuliert, ob Spanien Milliarden-Hilfen der EU brauche. Der Vorstoß brachte andere EU-Staaten in Zugzwang. In der Union stritt man nun, ob eine Veröffentlichung der Tests die Märkte beruhigen oder neue Gefahren heraufbeschwören könnte. Der Bundesverband deutscher Banken (BdB) lehnte die Transparenz zunächst als »nicht sinnvoll« ab. Würden Einzelergebnisse publiziert, könnten sie falsch interpretiert werden. Deutsche-Bank-Chef Josef Ackermann dagegen hatte die Offenlegung grundsätzlich begrüßt. Sie sei aber nur sinnvoll, wenn schwache Banken sofort mit Kapital gestärkt werden könnten.[397]

Daraufhin war plötzlich auch der BdB für die Offenlegung: »Die Veröffentlichung des Stresstests kann Banken entlasten, die von den Märkten ungerechtfertigt in Mithaftung genommen werden.« Zwar müssten in Deutschland die Banken zustimmen. »Aber es ist illusorisch, dass sich jemand weigert, weil dann sofort die Vermutung im Markt wäre, er habe etwas zu verbergen.«[398]

Grundsätzlich einig war man sich nach den Worten von Kanzlerin Merkel auch darüber, die Banken durch ein »System von Abgaben und Steuern« an der Bewältigung der Folgen der von ihnen ausgelösten Krise zu beteiligen, etwa durch eine Bankenabgabe sowie eine Steuer auf Finanzgeschäfte. Deutschland hatte in seinem kurz zuvor beschlossenen Sparprogramm bereits zwei Milliarden Einnahmen aus einer Transaktionssteuer eingerechnet. Gegenwind kam allerdings aus Großbritannien, das eine solche Steuer ablehnt. Ministerpräsident David Cameron ließ sich lediglich auf die »windelweiche Formulierung«[399] im Abschlussdokument ein, man wolle eine solche Steuer »erforschen und entwickeln«. Die Briten selbst wollen mit einer Bankenabgabe Bankenrettungsfonds finanzieren, also eine Art Haftpflichtversicherung für Geldinstitute ins Leben rufen. Strikt abgelehnt wird in Großbritannien die Einrichtung dreier europäischer Aufsichtsagenturen für Banken, Versicherungen und Wertpapierhändler sowie eines Frühwarnsystems. London macht offenbar zu viele und gute Geschäfte mit der halbseidenen Spekulantenszene, um sie durch wirksame Kontrollen zu vergraulen.

Dafür verabschiedete der Gipfel einen Zehnjahresplan zur Förderung des Wachstums. Die Agenda »Europa 2020« – schon das Wort *Agenda* lässt die meisten Deutschen das Schlimmste befürchten – enthält fünf Ziele: Erstens sollen die EU-Staaten künftig 3 Prozent ihrer Wirtschaftskraft in Forschung und Entwicklung investieren; zweitens sollen »klimafreundliche Projekte« gefördert werden; drittens soll die Wirtschaft auf »nachhaltiges« – sprich: »marktradikales« – Wachstum ausgerichtet werden; viertens wurde das EU-Ziel bestätigt, bis 2020 ein Fünftel weniger Kohlendioxid als 1990 auszustoßen; fünftens soll die Beschäftigungsquote der arbeitsfähigen Bevölkerung im Alter von 20 bis 64 Jahren von 69 auf 75 Prozent gesteigert werden. Die Bürger würden das Konzept der sozialen Marktwirtschaft nur akzeptieren, wenn sie sich darin wiederfänden, gab Merkel zum Besten. Mit den Problembereichen Bildung und Armutsbekämpfung soll sich dagegen jeder Staat allein herumschlagen.[400]

Spiegel-Redakteur Carsten Volkery zog das Resümee: »Nach

dem Gipfel wirkte Merkel erschöpft. Nicht nur zu Hause in Berlin, auch in Europa wird das Regieren zunehmend undankbar.«[401] Auf dem G-8-Gipfel blitzte Merkel mit Bankenabgabe und Transaktionssteuer jedenfalls ab. »Die Lobbyarbeit der Finanzwirtschaft zahlt sich aus«, kommentierte sogar das *Handelsblatt*.[402]

Merkels Problem – das generelle Problem der Politik – besteht darin, dass Staatsverschuldung und Euro-Krise nicht das Werk »über ihre Verhältnisse« lebender Staaten oder übler Spekulanten sind, sondern schlicht auf einem grundsätzlichen Webfehler des Kapitalismus beruhen, also auf der Marktwirtschaft selbst. Marktwirtschaft ohne Manipulation wäre wie Fußball ohne Fouls oder Kickboxen ohne Körperkontakt. Ist man sich darüber im Klaren, können allerdings bestimmte Auswüchse durchaus bekämpft werden. Damit aber Forderungen keine Wunschträume bleiben, brauchen sie politische Mehrheiten. Und die sind derzeit nirgendwo in Sicht: weder in der EU und in Euroland noch in der durch die USA dominierten »westlichen Welt«.

Insofern geht es momentan eher um Visionen: Zwei relativ realistische sind die Transaktionssteuer und das Verbot der Leerverkäufe, was aber nur bei welt- oder zumindest europaweit einheitlichem Vorgehen Erfolg verspräche und daher entsprechenden politischen Druck etwa auf die Spekulationszentren USA und Großbritannien erfordern würde. Ebenfalls prinzipiell nicht utopisch erscheint die stärkere Beteiligung der »starken Schultern« am Schuldenabbau – die Stichwörter hierzu sind die Vermögens-, Erbschafts- und Reichensteuer. Gleiches gilt für die Erhöhung der Löhne und Gehälter, was die Kaufkraft der Bevölkerung (Binnennachfrage) steigern würde. Es gerät immer wieder in Vergessenheit, dass im Selbstverständnis der Euroländer und der anderen EU-Mitgliedsstaaten die Menschen, ihre Würde und ihr Wohlergehen im Mittelpunkt aller Politik stehen sollten. Sie sind eben nicht »Humankapital« und Objekt der Profitinteressen der Wirtschaft. Vielmehr ist die Wirtschaft an den Interessen der Menschen auszurichten. Schließlich nennen sich die Staaten *Demokratie* (Volksherrschaft) und nicht *Plutokratie* (Herrschaft der Reichen) oder *Konzernokratie.*

Nun ist das leicht dahergesagt, und so wiesen schon Wirtschaftsphilosophen wie Karl Marx darauf hin, dass die »ökonomischen Charaktermasken der Personen nur die Personifikationen der ökonomischen Verhältnisse sind, als deren Träger sie sich gegenübertreten.«[403] Das bedeutet: Fast alle Menschen befinden sich in einem Hamsterrad. Als Kind wollte man vielleicht noch Formel-1-Weltmeister oder Topmodel werden. Aber ehe man es sich versieht, wird man von »Sachzwängen« überrollt. Man landet in Jobs, an die man früher nicht einmal im Alptraum gedacht hätte, und in Regionen, in die man freiwillig nie hingezogen wäre. Dies gilt auch für Unternehmer und Manager: Wer nicht den größtmöglichen Profit macht, dessen Unternehmen geht unter – oder er fliegt.

Nicht anders geht es den Berufspolitikern. Da sie wie andere Arbeitnehmer auch von ihrem Job leben, müssen sie gewisse Regeln einhalten, und da ist der »Fraktionszwang« nur eine davon. Eine andere ist, dass man heutzutage als Mitläufer, Opportunist, Ränkeschmied und Vasall der Parteiführung am ehesten und am schnellsten Karriere macht. Die Oberen wiederum verstecken sich hinter jenen »alternativlosen Sachzwängen« zum – zuweilen »soziale Marktwirtschaft« genannten – Turbokapitalismus, insbesondere zur »Liberalisierung der Märkte«. Die Folge: Mehr oder minder farblose Figuren, die Politik nicht gestalten, sondern verwalten, verfolgen meist bedenken- und gedankenlos ein System weiter, das gerade mehr als überzeugend seine Untauglichkeit bewiesen hat – häufig genug erpresst vom »Finanzkapital«, nebenbei gesagt ein Wort, das das Finanzkapital so ungern hört wie ein Milliardenerbe das Wort »leistungsloses Einkommen«. So erklärten willfährige Politiker Schrott-banken wie die einst als Bad Bank der HypoVereinsbank gegründete Hypo Real Estate[404] auf Geheiß der Hochfinanz für »systemrelevant« und warfen ihr und damit deren Gläubigern mehr als 120 Milliarden Euro in den nimmersatten Rachen.[405] Die Politiker ihrerseits erpressen Staaten, deren Volk bei der EU-Abzocke nicht mitmachen will. So empfahl der damalige Außenminister Frank-Walter Steinmeier den Iren, nachdem sie im Juni 2008 in einem Referendum den Vertrag von Lissabon klar abgelehnt hatten, den »Ausstieg aus der EU«.[406]

Plumpe Erpresser sind noch lange keine Politiker mit Charisma. Diese Persönlichkeiten, die der Politik – positiv oder negativ – ihren Stempel aufdrücken und irgendwann in den Geschichtsbüchern landen, sind seltener als Glatteis im Juli: Golda Meir, Maggie Thatcher, Kleopatra und Katharina die Große waren solche Frauen, Mahatma Gandhi, Mao Tse-tung, Konrad Adenauer und Willy Brandt solche Männer. Guido Westerwelle, Gerhard Schröder und Angela Merkel sind es hingegen nicht.

Dem Bürger scheint also nichts anderes übrigzubleiben, als alle vier Jahre für das »kleinere Übel« seine Stimme abzugeben, obwohl er eigentlich – wie es der Liedermacher Franz Josef Degenhardt schon in den siebziger Jahren formulierte – »keine Wahl hat bei den Wahlen«. So kann also das Volk, von dem laut Verfassung »alle Gewalt« ausgeht, nur wie der Fan einem Fußballspiel der Entwicklung der Eurokrise und der EU tatenlos zusehen, die Daumen drücken und gespannt sein, wie es ausgeht.

Nun kann aber der »Druck der Straße«, und sei es auch nur in Umfragen, in Einzelfällen politische Entscheidungen durchaus beeinflussen; man denke nur an die zahlreichen Korrekturen von Hartz IV, wie etwa die Verlängerung des Arbeitslosengeldes I für ältere Arbeitnehmer,[407] oder an die Einführung der unverschämterweise so genannten Reichensteuer – die Erhöhung des Spitzensteuersatzes auf wenn auch immer noch lächerliche 45 Prozent. Natürlich geben eigennützige Politiker nicht aus »Einsicht« nach, sondern aus Angst um ihre Wählerstimmen. Aber sie geben nach. Und wie bereits berichtet, wissen weitsichtige Politiker längst, dass das Volk früher oder später den Kanal voll hat – zumal Meinungsforscher dies bestätigen. Nach einer Umfrage der Bertelsmann Stiftung vom Juli 2010 halten 70 Prozent unser System für kaum oder gar nicht gerecht.[408] »Deutsche fürchten soziale Unruhen«, warnte eine Schlagzeile von *Focus Online* schon Ende April 2009. Laut Emnid trifft dies für 54 Prozent der Bürger zu, in Ostdeutschland sogar für 61 Prozent. Was aber noch bedrohlicher für die Herrschenden ist: 32 Prozent würden sich angesichts der Krise persönlich an Demonstrationen oder Protesten beteiligen, und Verständnis für solche Proteste äußerten 79 Prozent.[409]

»Der Arzt liebt den Kranken, nicht die Krankheit«, sagt ein altes chinesisches Sprichwort. Bei uns ist es heute umgekehrt: Die Krankheit »Turbokapitalismus« wird gehegt und gepflegt, selbst wenn die Kranke namens Bevölkerung zunehmend darunter leidet. Nur können sich die Regierenden leider kein neues Volk suchen. Man kann also gespannt sein, wie die Sache ausgeht: Schließlich gibt es für alles Mögliche eine Haftpflichtversicherung, nicht aber für das Zugrunderichten ganzer Völker. Jedenfalls ist nicht die Frage, ob die EU oder der Euroverbund zusammenbricht oder nicht. Die Norweger jedenfalls können als Land mit dem weltweit höchsten Lebensstandard über all das pathetische Eurogejammer nur müde lächeln. Nicht auszuschließen also, dass auch EU-Länder sich das nordische Land zum Vorbild nehmen und die EU samt Euroland verlassen, und sei es auch nur, weil sie nicht von dem Gutdünken der ebenso inkompetenten wie laut Paul Krugman korrupten Rating-Mafia abhängig sein wollen. Schließlich sind ja auch das Römische Reich oder der Ostblock und seine Führungsmacht

UdSSR zerfallen. Wer sagt uns denn, dass das gleiche Schicksal nicht auch Euroland bevorsteht?

Ein gerade vom Fischhändler geschlachteter Karpfen zuckt noch 30 Minuten später zum Erschrecken vieler Hobbyköche auf dem Küchentisch – obwohl er schon längst tot ist. Genauso ist es mit dem Marktradikalismus. Durch die jüngste Geschichte der Finanz- und Wirtschaftskrise schon längst widerlegt, lebt er fort in den Köpfen mancher Politiker wie ein bösartiger Tumor, für dessen operative Entfernung es längst zu spät ist. Dies wiederum hat – entgegen dem liebenswert naiven Glauben vieler Mitbürger – damit zu tun, dass unsere Volksvertreter zwar laut Artikel 38, Satz 1 des Grundgesetzes »nur ihrem Gewissen unterworfen« sind, sie in Wahrheit aber abhängig sind vom Wohlwollen ihrer Parteiführer – Stichwort »Fraktionsdisziplin« – und die wiederum vom Wohlwollen der Reichen und Mächtigen – Stichworte »Parteispenden« und »Medien«. Und spätestens hier weicht der humanistische Menschenverstand dem puren Eigennutz. Weit mehr als die Hälfte der Bevölkerung und auch die Bundestagsabgeordneten und Regierungsmitglieder (»so wahr mir Gott helfe«) bekennen sich zu Jesus Christus. Und der hat weder in der – vielen Politikern peinlichen – Bergpredigt noch anderswo gelehrt: »Jeder ist sich selbst der Nächste.« Vielleicht hält sich diese – bei aller Heuchelei – noch immer praktizierte Egoismus-Philosophie der freien Marktwirtschaft auch deshalb so lange, weil die Geldgeber und Erpresser der Politik nach dem Motto des *homo oeconomicus* verfahren: »Ich lebe nur einmal und will mitnehmen, was nur mitzunehmen ist.« Den so denkenden Reichen und Mächtigen ist es doch im Grunde ihres Herzens völlig wurscht, was aus den späteren Generationen wird. Sie interessiert ausschließlich ihr eigenes Wohlbefinden – und auch dies häufig nur in der ärmlichen Gestalt eines Bankkontos oder Aktiendepots.

Auch der neoliberale Sparkurs ist von diesem Gedankengut geprägt. Wie lange sich die Völker Europas – ja, die Völker der
ganzen Welt – dies noch ruhig mit ansehen, bleibt abzuwarten.
Vieles allerdings deutet darauf hin, dass sich in China, Indien,
Indonesien oder Brasilien die Geduld langsam, aber sicher dem
Ende zuneigt. So kritisierten beim G-20-Gipel die Schwellenländer die exportstarken Industrienationen und forderten sie
auf, ihre Binnennachfrage anzukurbeln. »Diese Botschaft geht
an Deutschland und Japan, die von externen Märkten leben und
jetzt eine Angleichung wünschen, ohne ihre Binnenkonjunktur,
so wie sie sollten, anzukurbeln«, sagte Brasiliens Finanzminister Guido Mantega. Der Abbau der Ungleichgewichte, betonte
er, dürfe aber nicht nur auf den Schultern der Schwellenländer
lasten. »Wir spielen unsere Rolle, und sie müssen ihre spielen.«[410]
Wenn dieser Konflikt eskaliert – und alles spricht dafür –, könnte auch Euroland nur noch eine Fußnote der Geschichte sein.
Vielleicht ergeht es Europas Marktradikalen samt ihrer Wäh-
rungsidylle wie den Kreuzrittern, die nach zweihundert Jahren
Terror Ende des 13. Jahrhunderts dann doch von der Bildfläche
verschwanden. Mag auch sein, dass irgendwann die armen und
faktisch kolonialisierten Völker zueinanderfinden und der
scheinbar endlosen marktradikalen Horrorgeschichte ein Ende
setzen.
Nicht zufällig gehört der eigentlich unverfängliche Appell *Pro-
letarier aller Länder, vereinigt euch!*[411] in neoliberalen Kreisen
in der FDP und anderswo zu den meistgehassten Zitaten der
Weltliteratur. Allerdings sollten sich die Neoliberalen, die den
Menschen nur als »Humankapital« und bei den Wahlen nur als

Stimmvieh betrachten, an jenen römischen Senator erinnern, der auf den Vorschlag, Sklaven wegen der besseren Erkennbarkeit künftig mit weißen Armbändern zu versehen, entgegnete: »Wenn sie sehen, wie viele sie sind, dann gibt es einen Aufstand gegen uns.«[412] Die ärmeren Länder wissen es sehr wohl: Derzeit leben von den 6,9 Milliarden Menschen 60,5 Prozent in Asien (mit Türkei), 14,7 Prozent in Afrika, 10,8 Prozent in Europa (mit Russland), 7,8 Prozent in Nordamerika (mit Zentralamerika und der Karibik), 5,7 Prozent in Südamerika und 0,5 Prozent in Ozeanien.[413] Grob geschätzt, leben also drei Viertel der Weltbevölkerung in armen, aber höchstens 15 Prozent in reichen Ländern, wobei wir ja gerade am Beispiel Deutschland gesehen haben, dass auch in reichen Ländern nur eine Minderheit vermögend ist.

Diesen Arm-Reich-Konflikt militärisch lösen zu wollen, wie von Horst Köhler vorgeschlagen und von den Vereinigten Staaten jahrzehntelang praktiziert, kann nicht erfolgreich sein. Die USA scheiterten ja sogar in vergleichsweise »kleinen« Ländern wie Vietnam, und (trotz Nato-Hilfe) auch in Afghanistan und dem Irak. Nicht zufällig scheuen die Regierenden im Weißen Haus und die Drahtzieher dahinter vor einer Invasion in Nordkorea und im Iran bislang zurück – nicht einmal an das kleine Venezuela unter dem Sozialisten und Feindbild Hugo Chávez traut man sich heran. Zu Recht, denn blitzschnell könnte »ein einzelner Funke einen Steppenbrand entfachen« (Mao). Schließlich haben wir nicht mehr 1973, als die CIA in Chile den demokratisch gewählten Salvador Allende stürzte und durch das Mörderregime des Generals Augusto Pinochet ersetzte. Und vorbei sind auch die achtziger Jahre, als den USA das von den sozialistischen Sandinisten regierte Nicaragua ein Dorn im Auge war. Die Regierung Ronald Reagan ließ den einzigen Hafen verminen und die von ihnen geführte Berufskiller- und Terroristenbande, die Contras, die Blutbäder unter der Landbevöl-

kerung anrichtete und Anschläge gegen die Infrastruktur ver-
übte, als »Freiheitskämpfer« mit Geldern unterstützen, die aus
illegalen Waffenkäufen an den Iran stammten – weshalb die
USA für militärische und paramilitärische Aktionen in und gegen Nicaragua am 27. Juni 1986 vom Internationalen Gerichtshof in Den Haag zur Zahlung von 2,4 Milliarden Dollar verurteilt wurden.[414] Aber heute leben wir im dritten Jahrtausend,
und da lassen sich die Armen, Unterdrückten und Betrogenen
nicht mehr alles gefallen.

Für die Bundesregierung bedeutet das, mit friedlichen, besonders ökonomischen Mitteln den Flurschaden und den weltweiten Unmut in Grenzen zu halten, insbesondere den richtigen
Eindruck zu korrigieren, Deutschland profitiere als »Export-
Vizeweltmeister« (hinter China) als einer der wenigen Staaten
in Euroland von der teils hoffnungslosen Verschuldung der anderen. So blind, verkommen und korrupt kann doch niemand
sein, dass ihm eine Handvoll Superreicher und Konzerne wichtiger sind als der Rest des eigenen Volkes und der Welt. Ein
erster Schritt in die richtige Richtung wäre also, die Kaufkraft
der Normal- und Geringverdiener – also auch der Hartz-IV-
Empfänger – zu stärken, durch staatliche Investitionen etwa in
Bildung, Forschung und Umwelt vor allem dem Mittelstand
Aufträge zu verschaffen und sich das nötige Geld bei denen zu
holen, die es im Überfluss haben. So – und nur so – kann lang-
fristig auch der »soziale Friede« gesichert werden.

Gleiches gilt für das Euroland: Staaten dürfen keine Nachteile
dadurch entstehen, dass sie ihre Bevölkerung nicht ganz so
asozial behandeln wie andere Länder. Dazu allerdings ist eine
möglichst einheitliche, sich an den Menschen statt an den Profiten orientierende Haushalts- und Wirtschaftspolitik notwendig. Zumindest innerhalb der Eurozone und der EU darf es
keine »Billiglohnländer« geben, in die manche Konzerne ihre
Produktion verlagern und andernorts massiv Arbeitsplätze ab-

bauen – man denke nur an den Umzug eines Nokia-Werkes im Jahre 2008 von Bochum nach Cluj in Rumänien, das 2014 ebenfalls Euroland wird. Auch hier zeigt sich, dass Großkonzerne auf die mieseste Art erpressen, wann immer sie können. Nokias Forderungen an Rumänien waren an Dreistigkeit kaum zu überbieten: Die Baugrundstücke im künftigen »Nokia Village« sollten vom Staat erschlossen, die Prozedur der Baugenehmigungen sollte vereinfacht und der kleine, jahrelang vernachlässigte Flughafen am Ostrand von Cluj ausgebaut werden; schließlich sollte das Arbeitsamt bei der Personalsuche behilflich sein. Außerdem forderten die Finnen eine Autobahn zwischen dem »Nokia Village« und der Stadt Cluj.[415] Kostenlose Hostessen für die Geschäftsleitung wurden offiziell allerdings nicht verlangt. Auch diese Möglichkeit, EU- und Euroländer gegeneinander auszuspielen, muss verbaut werden, zum Beispiel durch eine Art Abwerbeverbot.

Die Stabilitätskriterien haben sich als ideologisch motivierte Lizenz zum Kaputtsparen erwiesen und müssen abgeschafft oder entscheidend gelockert werden, zumal sie derzeit sowieso nur von Zypern, Luxemburg und Finnland eingehalten werden. Man muss jedenfalls kein Prophet sein, um vorauszusagen: Wenn Euroland nicht bald für *alle* Mitglieder eine »Win-win-Veranstaltung« wird, von der also alle profitieren, muss es über kurz oder lang zerfallen. Ob all diese Korrekturen allerdings im Rahmen einer westlichen Marktwirtschaft möglich sind, erscheint anhand der Erfahrungen der vergangenen Jahrzehnte mehr als zweifelhaft – aber man lässt sich ja gerne überraschen. Zumal der Bürger auch noch ein Wörtchen mitzureden hätte. »Deutschland driftet nach links«, titelte das *Handelsblatt* am 1. Juni 2010.[416]

Für kritische Menschen ergibt sich folgendes Bild: Die Hysterie um den zwischenzeitlichen »Absturz« des Eurokurses diente lediglich dazu, den in Angst versetzten Bürgern weitere Milliarden an Steuergeldern aus der Tasche zu ziehen: Ob Euroland abbrennt, hat mit dem Kurs nichts zu tun: Ein niedriger Kurs nutzt unserer Exportwirtschaft. Weitaus wichtiger ist die durch die Eurokurs-Lüge durchgesetzte eurolandweite Sparorgie, also die Umverteilung von Arm nach Reich. Dass die Völker nahezu aller Euroländer zugunsten des internationalen Kapitals zusehends ärmer werden, ist das Werk der von der politischen Klasse als »Sparpaket« verharmlosten Umverteilung von unten nach oben. Wie lange das allerdings noch gutgeht? Wir sind gespannt.

Anhang

Die Chronologie des Euro[417]

7. Februar 1992: Im niederländischen Maastricht wird der Vertrag über die Europäische Union unterzeichnet, der die Verwirklichung der Wirtschafts- und Währungsunion (WWU) bis spätestens Anfang 1999 regelt. Dazu gehören wirtschaftliche Kriterien, durch die die Stabilität der gemeinsamen Währung gesichert werden soll.

1. Januar 1994: Die zweite Stufe der WWU beginnt. In Frankfurt wird mit dem Europäischen Währungsinstitut (EWI) der Vorläufer der Europäischen Zentralbank eingerichtet.

1. Januar 1995: EU-Beitritt von Österreich, Schweden und Finnland.

15./16. Dezember 1995: Die Staats- und Regierungschefs der EU entscheiden sich in Madrid für »Euro« und »Cent« als Namen der neuen Währung. Der Beginn der Währungsunion wird auf den 1. Januar 1999 festgelegt.

13./14. Dezember 1996: Die neuen Euro-Banknoten werden auf dem EU-Gipfel in Dublin vorgestellt.

16./17. Juni 1997: Die EU-Staats- und Regierungschefs verabschieden in Amsterdam einen zusätzlichen Stabilitätspakt. Auf Drängen vor allem der Bundesregierung soll damit die Stabilität des Euro auch nach dem Start der Währungsunion gesichert werden.

25. März 1998: Die EU-Kommission und das EWI empfehlen elf Länder für die Euroteilnahme. Von den fünfzehn Mitgliedern der EU bleiben nur Griechenland, das die Kriterien nicht erfüllt, sowie Großbritannien, Schweden und Dänemark aus freien Stücken außen vor. Dagegen sollen Deutschland, Frankreich, Italien, die Niederlande, Belgien, Luxemburg, Spanien, Portugal, Irland, Österreich und Finnland den Euro einführen.

23./24. April 1998: Bundestag und Bundesrat stimmen mit großer Mehrheit für den Start der Währungsunion mit elf Ländern.

1./2. Mai 1998: Beim Gipfeltreffen der EU-Staats- und Regierungschefs in Brüssel fallen die endgültigen Entscheidungen zum Start der Währungsunion am 1. Januar 1999. Elf Länder werden dabei sein. Als Verfahren zur Ermittlung der Euro-Wechselkurse am 1. Januar 1999 einigten sich die Finanzminister und Notenbankchefs der elf Eurostaaten darauf, die aktuellen bilateralen Leitkurse im Europäischen Währungssystem zu verwenden.

2. Juni 1998: Einen Monat früher als geplant nimmt die Europäische Zentralbank in Frankfurt ihre Arbeit auf. Am 2. Juni trifft sich das Direktorium erstmals; die erste Sitzung des Zentralbankrats findet am 9. Juni statt.

30. Juni 1998: Mit einem Festakt in Frankfurt feiern Spitzenvertreter der EU den offiziellen Start der Europäischen Zentralbank.

24. Juli 1998: Das Bundesverfassungsgericht weist die Klage von Manfred Brunner, Vorsitzender des Bundes Freier Bürger, gegen die Einführung des Euro ab. Damit ist auch die letzte der in Karlsruhe erhobenen Euroklagen gescheitert.

1. Januar 1999: Mit der Festlegung der Wechselkurse nationaler Währungen zum Euro beginnt die dritte Stufe der europäischen Wirtschafts- und Währungsunion. Der Euro wird als »Buchgeld« gemeinsame Währung der elf Länder. Die nationalen Noten und Münzen gelten in Zukunft als »nichtdezimale Untereinheit« des Euro. Der Euro entspricht fortan 1,95 583

Mark. Die Börsen notieren Aktien nur noch in Euro. Man kann sein Bankkonto auf Euro umstellen.

4. Januar 1999: Der Neuling präsentiert sich stark. Für einen Euro werden am ersten Handelstag 1,1811 Dollar gezahlt.

19. Juni 2000: Der Europäische Rat entscheidet, Griechenland in die Europäische Währungsunion aufzunehmen.

28. September 2000: Die Dänen lehnen den Beitritt zum Euroraum in einer Volksabstimmung mehrheitlich ab.

26. Oktober 2000: Historischer Tiefststand des Euro: Der Referenzkurs wird bei 82,52 Cent festgestellt.

1. Januar 2001: Griechenland tritt dem Euroraum bei und führt die Einheitswährung ein. Damit ist der Euro die Währung von zwölf Mitgliedsländern der Europäischen Union.

1. Januar 2002: Der Euro löst auch in Papier- und Münzform als einzig gültiges gesetzliches Zahlungsmittel die bisherigen Währungen der Staaten in der Eurozone ab.

Die Geschichte der Europäischen Union

Die Europäische Union (EU) ist ein aus 27 europäischen Staaten bestehender Staatenverbund. Seine Bevölkerung umfasst derzeit rund 500 Millionen Einwohner. Die natürliche Population stagniert und wird vor allem durch die Immigration auf einem stabilen Niveau gehalten. Neben den 23 Amtssprachen der Europäischen Union gibt es noch eine Vielzahl von Regional- und Minderheitensprachen in Europa. Der von den EU-Mitgliedsstaaten gebildete Europäische Binnenmarkt ist der, am Bruttoinlandsprodukt gemessen, größte gemeinsame Markt der Welt.

Das politische System der EU basiert auf zwei Grundverträgen, dem Vertrag über die Europäische Union (EU-Vertrag) und dem Vertrag über die Arbeitsweise der Europäischen Union (AEU-Vertrag). Es beinhaltet überstaatliche und zwischenstaatliche

Elemente und spiegelt in seinem Aufbau die Balance zwischen den nationalen Souveränitätsansprüchen der Mitgliedsstaaten und dem Stand der europäischen Integration wider. Während im Europäischen Rat und im nach Fachressorts aufgeteilten Rat der Europäischen Union (Ministerrat) die nationalen Regierungen vertreten sind, repräsentiert das Europäische Parlament bei der Rechtsetzung der EU unmittelbar die Unionsbürger. Die Europäische Kommission als Exekutivorgan und der Gerichtshof der Europäischen Union als Rechtsprechungsinstanz sind ebenfalls überstaatlich.

Die Anfänge der EU gehen auf die 1950er Jahre zurück, als zunächst sechs Staaten die Europäischen Gemeinschaften (EG) gründeten: Belgien, Bundesrepublik Deutschland, Frankreich, Italien, Luxemburg und die Niederlande.

Die EG sollte vor allem durch gezielte ökonomische Verflechtung nach dem Zweiten Weltkrieg neue militärische Konflikte für die Zukunft unwahrscheinlich machen und durch den vergrößerten Markt das Wirtschaftswachstum beschleunigen. In den folgenden Jahrzehnten traten in mehreren Erweiterungsrunden neue Staaten den Gemeinschaften bei. Mit dem Vertrag von Maastricht gründeten die EG-Mitgliedsstaaten 1992 die Europäische Union, die nun auch Zuständigkeiten in nichtwirtschaftlichen Politikbereichen besaß. In mehreren Reformverträgen, zuletzt im Vertrag von Lissabon, wurden die supranationalen Kompetenzen noch ausgebaut, zugleich wurden die gemeinsamen Institutionen schrittweise demokratisiert.

Innerhalb der EU haben 16 Staaten den Euro als gemeinsame Währung eingeführt: Euroland war geboren. Mit dem Ziel eines europaweiten Raums der Freiheit, der Sicherheit und des Rechts arbeiten die EU-Mitgliedsstaaten auch in der Innen- und Justizpolitik zusammen. Durch die gemeinsame Außen- und Sicherheitspolitik bemühen sie sich auch um ein gemeinsames Auftreten gegenüber Drittstaaten. Die Europäische Union hat Beobachterstatus in der G8, ist Mitglied in der G20 und vertritt ihre Mitgliedsstaaten in der WTO.

Der Rat der Europäischen Union (Art. 16 EUV und Art. 237 ff. AEUV, auch Ministerrat genannt) ist eines der zwei Legislativorgane der EU. Er setzt sich – je nach Politikfeld – aus den jeweiligen Fachministern der nationalen Regierungen der Mitgliedsstaaten zusammen und beschließt gemeinsam mit dem Europäischen Parlament die entscheidenden Rechtsakte. Ebenfalls je nach Politikfeld ist hierfür entweder eine einstimmige Entscheidung oder eine qualifizierte Mehrheit notwendig, wobei für Mehrheitsentscheidungen das Prinzip der doppelten Mehrheit (von Staaten und Einwohnern) gilt. In den intergouvernementalen Bereichen, vor allem der gemeinsamen Außen- und Sicherheitspolitik sowie bestimmten Feldern der Handels- und der Sozialpolitik, ist der Rat das einzige Entscheidungsgremium der EU; hier wird grundsätzlich einstimmig beschlossen.

1973 traten in der ersten Norderweiterung Großbritannien, Irland und Dänemark bei. Norwegen hatte zwar ebenfalls den Beitrittsvertrag unterschrieben, aber dessen Ratifizierung lehnte die Bevölkerung in einer Volksabstimmung ab.

Im Jahre 1981 trat Griechenland, im Jahre 1986 Portugal und Spanien der EU bei. Diese Staaten hatten teils schon seit langem eine Annäherung an die Europäischen Gemeinschaften gesucht, waren aber wegen ihrer faschistischen Regierungen nicht erwünscht. Erst nach erfolgreichem Sturz der Diktaturen durften sie beitreten.

Mit der deutschen Vereinigung am 3. Oktober 1990 vergrößerte sich die Zahl der Bürger innerhalb der Europäischen Gemeinschaft um die rund 16 Millionen neuen Staatsbürger der Bundesrepublik, deren Staatsgebiet sich seitdem auch auf die Fläche der ehemaligen DDR erstreckt.

Im Jahre 1995 wurden Schweden, Finnland und Österreich im Zuge der zweiten Norderweiterung in die kurz zuvor gegründete Europäische Union aufgenommen. Die Norweger stimmten trotz erneuter Regierungsbemühungen in einem Referendum erneut gegen den Beitritt.

Mit der ersten Osterweiterung traten am 1. Mai 2004 zehn Staaten der Europäischen Union bei. Darunter waren acht ehemals kommunistische mittel- und osteuropäische Staaten (Estland, Lettland, Litauen, Polen, Tschechien, Slowenien, Slowakei und Ungarn) sowie der im Mittelmeer gelegene Inselstaat Malta und die geographisch zu Asien gehörende Insel Zypern, wobei bei Letzterer faktisch nur der griechische Südteil der Insel aufgenommen wurde. Am 1. Januar 2007 wurden als 26. und 27. Mitgliedsstaat Rumänien und Bulgarien in die Union aufgenommen. Neben diesen Erweiterungen kam es in einigen wenigen Fällen auch zu einer Verkleinerung der Gemeinschaft. So war das ursprünglich zu Frankreich gehörende Algerien nach seiner Unabhängigkeit 1962 nicht mehr Teil der EG. Das zu Dänemark gehörende autonome Grönland trat 1985 als bisher einziges Territorium nach einem Referendum aus der Gemeinschaft aus.

Grundsätzlich unterscheidet die EU zwischen »Beitrittskandidaten« und »potenziellen Beitrittskandidaten«. Aktuelle Beitrittskandidaten, mit denen seit 2005 verhandelt wird, sind Kroatien und die Türkei. Mazedonien erhielt im Dezember 2005 den Status eines Beitrittskandidaten, wobei man den Termin für die Verhandlungen noch offenließ. Montenegro reichte im Dezember 2008, Albanien im April 2009 und Serbien im Dezember 2009 einen Beitrittsantrag ein, sie wurden jedoch noch nicht formal als Beitrittskandidaten anerkannt. Ein weiteres potenzielles Bewerberland auf dem westlichen Balkan ist Bosnien und Herzegowina. Mit ihm wurde ebenso wie mit Serbien ein Stabilisierungs- und Assoziierungsabkommen bereits unterzeichnet, teilweise jedoch noch nicht von allen EU-Mitgliedern ratifiziert. Eine Sonderrolle nimmt der Kosovo ein, da dessen Unabhängigkeit nicht von allen EU-Mitgliedsstaaten anerkannt wird.

Wer entscheidet eigentlich? Der Rat der Europäischen Union, der Ministerrat, ist eines der zwei Legislativorgane der EU. Er setzt sich – je nach Politikfeld – aus den jeweiligen Fachministern der nationalen Regierungen der Mitgliedsstaaten zusammen und beschließt gemeinsam mit dem Europäischen Parlament die entscheidenden Rechtsakte. Ebenfalls je nach Politikfeld ist hierfür entweder eine einstimmige Entscheidung oder eine qualifizierte Mehrheit notwendig, wobei für Mehrheitsentscheidungen das Prinzip der doppelten Mehrheit (von Staaten und Einwohnern) gilt. In den überstaatlichen Bereichen, vor allem der gemeinsamen Außen- und Sicherheitspolitik sowie bestimmten Feldern der Handels- und der Sozialpolitik, ist der Rat das einzige Entscheidungsgremium der EU; hier wird grundsätzlich einstimmig beschlossen.

Die Union hat ausschließliche Zuständigkeit in den Bereichen der Zollunion, der Festlegung der für das Funktionieren des Binnenmarkts erforderlichen Wettbewerbsregeln, der Währungspolitik für die Mitgliedsstaaten, deren Währung der Euro ist, der Erhaltung der biologischen Meeresschätze im Rahmen der gemeinsamen Fischereipolitik und der gemeinsamen Handelspolitik. In einigen Bereichen teilt sich die Union ihre Zuständigkeit mit den Mitgliedsstaaten, zum Beispiel in den Ressorts Binnenmarkt, Sozialpolitik in bestimmten Bereichen, wirtschaftlicher, sozialer und territorialer Zusammenhalt, Landwirtschaft und Fischerei, Umwelt, Verbraucherschutz, Verkehr sowie transeuropäische Netze und Energie.[418]
Das Ganze fällt allerdings unter die Kategorie »Papier ist geduldig«.

Staatsverschuldung in Zahlen[418]

Staat	BIP zu Markt-preisen in Mrd. Euro	Defizit (−)/ Überschuss (+) in Mrd. Euro	Defizit (−)/ Überschuss(+) im Verhältnis zum BIP	Staatlicher Schulden-stand in Mrd. Euro	Staatlicher Schulden-stand im Verhältnis zum BIP	Staatlicher Schuldenstand pro Einwohner in Euro
Europäische Union (EU 27)	11 804,7 (12 500,1)	−801,9 (−285,7)	−6,8 % (−2,3 %)	8690,3 (7697,0)	74 % (61,6 %)	17 390,2 (15 466,8)
Eurozone (Euro 16)	8977,9 (9258,9)	−565,1 (−181,2)	−6,3 % (−2 %)	7062,6 (6424,6)	79 % (69,4 %)	21 491,1 (19 639,8)
Italien	1520,9 (1567,9)	−80,8 (−42,6)	−5,3 % (−2,7 %)	1760,8 (1663,5)	116 % (106,1 %)	29 324,1 (27 901,2)
Griechenland	237,5 (239,1)	−32,3 (−18,3)	−13,6 % (7,7 %)	273,4 (237,3)	115 % (99,2 %)	24 280,4 (21 157,2)
Belgien	337,8 (344,7)	−20,2 (−4,1)	−6 % (−1,2 %)	326,6 (309,5)	97 % (89,8 %)	30 382 (29 017,1)
Frankreich	1919,3 (1948,5)	−144,8 (−64,7)	−7,5 % (−3,3 %)	1489 (1315,1)	78 % (67,5 %)	23 139,2 (20 554,7)
Portugal	163,9 (166,5)	−15,4 (−4,7)	−9,4 % (−2,8 %)	125,9 (110,4)	77 % (66,3 %)	11 847,8 (10 395,7)
Deutschland	2407,2 (2495,8)	−79,4 (1)	−3,3 % (0 %)	1 762,2 (1 646,2)	73 % (66 %)	21 489,8 (20 022)
Malta	5,7 (5,7)	−0,2 (−0,3)	−3,8 % (−4,5 %)	3,9 (3,6)	69 % (63,7 %)	9545,2 (8840,1)
Österreich	276,9 (281,9)	−9,5 (−1,2)	−3,4 % (−0,4 %)	184,1 (176,5)	66 % (62,6 %)	22 034,6 (21 222,8)
Irland	163,5 (181,8)	−23,4 (−13,2)	−14,3 % (7,3 %)	104,7 (79,9)	64 % (43,9 %)	23 520,6 (18 144,3)
Niederlande	570,2 (595,9)	−30,2 (4,2)	−5,3 % (0,7 %)	347 (346,7)	61 % (58,2 %)	21 049,7 (21 132,5)
Zypern	16,9 (17,2)	−1 (0,2)	−6,1 % (0,9 %)	9,5 (8,3)	56 % (48,4 %)	11 955,5 (10 575,6)
Spanien	1051,2 (1088,5)	−117,6 (−44,3)	−11,2 % (4,1 %)	559,7 (432,2)	53 % (39,7 %)	12 211,9 (9545,1)
Finnland	171 (184,2)	−3,7 (7,7)	−2,2 % (4,2 %)	75,2 (63)	44 % (34,2 %)	14 21,8 (11 890)
Slowenien	34,9 (37,1)	−1,9 (−0,6)	−5,5 % (−1,7 %)	12,5 (8,4)	36 % (22,6 %)	6159,8 (4173,1)
Slowakei	63,3 (67,2)	−4,3 (−1,5)	−6,8 % (−2,3 %)	22,6 (18,6)	36 % (27,7 %)	4172,9 (33 446,2)
Luxemburg	37,8 (39,3)	−0,3 (1,1)	−0,7 % (2,9 %)	5,5 (5,4)	14 % (13,7 %)	11 071,9 (11 122,4)

Staat	BIP zu Markt-preisen in Mrd. Euro	Defizit (–)/ Überschuss (+) in Mrd. Euro	Defizit (–) / Überschuss(+) im Verhältnis zum BIP	Staatlicher Schulden-stand in Mrd. Euro	Staatlicher Schulden-stand im Verhältnis zum BIP	Staatlicher Schuldenstand pro Einwohner in Euro
Nichtmitglieder der Währungsunion						
Ungarn	26 094,8 HUF (26 543,3 HUF)	–1055,7 HUF (–1014,8 HUF)	–4 % (–3,8 %)	20 421,3 HUF (19 348 HUF)	78 % (72,9 %)	2 035 820,1 HUF (1 926 058 HUF)
Vereinigtes Königreich	1395,9 GBP (1448,4 GBP)	–160,3 GBP (–71,4 GBP)	–11,5 % (–4,9 %)	950,4 GBP (753,6 GBP)	68 % (52 %)	15 419,2 GBP (12 318,3 GBP)
Polen	1342,6 PLN (1272,8 PLN)	–95,7 PLN (–46,9 PLN)	–7,1 % (–3,7 %)	684,4 PLN (600,8 PLN)	51 % (47,2 %)	17 945,4 PLN (15 763,3 PLN)
Schweden	3057,1 SEK (3 154,6 SEK)	–16,7 SEK (77,7 SEK)	–0,5 % (2,5 %)	1293,8 SEK (1207,5 SEK)	42 % (38,3 %)	139 769,3 SEK (131 497,8 SEK)
Dänemark	1657,9 DKK (1737 DKK)	–45,1 DKK (59 DKK)	–2,7 % (3,4 %)	689 DKK (593,8 DKK)	42 % (34,2 %)	125 019 DKK (108 440 DKK)
Lettland	13,2 LVL (16,3 LVL)	–1,2 LVL (-0,7 LVL)	–9 % (–4,1 %)	4,8 LVL (3,2 LVL)	36 % (19,5 %)	2115,2 LVL (1400,8 LVL)
Tschechische Republik	3627,2 CZK (3689 CZK)	–215 CZK (-100,3 CZK)	–5,9 % (-2,7 %)	1282,3 CZK (1104,9 CZK)	35 % (30 %)	122 501,6 CZK (106 434,9 CZK)
Litauen	92,4 LTL (111,2 LTL)	–8,2 LTL (–3,6 LTL)	–8,9 % (–3,3 %)	27,1 LTL (17,4 LTL)	29 % (15,6 %)	8091,4 LTL (5161,4 LTL)
Rumänien	491,3 RON (514,7 RON)	–40,8 RON (–27,9 RON)	–8,3 % (–5,4 %)	116,5 RON (68,5 RON)	24 % (13,3 %)	5420,2 RON (3183,3 RON)
Bulgarien	66,3 BGN (66,7 BGN)	–2,6 BGN (1,2 BGN)	–3,9 % (1,8 %)	9,8 BGN (9,4 BGN)	15 % (14,1 %)	1287,7 BGN (1228,9 BGN)
Estland	214,8 EEK (251,5 EEK)	–3,7 EEK (–6,9 EEK)	–1,7 % (–2,7 %)	15,5 EEK (11,6 EEK)	7 % (4,6 %)	11 564,3 EEK (8650,7 EEK)
Sonstige ausgewählte Länder						
Japan (Währung JPY)					189,8 % (173,1 %)	
USA (Währung USD)					82,9 % (70,7 %)	
Schweiz (Währung CHF)					41,3 % (2008)	

Quellen: Bundesministerium der Finanzen (Monatsbericht April 2010)[419].
Eurostat: »Eurozone und EU«: Pressemitteilung 55/2010 vom 22. April 2010

Danksagung

Mein herzliches Dankeschön für ebenso befruchtende wie erbauliche Mitarbeit durch Diskussionen, Hinweise und Ratschläge gilt besonders Holger Keller, Klaus Peter Kisker, Wolf-Dieter Narr, Ernst Röhl, Peter Saalmüller, Henning Voßkamp und vor allem Karin.

Literatur

ALTVATER, ELMAR/MAHNKOPF, BIRGIT: *Globalisierung der Unsicherheit*, Westfälisches Dampfboot, Münster 2002.

FUKUYAMA, FRANCIS: *Das Ende der Geschichte*, Kindler, München 1992.

HAYEK, FRIEDRICH AUGUST VON: *Die Verfassung der Freiheit*, Mohr Siebeck, Tübingen 1991.

HAYEK, FRIEDRICH AUGUST VON: *Freiburger Studien*, Mohr Siebeck, Tübingen 1994.

HAYEK, FRIEDRICH AUGUST VON: *Grundsätze einer liberalen Gesellschaftsordnung*. Aufsätze zur politischen Philosophie und Theorie. Band 5, Mohr Siebeck, Tübingen 2002.

HAYEK, FRIEDRICH AUGUST VON: *Liberalismus*, Mohr Siebeck, Tübingen 1979.

KEYNES, JOHN MAYNARD: *Collected Writings*, Cambridge University Press 1971–1998.

KEYNES, JOHN MAYNARD: *Essays in Persuasion*, London 1933.

KEYNES, JOHN MAYNARD: *Allgemeine Theorie der Beschäftigung, des Zinses und des Geldes*. Duncker & Humblot, München/Leipzig 1955.

KISKER, KLAUS PETER: »Der Neoliberalismus ist die Verschärfung, nicht die Lösung von Krisen«, in (Hrsg.): *Das Ende des Neoliberalismus? Wie die Republik verändert wurde*. Vsa, Hamburg 1998.

KISKER, KLAUS PETER: »Globalisierung, Zerstörung der Zivilgesellschaft«, in: Strauß, B./Geyer, M. (Hrsg.): *Psychotherapie in Zeiten der Globalisierung.* Vandenhoeck und Ruprecht, Göttingen 2006.

KISKER, KLAUS PETER: »Plädoyer für eine gesellschaftliche Profitorientierung«, in: *Utopie kreativ* 198/2007, S. 335 ff.

KISKER, KLAUS PETER: »Armut und Tod durch Freihandel«, in: Gerlach, O./Hahn, M./Kalmring, S./Kumitz, D./Nowak,A. (Hrsg.): *Globale Solidarität und linke Politik in Lateinamerika*, Dietz Verlag, Berlin 2009.

KLEE, ERNST: *Das Personenlexikon zum Dritten Reich*, S. Fischer Verlag, Frankfurt am Main 2003.

MARX KARL: *Das Kapital* Band 1, in: Marx-Engels-Werke Band 23. Dietz Verlag, Berlin/DDR 1969.

MARX, KARL: *Die Klassenkämpfe in Frankreich 1848–1850*, in: Marx-Engels-Werke Band 7, Dietz Verlag, Berlin/DDR 1960.

MARX, KARL: *Das Kapital* Band 3, in: Marx-Engels-Werke Band 25. Dietz Verlag, Berlin/DDR 1969.

MÜLLER, DIRK: *Crashkurs.* Droemer, München 2009.

MYRDAL, GUNNAR: *Das politische Element in der nationalökonomischen Doktrinbildung,* Berlin 1932.

PÜTZ, THEODOR: *Grundlagen der theoretischen Wirtschaftspolitik.* Gustav Fischer, Stuttgart 1975.

STURM, ROLAND: *Politische Wirtschaftslehre,* Leske + Budrich, Opladen 1995

SAY, JEAN BAPTISTE: *A Treatise on Political Economy,* Batoche Books Kitchener 2001.

SCHUMPETER, JOSEF ALOIS: *Kapitalismus, Sozialismus und Demokratie,* UTB, Stuttgart 2005.

SMITH, ADAM: *Reichtum der Nationen,* Voltmedia, Paderborn 2005.

SMITH, ADAM: *The Wealth of Nations,* Modern Library Edition, New York 1937.

SMITH, ADAM: *Theorie der ethischen Gefühle,* Felix Meiner Verlag, Hamburg 1985.

SUCHANEK ANDREAS: *Ökonomische Ethik,* Mohr Siebeck, Tübingen 2001.

WICKERT, ULRICH: *Der Ehrliche ist der Dumme,* Hoffmann und Campe, Hamburg 1996.

Anmerkungen

Vorwort

1 »Die Billionen-Bombe«, in: *Der Spiegel*, Nr. 39 vom 25. September 2006, S. 92

2 Internetlexikon Wikipedia, Stichwort »Schröder-Blair-Papier«

3 Francis Fukuyama: Das Ende der Geschichte. Kindler, München 1992.

4 Siehe dazu: Andreas Suchanek: »Der homo oeconomicus als Heuristik«, in: *Diskussionsbeiträge der wirtschaftswissenschaftlichen Fakultät Ingolstadt der Katholischen Universität Eichstätt*, Nr. 38. Ingolstadt, 1993

5 Ulrich Wickert: *Der Ehrliche ist der Dumme*. Hoffmann und Campe, Hamburg 1996.

6 Eurostat: »Wachstumsrate des realen BIP«. URL: http://epp.eurostat.ec.europa.eu/tgm/table.do?tab=table&init=1&plugin=1&language=de&pcode=tsieb020

7 Eurostat: »Harmonisierter Verbraucherpreisindex: Inflationsrate des Jahresdurchschnitts«. URL: http://epp.eurostat.ec.europa.eu/tgm/table.do?tab=table&language=de&pcode=tsieb060&tableSelection=1&footnotes=yes&labeling=labels&plugin=1

8 Eurostat: »Harmonisierte Arbeitslosenquote«. URL. http://epp.eurostat.ec.europa.eu/tgm/table.do?tab=table&language=de&pcode=teilm020&tableSelection=1&plugin=1

9 Internetlexikon Wikipedia, Stichwort »Schuldenuhr«

10 Zu den Vermögenswerten zählt das Institut Häuser und Grundstücke, Geld, Wertpapiere, private Versicherungen, aber auch Gold, Schmuck und wertvolle Sammlungen
»Ein Prozent der Bevölkerung besitzt ein Viertel des Vermögens«, in: *Spiegel Online.de*, vom 29. Januar 2009. URL: http://www.spiegel.de/wirtschaft/0,1518,602649,00.html

11 »Deutsche fürchten gigantische Staatsverschuldung«, in: *Spiegel Online* vom 26. Mai 2010. URL: http://www.spiegel.de/wirtschaft/soziales/0,1518,696774,00.html

12 http://www.bild.de/BILD/news/telegramm/news-ticker,rendertext=12813578.html

13 Internetlexikon Wikipedia, Stichwort »Deutsche Währungsgeschichte vor 1871«

14 Internetlexikon Wikipedia, Stichwort »Inflation«.

15 Reichsgesetzblatt (RGBl.) I. S. 963

16 Siehe dazu: Internetlexikon Wikipedia, Stichwort »Deutsche Währungsgeschichte«

Der Euro, das unheimliche Wesen

17   Österreichische Nationalbank (Hrsg.): *Quartalsheft zur Geld- und Wirtschaftspolitik*, Q1/07 Tabelle 2, S. 39

18   »T-Euro, nein danke! Oder doch geschätzt?« Studie der Fachhochschule Ingolstadt vom Juni 2004, in: Pressemitteilung des Informationsdienst Wissenschaft, vom 23. Juni 2004. URL: http://idw-online.de/pages/de/news82 356

19   European Commission (Hrsg.): *The eurozone, 5 years after the introduction of euro coins and banknotes. Analytical report*. November 2006, S. 30: Overall perception of the adoption of the euro, 2006

20   »Euro verliert bei den Deutschen an Rückhalt«. Studie der Forschungsgruppe Wahlen, in: Dresdner Bank, vom 16. Dezember 2007. URL: http://www.dresdner-bank.de/dresdner-bank/presse-center/archiv/2007/20071216.html

21   »T-Euro, nein danke! ...« a. a. O.

22   »Eichel: Fehler bei der Euro-Umstellung«, in: *Tagesspiegel.de*, vom 13. Mai 2002. URL: http://www.tagesspiegel.de/politik/eichel-fehler-bei-euro-umstellung/312084.html

23   Internetlexikon Wikipedia, Stichwort »Euro«

24   »Größter Preissprung im Großhandel seit 1982«, in: *tagesschau.de* vom 11. April 2008. URL: http://www.tagesschau.de/wirtschaft/grosshandelspreise2.html

Volkes Meinung? In China fällt ein Sack Reis um

25   »Warum gab es nur in Deutschland keine Volksabstimmung zur Währungsunion?« in: *EU-Info.Deutschland*. URL: http://webcache.googleusercontent.com/search?q=cache:f5V4Gn5vAO4J::www.eu-info.de/sys/stichworte/goto-5285.html+Euro+Volksabstimmung&cd=2&hl=de&ct=clnk&gl=de

26   »Wahlbeteiligung bei der Europawahl 2009 leicht gesunken«, in: Internetseite des EU-Parlaments, vom 9. Juni 2009. URL: http://www.europarl.europa.eu/sides/getDoc.do?type=IM-PRESS&reference=20 090608STO56947&language=DE

27   Internetlexikon Wikipedia, Stichwort »Europäische Union«

28   »Der Skandal um die PR-Honorare«, in: *manager-magazin.de*, vom 22. Juli 2002. URL: http://www.manager-magazin.de/unternehmen/karriere/0,2828,206351,00.html

29   »War Grünen-Chefin Angelika Beer bei ihrem TV-Auftritt betrunken?«, in: *ShortNews*, vom 11. Februar 2003. URL: http://www.shortnews.de/id/436780/War-die-Gruenen-Chefin-Angelika-Beer-bei-ihrem-TV-Auftritt-betrunken?

30 »Ex-Grünen Vorsitzende, Angelika Beer, wird Mitglied der Piraten-
    partei«, in: *Shortnews*, vom 23. November 2009. URL: http://www.
    shortnews.de/id/801014/Ex-Gruenen-Vorsitzende-Angelika-Beer-
    wird-Mitglied-der-Piratenpartei

31 Internetlexikon Wikipedia, Stichwort »Gabi Zimmer«

32 Internetlexikon Wikipedia, Stichwort »André Brie«

33 EU: »European Defence Paper«, Paris 2004, S. 13. URL: Quelle:
    Infomationsstelle Militarisierung, vom 8. Dezember 2004. URL:
    http://www.imi-online.de/2004.php?id=1074

34 Internetlexikon Wikipedia, Stichwort »Vertrag von Lissabon«

35 »Its major function must be to protect our freedom both from the
    enemies outside our gates and from our fellow-citizens: to preserve
    law an order, to enforce private contracts, to foster competitive
    markets.« Milton Friedman: *Capitalism and Freedom*. The University
    of Chicago Press, Chicago und London 1962, S. 2

36 Nikolaus Piper, »Die unheimliche Revolution«, in: *Die Zeit*, Nr. 37,
    vom 5. September 1997, S. 5

37 Zitiert in: Werner Vontobel: »Visionen des Einäugigen«, in: *Cicero*.
    3/2005, S. 90 f URL: http://www.cicero.de/97.php?item=508&ress_
    id=6

38 Eva Kreisky: »Ver- und Neuformungen des politischen und kulturel-
    len Systems. Zur maskulinen Ethik des Neoliberalismus«, in:
    Kurswechsel, Zeitschrift für gesellschafts-, wirtschafts- und umwelt-
    politische Alternativen, Heft 4/2001, S. 38–50

39 Angela Merkel: »Das Prinzip individuelle Freiheit«, in: *ftd.de*, vom
    19. Januar 2005. URL: http://www.glos.de/mdb/content.
    jsp?id=59§ion=fraktion_aktuell&sub=detail§ionid=234

40 Eva Kreisky, a. a. O.

41 Heribert Prantl: »Europäische Sternstunde«, in: *sueddeutsche.de*, vom
    30. Juni 2009. URL: http://www.sueddeutsche.de/politik/verfassungs-
    gericht-zu-lissabon-vertrag-europaeische-sternstunde-1.108220.
    Siehe auch: Bundesverfassungsgericht: Pressemitteilung Nr. 72/2009
    vom 30. Juni 2009 URL:http://www.bundesverfassungsgericht.de/
    pressemitteilungen/bvg09-072.html

42 Internetlexikon Wikipedia, Stichwort »Vertrag von Lissabon«

Die Geburt des Euro: Theo allein im Währungsdschungel

43 Markus Diem Meier: »Der wahre Grund für die Euro-Krise«, in:
    bazonline, vom 16. März Mai 2010. URL: http://bazonline.ch/
    wirtschaft/geld/Der-wahre-Grund-fuer-die-Euro-Krise/
    story/13054281

44 Ebd.

45 Ebd.

46 Ebd.

47 »Deutschland hat Vorbildrolle«, in: *Focus Online*, vom 14. Mai 2010.
    URL: http://www.focus.de/finanzen/news/finanzen-trichet-deutsch-
    land-hat-vorbildrolle_aid_507992.html

48 Luigi L. Pasinetti: *Keynes and the Cambridge Keynesians.* Cambridge
    University Press, Cambridge 2007, S. 3–24

49 Mark Skousen: *The big three in economics: Adam Smith, Karl Marx
    and John Maynard Keynes.* Verlag M.E. Sharpe, 2007. S. 196 f.

50 »Auch die Deutschen tricksen«, in: *FR-online*, vom 16. Februar 2010.
    URL: http://www.fr-online.de/in_und_ausland/wirtschaft/aktuell/
    2315402_Kommentar-zur-Eurozone-Auch-die-Deutschen-tricksen.
    html

51 Bericht der EU-Kommission vom 8. Januar 2010, S. 13

52 David Smith: »Reform failures may still kill off the euro«, in: *Times
    Online*, vom 25. Mai 2008. URL: http://business.timesonline.co.uk/
    tol/business/columnists/article3 998 560.ece

Ohne Euro lebt sich's besser

53 »Human Development Report 2009. Published for the United
    Nations Development Programme (UNDP)«, S. 143. URL:http://hdr.
    undp.org/en/media/HDR_2009_EN_Complete.pdf

54 »Die Last mit den Ölmilliarden«, in: *Focus Online*, vom 29. Septem-
    ber 2009. URL: http://www.focus.de/politik/ausland/norwegen-die-
    last-mit-den-oelmilliarden_aid_437300.html

55 Ebd.

56 Internetlexikon Wikipedia, Stichwort »Vermögenssteuer«

57 Internetlexikon Wikipedia, Stichwort »Susanne Klatten«

Der Schmu mit der Stabilitätspolitik

58 Karl Marx: *Grundrisse der Kritik der Politischen Ökonomie.* Dietz
    Verlag, Berlin 1974, S. 166 ff.

59 Gefunden in Spiegel Online: http://www.spiegel.de/wirtschaft/
    soziales/0,1518,710192,00.html

60 Siehe in Spiegel Online: http://www.spiegel.de/wirtschaft/sozia-
    les/0,1518,710303,00.html

61 Gefunden im Internet: http://www.deutschland-auf-einen-blick.de/
    politik/bundeskanzler/kohl.php

62 Exploitation = Ausbeutung

63 Karl Marx: *Das Kapital* Band 3, in: Marx-Engels-Werke Band 25.
    Dietz Verlag, Berlin/DDR 1969, S. 611

64 Die Dreigroschenoper (Druckfassung 1931), III, 9 (Mac). In: Ausge-
    wählte Werke in sechs Bänden. Erster Band: Stücke 1. Frankfurt am
    Main: Suhrkamp Verlag, 1997. S.267 (Textstelle ursprünglich aus
    dem Stück »Happy End« von Elisabeth Hauptmann, 1929.)
65 John Maynard Keynes: *Allgemeine Theorie der Beschäftigung, des
    Zinses und des Geldes.* Duncker & Humblot, München/Leipzig 1955,
    S.184
66 Gefunden in: Internetseite von Andreas Tögel. »Gutes Geld,
    schlechtes Geld: Der Papiergeldschwindel«.
    http://webcache.googleusercontent.com/search?q=cache:tnlB8-
    aIJPQJ:ef-magazin.de/2009/11/15/1645-gutes-geld-schlechtes-geld-
    der-papiergeldschwindel+Keynes+Grube+ausheben&cd=3&hl=de&ct
    =clnk&gl=de
67 Elmar Altvater/Birgit Mahnkopf: Globalisierung der Unsicherheit.
    Westfälisches Dampfboot, Münster 2002, S.173ff.
68 »Marktkapitalisierung: Das sind die 50 teuersten Unternehmen der
    Welt«, in: *Welt Online,* vom 26. Juni 2009. URL: www.welt.de/ .../
    Das-sind-die-50-teuersten-Unternehmen-der-Welt.html –
69 www.welt.de/ .../Als-der-Wahnsinn-die-Frankfurter-Boerse-regierte.
    html
70 »Falsches Spiel am Aktienmarkt«, in: *manager-magazin*.de, vom
    7. Juli 2000. URL: http://www.manager-magazin.de/finanzen/
    artikel/0,2828,86166,00.html
71 »Das jüngste Gerücht«, in: *Focus 20/1999, Focus Money Online.*
    URL: http://www.focus.de/finanzen/news/boerse-das-juengste-
    geruecht_aid_176685.html
72 http://www.uni-protokolle.de/nachrichten/id/57044/
73 ZDF-Wirtschaftsredaktion: Börsenberater. Mainz 1999, S.213.
74 »Hässliche Fratzen der Marktmanipulation«, in: *RiskNet*, vom
    30. Mai 2008. URL: http://www.risknet.de/Detailansicht-
    NEWS.479.0.html?&tx_ttnews%5Btt_
    news%5D=1154&cHash=2d698f4866
75 »Gerüchte um Griechenland-Hilfe stützen Dax«, in: *manager-maga-
    zin.de*, vom 26. Februar 2010. URLhttp://www.manager-magazin.de/
    finanzen/marktberichte/0,2828,680466,00.html
76 »Jenseits von Gut und Bö(r)se – Wie Gerüchte die Finanzmärkte
    beeinflussen«, in: TU Chemnitz, vom 10. März 2000. URL: http://
    www.uni-protokolle.de/nachrichten/id/57044/
77 »Das Schuldenporträt der USA«, in: Internet Publikation für
    Allgemeine und Integrative Psychotherapie, vom 16. Mai 2010. URL:
    http://www.sgipt.org/politpsy/finanz/schuldp/usa/usa0.htm
78 Quelle: »Euroland bald abgebrannt?«, in: *Handelsblatt*, vom 3. Mai
    2010. URL: http://www.handelsblatt.com/magazin/presseschau/
    presseschau-ist-euroland-bald-abgebrannt?; 2572977

79   Gitti Müller, Kim Otto, Markus Schmidt: *Die Macht über die Köpfe:*
     Wie die Initiative Neue Soziale Marktwirtschaft Meinung macht,
     Monitor Nr. 539 am 13. Oktober 2005.
80   Theodor Pütz: *Grundlagen der theoretischen Wirtschaftspolitik.*
     Gustav Fischer 1975, S. 52.
81   »Große Erleichterung nach Mehdorn-Rücktritt«, in: *Welt Online*,
     vom 3. März 2009. URL: http://www.welt.de/wirtschaft/article
     3472029/Grosse-Erleichterung-nach-Mehdorn-Ruecktritt.html
82   »Ex-Sicherheitschef der Telekom gibt Spitzelaktionen während der
     Ära Sommer zu«, in: *Spiegel Online*, vom 30. Mai 2008. URL:
     http://www.spiegel.de/wirtschaft/0,1518,556841,00.html
83   Felix Kurz: »Briefe im Weiher«, in: *Der Spiegel*, Nr. 21 vom 23. Mai
     2005, S. 58
84   »Wenn die Telekom fünfmal täglich klingelt« in: *Der Westen.de*, vom
     26. Februar 2010, URL: http://www.derwesten.de/nachrichten/
     Wenn-die-Telekom-fuenfmal-taeglich-klingelt-id2273838.html
85   »Experten beklagen marodes Schienennetz«, in: *Verkehrsrundschau*,
     vom 8. März 2007. URL: http://www.verkehrsrundschau.de/sixcms/
     detail.php?id=502059
86   »Nach Stromausfall: Streit über Zustand des deutschen Strom-
     netzes«, dpa-Meldung vom 6. November 2006. URL:
     http://www.verivox.de/nachrichten/nach-stromausfall-streit-ueber-
     zustand-des-deutschen-stromnetzes-16250.aspx
87   »Deutsche Bank fordert Zerschlagung der Stromkonzerne«, in:
     Spiegel Online, vom 5. März 2007. URL: http://www.spiegel.de/
     wirtschaft/0,1518,469982,00.html
88   »Wohin mit den Ersparnissen?«, in: ntv.de, vom 29. April 2010
89   Internetlexikon Wikipedia, Stichwort »Das Vierte Gebot«
90   *Süddeutsche Zeitung*, vom 28. Juli 1972, S. 8
91   »Verbrennt die Euro-Krise das Ersparte?«, in: *stern.de*, vom 3. Mai
     2010. URL: http://www.stern.de/wirtschaft/news/rettungspaket-fuer-
     griechenland-verbrennt-die-euro-krise-das-ersparte-1562577.html
92   »Sicheres Geld«. URL: http://sg500 698.sicheres-geld.de/
93   »Star-Ökonom rechnet mit Horror-Inflation«, in: *Focus Money*
     Online, vom 22. Februar 2009. URL: http://www.focus.de/finanzen/
     boerse/finanzkrise/thomas-straubhaar-star-oekonom-rechnet-mit-
     horror-inflation_aid_373180.html
94   »Inflation steigt leicht – Preistreiber sind Öl und Kraftstoffe«, in:
     BörseGo.de, vom 25. Mai 2010. URL: http://www.boerse-go.de/
     nachricht/Inflation-steigt-leicht-Preistreiber-sind-Oel-und-Kraftstof-
     fe-DAX,a2186652.html
95   Internetlexikon Wikipedia, Stichwort »Inflation«
96   Margaret Heckel: »Ohne Leistungselite wird Deutschland drittklas-
     sig«, in: *Welt Online*, vom 24. Februar 2008. URL: http://www.welt.

de/wams_print/article1716684/Ohne_Leistungselite_wird_Deutsch-land_drittklassig.html

97 »›In Spanien tickt die Zeitbombe‹«, in: *thurgauerzeitung.ch*, vom 3. Juni 2010. URL:www.thurgauerzeitung.ch/wirtschaft/konjunktur/In-Spanien-tickt-die-Zeitbombe/story/14779030

98 John Maynard Keynes: *Collected Writings*. Vol. 21, S. 84 ff.

99 »EU rechnet die Staatsverschuldung schön«, *faz.net*, vom 29. Juli 2009. URL: http://www.faz.net/s/Rub0E9EEF84AC1E4A389A8DC-6C23161FE44/Doc~E20D260BAD1584129986B312534CE384C~ATpl~Ecommon~Scontent.html

100 »DIW schlägt nach EU-Studie zu Defiziten Alarm«, in *Handelblatt.com*, vom 10. September 2009. URL: http://www.handelsblatt.com/politik/deutschland/diw-schlaegt-nach-eu-studie-zu-defiziten-alarm;2455353

101 »Europas 870-Milliarden-Euro-Schrumpfkur«, in: *Spiegel Online*, vom 25. Juni 2010. URL: http://www.spiegel.de/wirtschaft/soziales/0,1518,702574,00.html

102 »Staatsverschuldung: Maastricht auf der Kippe«, in: *wallstreet online*, vom 13. Mai 2010.
    URL: http://www.wallstreet-online.de/nachrichten/nachricht/2948910-staatsverschuldung-maastricht-auf-der-kippe.html

103 »DIW schlägt …«, a.a.O.

104 »Griechenland steht mit 302 Milliarden in der Kreide«, in: *Handelsblatt.com*, vom 11. Februar 2010. URL: http://www.handelsblatt.com/politik/international/staatsverschuldung-griechenland-steht-mit-302-milliarden-in-der-kreide; 2527866

105 Bundesbanker vermuten französisches Komplott, in: *Spiegel Online*, vom 29. Mai 2010
    http://www.spiegel.de/wirtschaft/soziales/0,1518,697489,00.html

106 »›s ist leider Krieg‹«, in: *Telebörse.de*, vom 10. Mai 2010. URL: http://www.teleboerse.de/kolumnen/friedhelm_busch/s-ist-leider-Krieg-article864705.html

107 »EZB wird Bad Bank«, in: *junge Welt*, vom 11. Mai 2010, S. 1. URL: http://www.jungewelt.de/2010/05–11/052.php

108 »Heute Gold, morgen Ramsch«, in: *Spiegel Online*, vom 29. April 2010. URL: http://www.spiegel.de/wirtschaft/unternehmen/0,1518,691929,00.html

109 »Heute Gold, morgen Ramsch«, in: *Spiegel Online*, vom 29. April 2010. URL: http://www.spiegel.de/wirtschaft/unternehmen/0,1518,691929,00.html

110 »Die heimlichen Herrscher der Wall Street«, *Spiegel Online*, vom 6. Juli 2009. URL: http://www.spiegel.de/wirtschaft/0,1518,634103,00.html

111 Anne Seith: »Sage mir, wie viel ich wert bin«, in: *Spiegel Online*, vom 1. April 2010. URL: http://www.spiegel.de/wirtschaft/service/0,1518,druck-686883,00.html

112 »Heute Gold, morgen Ramsch«, in: *Spiegel Online*, vom 29. April 2010. URL: http://www.spiegel.de/wirtschaft/unternehmen/0,1518,691929,00.html

113 »So schrecklich mächtig«, in: *sueddeutsche.de*, vom 29. April 2010. URL: http://www.sueddeutsche.de/,tt3 m1/finanzen/721/509848/text/

114 Thomas Straubhaar: »Warum Rating-Agenturen verramscht werden müssen«, in: *Spiegel Online*, vom 5. Mai 2010. URL: http://www.spiegel.de/wirtschaft/unternehmen/0,1518,692607,00.html

115 »Von Beginn an versagt«, in: *sueddeutsche.de*, vom 29. April 2010. URL: http://www.sueddeutsche.de/finanzen/666/509794/text/

116 »Westerwelle fordert europäische Rating-Agentur«, in: *Spiegel Online*, vom 28. April 2010. URL: http://www.spiegel.de/wirtschaft/unternehmen/0,1518,691852,00.html

117 Thomas Straubhaar …, a. a. O.

118 »Schäuble stuft Rating-Agenturen herab«, in: *Handlesblatt.com*, vom 29. April 2010. URL: http://www.handelsblatt.com/politik/international/nach-abwertungswelle-schaeuble-stuft-rating-agenturen-herab;2570903

119 »Die Macht der Rating-Agenturen«, in: *Börse.ARD.de*, vom 22. Mai 2009. URL: http://boerse.ard.de/content.jsp?key=dokument_354 054

120 »BaFin fordert Kontrolle für Rating-Agenturen,«, in: *netzeitung*.de, vom 15. Mai 2008. URL: www.netzeitung.de/wirtschaft/wirtschaftspolitik/1020917.html

121 http://www.wiwo.de/finanzen/eu-stellt-rating-agenturen-unter-staatliche-kontrolle-394910/

122 »Deutsche Bank im Visier der US-Börsenaufsicht«, in: rp-online, vom 13. Mai 2010. URL: http://www.rp-online.de/wirtschaft/news/Deutsche-Bank-im-Visier-der-US-Boersenaufsicht_aid_856923.html

123 »Rating-Agenturen sind inkompetent«, in: *taz.de*, vom 20. Mai 2010. URL: http://www.taz.de/1/zukunft/wirtschaft/artikel/1/rating-agenturen-sind-inkompetent/

Das Kaputtsparprogramm

124 »EU will sich in Haushaltspolitik einmischen«, in: *Focus Money Online*, vom 14. April 2010. URL: http://www.focus.de/finanzen/news/staatsverschuldung/euro-staaten-eu-will-sich-in-haushaltspolitik-einmischen_aid_498415.html

125 Bundesgesetzblatt 2009 I, S. 2248

126 »Arme Familien bekommen deutlich weniger Wohngeld«, in: *Welt Online*, vom 8. Juli 2010. URL: http://www.welt.de/politik/ article3914768/Schuldenbremse-im-Grundgesetz-verankert.html

127 »Führende Ökonomen verteufeln Schuldenbremse«, in: *Handelsblatt.com*, vom 13. Februar 2009. URL: http://www.handelsblatt.com/ politik/deutschland/fuehrende-oekonomen-verteufeln-schulden-bremse;2152749

128 »Schweizer Schuldenbremse verpatzt Elch-Test«, in: *Financial Times Deutschland*, vom 11. April 2007. URL: www.ftd.de/ wirtschaftswun-der/index.php?op=ViewArticle&articleId=378&blogId=16

129 »Ökonomen warnen Merkel vor Hauruck-Sparkurs«, in: *Spiegel Online*, vom 3. Juni 2010. URL: http://www.spiegel.de/wirtschaft/ soziales/0,1518,698435,00.html; und: »Merkel pocht auf ihr Macht-wort«, in: *Spiegel Online*, vom 11. Juni 2010. URL: http://www. spiegel.de/politik/deutschland/0,1518,700240,00.html

130 http://www.welt.de/finanzen/immobilien/article8374461/Arme-Familien-bekommen-deutlich-weniger-Wohngeld.html

131 »Wie man sozialen Unfrieden stiftet«, in: *Zeit Online*, vom 16. Juli 2010. URL: http://www.zeit.de/politik/deutschland/2010–07/ minijobs-elterngeld-schroeder

132 »Ökonomen warnen …«, a. a. O.; und: »Merkel pocht auf ihr Machtwort«, in: *Spiegel Online*, vom 11. Juni 2010. URL: http://www. spiegel.de/politik/deutschland/0,1518,700240,00.html

133 Ebd.

134 »Arbeitgeber fordern fünf Euro pro Arztbesuch«, in: *Spiegel Online*, vom 4. Juni 2010. URL: http://www.spiegel.de/wirtschaft/sozia-les/0,1518,698865,00.html

135 »Ökonomen warnen …«, a. a. O.

136 »Umfrage-Barometer«, in: *Spiegel-Online*, vom 23. Juni 2010. URL: http://www.spiegel.de/politik/deutschland/0,1518,623633,00.html

137 »Kanzlerin will Sozialausgaben kürzen«, in: *Spiegel Online*, vom 5. Juni 2010. URL: http://www.spiegel.de/politik/deutsch-land/0,1518,698936,00.html

138 »Saar-CDU will Reiche zur Kasse bitten«, in: *Spiegel Online*, vom 22. Mai 2010. URL: http://www.spiegel.de/wirtschaft/sozia-les/0,1518,696315,00.html

139 Till Schwarze: »Halbherzig und unsozial«, in n-tv, vom 7. Juni 2010. URL: http://www.n-tv.de/politik/politik_kommentare/Halbherzig-und-unsozial-article909933.html

140 »CDU-Sozialflügel verlangt höhere Reichensteuer«, in: *Spiegel Online*, vom 8. Juni 2010. URL: http://www.spiegel.de/politik/ deutschland/0,1518,699404,00.html

141 »Merkel versucht's mit einem Appell«, in: *tagesschau.de*, vom 9. Juni 2010. URL: http://www.tagesschau.de/inland/sparpaket144.html

142 »Justizministerin will Reiche in die Pflicht nehmen«, in: *Welt Online*, vom 27. Juni 2010. URL: http://www.welt.de/politik/deutschland/article8190678/Justizministerin-will-Reiche-in-die-Pflicht-nehmen.html

143 »Westerwelles FDP versucht den Befreiungsschlag«, in: *Spiegel Online*, vom 25. Juni 2010. URL: http://www.spiegel.de/politik/deutschland/0,1518,702901,00.html

144 Ebd.

145 »Die Schere geht weiter auseinander«, in: *Focus Online*, vom 15. Juni 2010. URL: http://www.focus.de/politik/weitere-meldungen/deutschland-die-schere-geht-weiter-auseinander_aid_519938.html

146 »Reiche sind reicher als vor der Finanzkrise«, in Spiegel Online, vom 10. Juni 2010. URL: http://www.spiegel.de/wirtschaft/unternehmen/0,1518,699757,00.html

147 »Sarkozy zieht über Merkels Sparpaket her«, in: *Financial Times Deutschland, ftd.de,* vom 10. Juni 2010. URL: http://www.ftd.de/politik/europa/kritik-vom-partner-sarkozy-zieht-ueber-merkels-sparpaket-her/50125329.html

148 »Merkel will nicht auf Obama hören«, in: *Berliner Zeitung Online*, vom 22. Juni 2010. URL: http://www.berlinonline.de/berliner-zeitung/politik/300154/300155.php

149 »›Der Kollaps des Euro ist möglich‹«, in: *Handelsblatt.com*, vom 25. Juni 2010. URL: http://www.handelsblatt.com/politik/konjunktur-nachrichten/finanzkrise-der-kollaps-des-euro-ist-moeglich; 2606762

150 »›Isoliert‹ – Spekulant Soros wettert gegen Deutschland«, in: *sueddeutsche.de,* vom 23. Juni 2010. URL: http://www.sueddeutsche.de/wirtschaft/finanzmarkt-euro-krise-isoliert-spekulant-soros-wettert-gegen-deutschland-1.964130

151 »US-Wirtschaft wackelt noch – trotz Wachstum«, in: *Welt Online*, vom 20. Mai 2010. URL: http://www.welt.de/wirtschaft/article7714407/US-Wirtschaft-wackelt-noch-trotz-Wachstum.html

152 »China will Vormacht des Westens im IWF brechen«, in: *Spiegel Online*, vom 25. Juni 2010. URL: http://www.spiegel.de/wirtschaft/0,1518,702364,00.html

153 »Fuß auf der Konjunkturbremse«, in: *der Freitag*, Onlineausgabe, vom 25. Juni 2010. URL: http://www.freitag.de/politik/1025-der-fuss-auf-der-konjunkturbremse

154 »Falsche Ratschläge aus Amerika«, in: *Handelsblatt.com*, vom 25. Juni 2010. URL: http://www.handelsblatt.com/magazin/presseschau/presseschau-falsche-ratschlaege-aus-amerika;2607368

155 »Ist Euroland bald abgebrannt?«, in Ad Hoc News, vom 4. Juni 2010. URL: http://www.ad-hoc-news.de/ist-euroland-bald-abgebrannt--/de/News/21369578

156 Pressemitteilung der Bundestagsfraktion der Partei Die Linke, vom 25. Februar 2010. http://www.linksfraktion.de/pressemitteilung. php?artikel=1252957736

157 Interview mit dem Deutschlandradio, vom 22. Mai 2010URL: http://www.dradio.de/aktuell/1191138/

158 »Nicht kreditwürdig«, in: *tagesschau.de*, vom 11. März 2010. URL: http://www.tagesschau.de/wirtschaft/faqkreditklemme100.html

159 »Firmen suchen neue Geldquelle«, in: *Handelsblatt.com*, vom 10. Juni 2010. URL: http://www.handelsblatt.com/kreditklemme-firmen-suchen-neue-geldquelle; 2597413

160 »Gary Lineker«: in: *England Caps.* URL: http://www.englandcaps. co.uk/GaryLineker.html

161 »Stärkung von Unternehmertum und wirtschaftlicher Entwicklung in Ostdeutschland: Lernen von lokaler Praxis«, OECD, März 2009, S. 31. URL: http://www.oecd.org/dataoecd/44/14/42368538.pdf

162 Ebd.

163 Bundesfinanzministerium: *Gesetz zur Beschleunigung des Wirtschaftswachstums (Wachstumsbeschleunigungsgesetz)*, vom 22. Dezember 2009.URL: http://www.bundesfinanzministerium.de/ nn_4146/DE/BMF__Startseite/Aktuelles/Aktuelle__Gesetze/ Gesetze__ Verordnungen/044__a,templateId=raw,property= publicationFile.pdf

164 »In den Kommunen regiert der Rotstift«, in: *stern.de*, vom 1. Juli 2010. URL: http://www.stern.de/politik/deutschland/schuldenberg-in-den-kommunen-regiert-der-rotstift-1578861.html

165 »Kommunen planen Schock-Sparprogramm«, in: *Spiegel Online*, vom 1. Juli 2010. URL: http://www.spiegel.de/wirtschaft/ soziales/0,1518,druck-703991,00.html

166 »Rücktrittsforderungen gegen Mißfelder«, in *Welt Online*, vom 8. August 2003. URL: http://www.welt.de/print-welt/article251810/ Ruecktrittsforderungen_gegen_Missfelder.html

167 »Lebensgefahr nach Wespenstich«, in: *br-online*, vom 17. August 2009. URL: http://www.br-online.de/bayerisches-fernsehen/ rundschau/wespen-allergiker-stich-ID1250496306500.xml

168 http://www3.ndr.de/sendungen/45_min/hintergrund/lebens-mittelallergie110.html

169 »Was die Chefs der Krankenkassen verdienen«, in: *Spiegel Online*, vom 19. März 2010. URL: http://www.spiegel.de/wirtschaft/ service/0,1518,684571,00.html

170 »Kassen dürfen nun beliebig Zusatzbeiträge kassieren«, in: *Welt Online*, vom 6. Juni 2010. URL: http://www.welt.de/politik/deutsch-land/article8336723/Kassen-duerfen-nun-beliebig-Zusatzbeitraege-kassieren.html

171 »Kritik und Häme für die Weniger-Netto-Koalition«, in: *Spiegel Online*, vom 8. Juli 2010. URL: http://www.spiegel.de/politik/deutschland/0,1518,705270,00.html

172 »Koalition plant höhere Kassenbeiträge«, in: *tagesschau.de*, vom 2. Juli 2010. URL: http://www.tagesschau.de/inland/gesundheits-reform186.html

173 »Anreiz zur Schwarzarbeit«, in: *sueddeutsche.de*, vom 4. Juli 2010. URL: http://www.sueddeutsche.de/geld/erhoehung-der-krankenkassenbeitraege-anreiz-zur-schwarzarbeit-1.969841

174 »Weniger Geld für Medikamente«, in: *sueddeutsche.de*, vom 29. April 2010. URL: http://www.sueddeutsche.de/L5 l38L/3330706/Weniger-Geld-fuer-Medikamente.html

175 Röslers Kampf gegen Arzneimittelpreise, in: *Frankfurter Neue Presse*, vom 10. März 2010.URL: www.ad-hoc-news.de/pharma-soli-frankfurter-neue-presse-roeslers-kampf-gegen--/de/Politik/21119396

176 »Ein Opfer der Pharma-Lobby«, in: *stern.de*, vom 22. Januar 2010. URL: http://www.stern.de/gesundheit/iqwig-chef-sawicki-ein-opfer-der-pharmalobby-1537740.html

177 »Sieg der Pharma-Lobby: Aus für den Pillen-TÜV?«, in: *Monitor*, Nr. 601, vom 7. Januar 2010. URL: http://www.wdr.de/tv/monitor/sendungen/2010/0107/pharma.php5

178 Ebd.

179 »Der Pillendreh – Wie Medikamente billiger werden sollen«, in: *wiwo.de*. vom 16. März 2010.
URL: http://www.wiwo.de/unternehmen-maerkte/der-pillen-dreh-wie-medikamente-billiger-werden-sollen-424721/

180 »Bayer-Medikament zu teuer«, in: n-tv.de, vom 25. August 2009. URL: http://www.n-tv.de/wirtschaft/Bayer-Medikament-zu-teuer-article477004.html

181 »Gute Geschäfte mit Reimport von Medikamenten«, in: *Welt Online*, vom 8. Januar 2007. URL: http://www.welt.de/print-welt/article707174/Gute_Geschaefte_mit_Reimport_von_Medikamenten.html

182 Ebd.

183 »Rösler contra Pharmaindustrie«, in: *br-online*, vom 11. März 2010. URL: http://www.br-online.de/bayern2/tagesgespraech/tagesgespraech-medikamente-pharma-branche-ID1268295840197.xml

184 »Rösler zettelt Gesundheitsrevolution an«, in: *Spiegel Online*, vom 26. März 2010. URL: http://www.spiegel.de/wirtschaft/soziales/0,1518,685878,00.html

185 »Tödliche Korruption – Bayer in Japan«, in: *Transparency International Deutschland*, vom März 2000. URL: www.transparency.de/Fallbeispiele.97.0.html

186 Ebd.

187 »Die Regierung verschont die Apotheker«, in: *faz.net,* vom 6. Juli
      2010. URL: http://www.faz.net/s/Rub0E9EEF84AC1E4A389A8DC-
      6C23161FE44/Doc~E5AF91ADEF6A1413AB7F0C72F0ADB9FC4~A
      Tpl~Ecommon~Scontent.html
188 Der Begriff wurde 1997 zum Unwort des Jahres gekürt. Als Erfinder
      gilt der frühere Verwaltungsratspräsident und damalige Ehrenpräsi-
      dent von Nestlé, Helmut Maucher.
189 »Forscher loben zielgerichtete Gaben«, in: *Focus Money Online,* vom
      17. Februar 2010. URL: http://www.focus.de/finanzen/news/
      tid-17292/armutsbericht-forscher-loben-zielgerichtete-gaben_
      aid_481324.html
190 »Hartz-IV-Zuschüsschen erzürnt Sozialexperten«, in: *Spiegel Online,*
      vom 5. Juni 2010. URL
      http://www.spiegel.de/wirtschaft/soziales/0,1518,704723,00.html
191 »Forscher loben …«, a. a. O.
192 Fußballnationalmannschaft der unter 15-Jährigen
193 »Forscher«, in: *Spiegel Online,* vom 7. Juni 2010. URL:
      http://www.spiegel.de/politik/deutschland/0,1518,699234,00.html
194 Torsten Harmsen: »Sonderberichterstatter will strukturelle Änderun-
      gen«, in: *Berliner Zeitung,* vom 22. Februar 2006.
195 »Unionspolitiker wettern gegen Beusts Schulumbau«, in: *Spiegel
      Online,* vom 11. Juli 2010. URL: http://www.spiegel.de/politik/
      deutschland/0,1518,705828,00.html
196 »Der Fall Schlecker«, in: *Böckler Impuls* 05/2008. URL: www.
      boeckler.de/32014_90364html
197 Ebd.
198 Ebd.
199 »Schlecker erleidet Umsatzeinbruch«, in: *Spiegel Online* vom 5. Juni
      2010. URL: http://www.spiegel.de/wirtschaft/unterneh-
      men/0,1518,698966,00.html
200 »Merkels Mega-Mogelpackung«, in: *Spiegel Online,* vom 8. Juni
      2010. URL: http://www.spiegel.de/wirtschaft/sozia-
      les/0,1518,699375,00.html
201 »Leitfaden zur Gesetzesfolgenabschätzung«. URL:http://www.
      verwaltung-innovativ.de/cln_110/nn_685030/SharedDocs/Publikati-
      onen/DE/leitfaden__zur__gesetzesfolgenabschaetzung,templateId=ra
      w,property=publicationFile.pdf/leitfaden_zur_gesetzesfolgenabscha-
      etzung.pdf

Befeuert Deutschland die Eurokrise?

202 Markus Zeidler, Kim Otto: »Euro in Gefahr: Wie Deutschland die Euro-Krise befeuert«, in: *Monitor*, Nr. 607 vom 17. Juni 2010. URL: http://www.wdr.de/tv/monitor//sendungen/2010/0617/pdf/euro.pdf

203 »›Man braucht eine gemeinsame Fiskalpolitik‹«, in: *manager-magazin.de*, vom 22. März 2010. URL: http://www.manager-magazin.de/unternehmen/artikel/0,2828,684558-2,00.html

204 Markus Zeidler, Kim Otto … a. a. O.

205 Stefan Kornelius: »Schlechte Europäer«, in: *sueddeuschte.de*, vom 24. Juni 2010. URL: http://www.sueddeutsche.de/wirtschaft/streit-ueber-wirtschaftspolitik-schlechte-europaeer-1.965084

206 Ebd.

207 »Rüttgers findet Rumänen faul«, in: *abendblatt.de*, vom 5. September 2009. URL: http://www.abendblatt.de/politik/deutschland/article1170709/Ruettgers-findet-Rumaenen-faul.html

208 Markus Zeidler, Kim Otto: »Euro in Gefahr …«, a. a. O.

209 Dierk Hirschel: »›Deutschland muss solidarisch gegensteuern‹«, in: *tagesschau.de*, vom 16. März 2010

210 Bund Deutscher Arbeitgeber …, a. a. O.

211 »›Dieser Fisch gehört nicht auf den Teller‹«, in: stern.de, vom 20. März 2007. URL: http://www.stern.de/wissen/ernaehrung/artenschutz-dieser-fisch-gehoert-nicht-auf-den-teller-585099.html

212 »Japan sieht Sushi bedroht – nicht den Thunfisch«, in: *Welt Online*, vom 15. März 2010. URL: http://www.welt.de/wissenschaft/umwelt/article6786277/Japan-sieht-Sushi-bedroht-nicht-den-Thunfisch.html

213 »Preise senken, Angestellte ausbeuten«, in: *stern.de*, vom 13. Februar 2009. URL: http://www.stern.de/wirtschaft/arbeit-karriere/arbeit/preiskampf-der-discounter-preise-senken-angestellte-ausbeuten-654719.html

214 Andreas Suchanek: *Ökonomische Ethik*. Mohr Siebeck, Tübingen 2001, S. 41 f.

215 »Händler bekommen Besuch vom Kartellamt«, in: *wiwo.de*, vom 14. Januar 2010. URL: http://www.wiwo.de/unternehmen-maerkte/haendler-bekommen-besuch-vom-kartellamt-419173/+kartellamt+discounter&cd=5&hl=de&ct=clnk&gl=de

216 »Richtlinie 1999/44/EG des Europäischen Parlaments und des Rates vom 25. Mai 1999«, in: Amtsblatt Nr. L 171 vom 7. Juli 1999, S. 0012–0016.

217 »Bundestag verabschiedet Tabakwerbeverbot«, in *Spiegel Online*, vom 9. November 2006. URL: http://www.spiegel.de/wirtschaft/0,1518,447541,00.html

218 »Medien verlieren 2 Milliarden Werbe-Euro netto: Werbemarkt sackt um 6 Prozent«, in:

Zentralverband der deutschen Werbewirtschaft (ZAW), vom 2. Juli 2010. URL: http://www.zaw.de/index.php?menuid=33

219 Werner Vontobel: »Die soziale Last«, in: *der Freitag*, Internetausgabe, vom 17. Juni 2010. URL: http://www.freitag.de/wochenthema/1024-die-geister-sparer

220 Harald Schuman: »Sparen in den Niedergang«, in: *Tagesspiegel Online*, vom 15. Juni 2010. URL: http://www.tagesspiegel.de/meinung/sparen-in-den-niedergang/1859402.html

221 »Europas Führung fürchtet soziale Unruhen«, in: *Welt Online*, vom 19. März 2010. URL: ttp://www.welt.de/politik/article3407733/Europas-Fuehrung-fuerchtet-soziale-Unruhen.html

222 »Die Demütigung der Deklassierten«, in: *der Freitag*, Onlineausgabe, vom 17. Juni 2010. URL: http://www.freitag.de/wochenthema/1024-die-demütigung-der-deklassierten-kann-verschiedene-richtungen-nehmen

223 »Verkauft doch eure Inseln, ihr Pleite-Griechen«, in: *bild.de*, vom 24. März 2004. URL: http://www.bild.de/BILD/politik/wirtschaft/2010/03/04/pleite-griechen/regierung-athen-sparen-verkauft-inseln-pleite-akropolis.html

224 »Deutsche Politiker fordern Verkauf von Staatseigentum«, in: *mdr aktuell*, vom 4. März 2010. URL: http://www.mdr.de/nachrichten/7137159.html

225 »Der Unsinn vom Verkauf griechischer Inseln«, in: *Focus Online*, vom 4. März 2010. URL: http://www.focus.de/finanzen/news/staatsverschuldung/staatsdefizit-der-unsinn-vom-verkauf-griechischer-inseln_aid_486580.html

226 Robert von Heusinger: »Merkels Katastrophe«, in: *Berliner Zeitung Online*, vom 29. April 2010. URL: http://www.berlinonline.de/berliner-zeitung/archiv/.bin/dump.fcgi/2010/0429/meinung/0019/index.html

Volksvermögen – Vermögen des Volkes?

227 Statistisches Bundesamt. URL: http://www.destatis.de/indicators/d/vgr810ad.htm

228 »Ein Prozent der Bevölkerung besitzt ein Viertel des Vermögens«, in: *Spiegel Online*, vom 21. Januar 2009. URL: www.spiegel.de/wirtschaft/0,1518,602649,00.html

229 »Soziale Kluft in Deutschland wächst«, in: *sueddeutsche.de*, vom 6. November 2007. URL: www.sueddeutsche.de/dossiers/artikel/619/188022/

230 »Vermögensstudie des DIW 2007«, in: *Süddeutsche Zeitung*, vom 7. November 2007, S. 19.

231 »Die Superreichen sind weniger superreich«, in: *tagesschau.de*, vom 12. März 2009. URL:

http://www.tagesschau.de/wirtschaft/forbesliste100.html

232 »Denn er wusste, was er tat«, in: *sueddeutsche.de,* vom 26. Jaunar 2009. URL: http://www.sueddeutsche.de/wirtschaft/zumwinkel-urteil-im-prozess-denn-er-wusste-was-er-tat-1.467884

233 »Wesley Snipes muss in den Knast«, in: *stern.de,* vom 25. April 2008. URL: http://www.stern.de/lifestyle/leute/usa-wesley-snipes-muss-in-den-knast-618423.html

234 »Steuerhinterziehung als Notwehr«, in: *cdu-politik.de,* vom 24. März 2008. URL: http://cdu-politik.de/2008/03/24/steuerhinterziehung-als-notwehr/

235 »Kleine Marx-Stunde für Sloterdijk«, in: der *Freitag.de,* Onlineausgabe, vom 13. Juni 2009. URL: http://webcache.googleusercontent.com/search?q=cache:KjMbxDmQLwUJ::www.freitag.de/politik/0924-sloterdijk-steuerstaat-buergerprotest+Baring+Steuerboykott&cd=10&hl=de&ct=clnk&gl=de

236 »Das große Milliarden-Rätsel«, in: *sueddeutsche.de,* vom 18. Februar 2008. URL: http://www.sueddeutsche.de/wirtschaft/634/433383/text/

237 »Sie machen Milliarden – für 80 000 Euro im Jahr«, in: *Spiegel Online,* vom 20. Februar 2008. URL: http://www.spiegel.de/wirtschaft/0,1518,536325,00.html

238 »Der Beamte, der Millionen einbringt«, in: *news.de,* vom 19. Juni 2010. http://www.news.de/wirtschaft/855061455/der-beamte-der-millionen-einbringt/1/

239 Ebd.

240 »Opposition will klagen«, in: *hr-online,* vom 7. Juni 2010. URL: http://www.hr-online.de/website/rubriken/nachrichten/indexhessen34938.jsp?rubrik=34954&key=standard_document_39241929

241 »Wie aus engagierten Beamten psychisch Kranke wurden«, in: *Report Mainz,* vom 20. Juni 2009. URL: www.swr.de/report/-/id=233454/vv=print/pv=print/nid=233454/did=4965148/1f8ebjd/index.html.

242 »Untersuchungsausschuss kommt«, in: *hr-online,* vom 19. Januar 2010. URL: http://www.hr-online.de/website/rubriken/nachrichten/indexhessen34938.jsp?rubrik=34954&key=standard_docu-ment_38588321

243 »Auf dem Sprung«, in: *Spiegel Online,* vom 17. Mai 2007. URL: http://www.spiegel.de/spiegel/0,1518,481380,00.html

244 Clemens Knobloch: *Standort-Rhetorik.* Rede auf der Mitgliederversammlung des Bundes Demokratischer Wissenschaftler 1996. URL: http://nofees.redefreiheit.net/texte/knobloch.html

245 »Eichel sauer auf Boris & Co.«, in: *politik.de,* vom 17. Oktober 2003. URL: http://www.politik.de/forum/wirtschaft-und-finanzen/39660-eichel-sauer-auf-boris-co.html

246 »Linkspartei will Steuerflüchtlinge ausbürgern«, in: *Focus Online*, vom 7. November 2006

247 »Vermögenssteuer könnte Deutschland helfen«, in: *zeitjung.de*, vom 22. Juli 2009. URL: http://www.zeitjung.de/TAGSCHAU/artikel_detail,3781,Vermoegenssteuer-koennte--Deutschland-helfen.html

248 »USA: Reiche für Steuern«, in: *Zeit Online* 20/2003. URL: http://www.zeit.de/2003/20/USA_Reiche_fuer_Steuern

249 »Appell für eine Vermögensabgabe«, in: *Initiative Vermögender für eine Vermögensabgabe.* URL: http://www.appell-vermoegensabgabe.de/

250 »Hamburger Reeder und Millionär für Vermögenssteuer«, in: *abendblatt.de*, vom 17. Juni 2010. URL: http://www.123people.de/s/peter+kr%C3 %A4mer

251 »›Wir brauchen gleiche Chancen für alle – und höhere Steuern‹«, in: *abendblatt.de*, vom 28. November 2009. URL: http://www.abendblatt.de/hamburg/kommunales/article1287525/Wir-brauchen-gleiche-Chancen-fuer-alle-und-hoehere-Steuern.html

252 Kim Otto/Markus Schmidt: »Erbschaftssteuer: Die absurden Reformpläne der Bundesregierung«, in: *Monitor*, Nr. 549 vom 6. Juli 2006.

253 Ebd.

254 »Stadt der Helden und der Schergen«, in: *Welt Online*, vom 22. Juni 2003. URL: www.welt.de/print …/Stadt_der_Helden_und_der_Schergen.html

255 Rudolf Hickel: »Schonung von Erbschaften«, in: *neues-deutschland.de*, vom 14. März 2008. URL: www.neues-deutschland.de/artikel/125617.html

256 Internetlexikon Wikipedia: »Erbschaftssteuer in Deutschland«

257 Ulrich Schäfer: Die vier Fehler des Finanzministers, in: *sueddeutsche.de*, vom 23. Oktober 2003. Internetadresse: www.sueddeutsche.de/deutschland/artikel/228/20208/

258 Merz mosert über Merkel, in: *zdf.de* vom 13. November 2005.

259 Wolfgang Otto: »Reichensteuer: Symbol-Politik, die keinem hilft«, in: *tagesschau.de*, vom 2. Mai 2006.

260 »Wirtschaftsweise warnen«, in: *n-tv.de* vom 13. November 2005.

261 »Verfassungskonformität der Reichensteuer allgemein bezweifelt«, in: *faz.net*, vom 3. Mai 2006. URL: http://www.faz.net/s/Rub0E9EE-F84AC1E4A389A8DC6C23161FE44/Doc~EA344413EDBD04520B664B4175E7DA795~ATpl~Ecommon~Scontent.html

262 »Kein bisschen Frieden«, in: *sueddeutsche.de*, vom 7. Juni 2010. URL: http://www.sueddeutsche.de/politik/sparplaene-der-bundesregierung-kein-bisschen-frieden-1.954454

Zahlen wir die Zeche?

263 »Mehrheit der Deutschen lehnt Griechenland-Hilfe ab«, in: *Welt Online* vom 27. April 2010. URL: http://www.welt.de/politik/deutschland/article7354187/Mehrheit-der-Deutschen-lehnt-Griechenland-Hilfe-ab.html

264 »Griechen-Rettung ist Ernstfall und kein Test«, in: *Financial Times Deutschland, ftd.de,* vom 2. Mai 2010. URL: http://www.ftd.de/politik/europa/:euro-krise-griechen-rettung-ist-ernstfall-und-kein-test/50108882.html

265 »Druck auf Musterschüler Deutschland«, in: *faz.net,* vom 20. März 2010. URL: http://www.faz.net/s/Rub3AD-B8A210E754E748F42960CC7349BDF/Doc~EA951494C4A834E3381E0E7A9D47875B4~ATpl~Ecommon~Scontent.html

266 http://nsl-archiv.com/Buecher/Nach-1945/Vierteljahreshefte%20fuer%20freie%20Geschichtsforschung%20-%202005%20Heft%202%20(121%20S.,%20Text).pdf

267 »Kinderarbeit: ›Gefahr für jedes Unternehmen‹«, in: *Handelsblatt.com,* vom 12. Juni 2009. URL: http://www.handelsblatt.com/unternehmen/industrie/kinderarbeit-gefahr-fuer-jedes-unternehmen;2345492

268 »Abschied eines Buhmannes«, in: *Spiegel* 51/1994 vom 19. Dezember 1994. URL: http://www.spiegel.de/spiegel/print/d-13693689.html

269 Franziska Augstein: »Ausverkauf der Republik«, in: *sueddeutsche.de,* vom 11. November 2009. URL: http://www.sueddeutsche.de/politik/ddr-treuhand-anstalt-ausverkauf-der-republik-1.137266

270 »Wer kauft eine griechische Insel?«, in: *faz.net,* vom 11. Juni 2010. URL: http://www.faz.net/s/Rub3ADB8A210E754E748F42960C-C7349BDF/Doc~E904DE253C589442F875EE567D560AE86~ATpl~Ecommon~Scontent.html

271 »Deutschland bleibt größter Netto-Zahler der EU«, in: *Welt Online,* vom 23. September 2009. URL: http://www.welt.de/politik/deutschland/article4591387/Deutschland-bleibt-groesster-Nettozahler-der-EU.html

272 »Deutsche Gastarbeit«, in: *Zeit Online,* vom 3. Juni 2008. URL: http://www.zeit.de/2008/23/Deutsche-Gastarbeiter-in-Polen_NEU

273 Ebd.

274 »Zu geringe Löhne: Immer weniger Polen wollen in Deutschland Spargel stechen«, in: *ShortNews,* vom 4. April 2007. URL: http://www.shortnews.de/id/661871/Zu-geringe-Loehne-Immer-weniger-Polen-wollen-in-Deutschland-Spargel-stechen

275 http://www.ftd.de/politik/konjunktur/:griechenland-krise-schwacher-euro-befluegelt-deutsche-wirtschaft/50082994.html

276 »Computer spekulieren gegen den Euro«, in: *Handelsblatt.com*, vom
29. März 2010. URL:
http://www.handelsblatt.com/finanzen/fondsnachrichten/trendfolge-
fonds-computer-spekulieren-gegen-den-euro;2553549

277 Gunnar Myrdal: *Das politische Element in der nationalökonomischen Doktrinbildung*, Berlin 1932, Neudruck 1962, S.20

278 Thomas Straubhaar, a.a.O.

279 »So profitieren Sie von der Euro-Krise«, in: *Spiegel Online*, vom
8. Mai 2010. URL: http://www.spiegel.de/wirtschaft/unterneh-
men/0,1518,693676,00.html

280 »Wer spekuliert gegen den Euro?«, in: *Boerse.ARD.de*, vom 20. Mai
2010. URL: http://boerse.ard.de/content.jsp?key=dokument_435 480

281 »Beschuldigt nicht Griechenland«, in: *faz.net.de*, vom 11. Mai 2010.
URL: http://www.faz.net/s/Rub3ADB8A210E754E748F42960C-
C7349BDF/Doc~E3B638FDC17884A448F2D6DA084996731~ATpl~E
common~Scontent.html

282 »Wer spekuliert …«, a.a.O.

283 »Euroland ist abgebrannt«, in: *Die Tagespost*, Onlineausgabe. URL:
http://www.die-tagespost.de/2008/index.php?option=com_content2
&task=view&id=200057546&Itemid=69

Die *PIIGS*-Staaten – Wahrheit und Legende

284 »Milliardenersparnis für Deutschland«, in: *sueddeutsche.de.*, vom
26. Mai 2010. URL: http://www.sueddeutsche.de/geld/eurokrise-
milliardenersparnis-fuer-deutschland-1.949844

285 »Wehe, wenn der erste Staat kippt«, in: http://www.abendblatt.de/
wirtschaft/article1373411/Eurokrise-Wehe-wenn-der-erste-Staat-
kippt.html

286 »In Spanien …«, a.a.O.

287 »Die Finanzkrise in Europa und die Zukunft des Euro«, in: *german.
irib.ir*, vom 31. Mai 2010. URL: http://german.irib.ir/analysen/
beitraege/item/111 251-die-finanzkrise-in-europa-und-die-zukunft-
des-euro?tmpl=component&print=1

288 »Griechenland braucht wieder Geld«, in: *Focus Money Online*, vom
11. Juni 2010. URL: www.focus.de/finanzen/news/staatsverschul-
dung/notkredite-griechenland-braucht-wieder-geld_aid_518401.html

289 »Debatte über Austritt aus Währungsunion«, in: *faz.net*, vom
25. April 2010.URL: http://www.faz.net/s/Rub3AD-
B8A210E754E748F42960CC7349BDF/Doc~E35E06F5937DB4F7DB5
DB4AF4BB2ACEB8~ATpl~Ecommon~Sspezial.html

290 »Griechenland-Hilfe beschlossen«, in: *Regierung Online*, vom 7. Mai

2010. URL: http://www.bundesregierung.de/Content/DE/Artikel/2010/05/2010–05–07-griechenland.html

291 Quelle EZB und: Angela Ulrich: »Griechenland-Hilfe: Ein gutes Geschäft für Frankreich«, in: *tagesschau.de*, vom 30. April 2010. URL: http://www.tagesschau.de/wirtschaft/frankreich234.html

292 »Verbrennt …«, a. a. O.

293 »Euro in Gefahr«, in: *Tagesspiegel.de*, vom 30. April 2010. URL: http://www.tagesspiegel.de/politik/euro-in-gefahr/1811870.html

294 Britische Ökonomen erwarten Euro-Crash, in: *Spiegel Online*, vom 6. Juni 2010. URL: http://www.spiegel.de/wirtschaft/soziales/0,1518,699006 ,00.html

295 »Medwedjew hält Kollaps des Euro für möglich«, in: *Spiegel Online*, vom 18. Juni 2010. http://www.spiegel.de/wirtschaft/soziales/0,1518,701534,00.html

296 »Euro-Schutzschirm bald vollständig einsatzbereit«, in: *Reuters* vom 7. Juni 2010. URL: de.reuters.com/article/ …/idDE-BEE6560J420 100 607 – Im Cache

297 »Berlin stellt 123 Milliarden Euro für Euro-Rettungspaket«, in: *n24*, vom 11. Mai 2010. URL: http://www.n24.de/news/newsitem_6051952.html

298 »Verfassungsrichter weisen Eilantrag gegen Rettungspaket ab«, in: *Spiegel Online*, vom 10. Juni 2010. URL: http://www.spiegel.de/wirtschaft/soziales/0,1518,699952,00.html

299 Karl Marx: »Die Klassenkämpfe in Frankreich 1848–1850«, in: Marx-Engels-Werke Band 7, Dietz Verlag, Berlin/DDR 1960, S. 40.

300 »Euro-Rettungsschirm verstößt gegen das Grundgesetz«, in: *Welt Online*, vom 5. Juli 2010.

301 »In der Not wird Angela Merkel Fernsehkanzlerin«, in: *sueddeutsche. de*, vom 4. Mai 2010. URL: http://www.sueddeutsche.de/medien/griechenland-krise-in-der-not-wird-angela-merkel-fernsehkanzlerin-1.942527

302 »Ist Euroland bald abgebrannt?«, a. a. O.

303 »Deutschland war schon immer Exportnation«, in: *Deutsche Welle*, vom 21. Oktober 2009. URL: http://www.dw-world.de/dw/article/0,,4789852,00.html

304 »Kampf gegen die Hydra«, in: *Stiftung Warentest, test.de*, vom 11. Mai 2010.
http://www.test.de/themen/geldanlage-banken/test/Schuldenkrise-Kampf-gegen-die-Hydra-4047682–4047687/#

305 Bund Deutscher Arbeitgeber: »Deutsche Exportstärke – schlecht für Europa?«, in: *argumente*, vom Mai 2010. URL: http://www.bda-online.de/www/arbeitgeber.nsf/res/90AD8E71F6FE33DCC125773400419A67/$file/DtExportstaerke.pdf

306   Angela Ulrich, a. a. O.

307   »Euro in Gefahr«, in: *Tagesspiegel.de*, vom 30. April 2010. URL: http://www.tagesspiegel.de/politik/euro-in-gefahr/1811870.html

308   »Moody's senkt Griechenland-Rating«, in: *faz.net*, vom 14. Juni 2010. URL: http://www.faz.net/s/Rub3ADB8A210E754E748F42960C-C7349BDF/Doc~E82EF2EAB1ED942AD90CC97EAA80434F6~ATpl~Ecommon~Scontent.html

309   »Griechen fallen an den Märkten erneut in Ungnade«, in: *Welt Online*, vom 24. Juni 2010. URL: http://www.welt.de/finanzen/article8168245/Griechen-fallen-an-den-Maerkten-erneut-in-Ungnade.html

310   »Euroland wird abgebrannt«, in: *der Freitag*, Onlineausgabe, vom 29. April 2010. URL: http://www.freitag.de/politik/1017-euroland-wird-abgebrannt, a. a. O.

311   »Ein Sparpaket für das Überleben des Landes«, in: *tagesschau.de*, vom 3. März 2010. URL: http://www.tagesschau.de/wirtschaft/griechenland418.html

312   »Griechen-Rettung kostet bis zu 140 Milliarden Euro«, in: *Spiegel Online*, vom 30. April 2010. URL: www.spiegel.de/wirtschaft/soziales/0,1518,692357,00.html

313   »Aldi verlässt Griechenland«, in: *Handelsblatt.com*, vom 16. Juli 2010. URL: http://www.handelsblatt.com/unternehmen/handel-dienstleister/rueckzug-aldi-verlaesst-griechenland; 2619842

314   »Ein Sparpaket ...«, a. a. O.

315   »Können die Griechen das Sparpaket überhaupt stemmen?« in: *bild.de*, vom 4. Mai 2010. URL: http://www.bild.de/BILD/politik/wirtschaft/2010/05/05/griechenland-sparpaket/koennen-die-griechen-das-paket-stemmen.html

316   »Euroland wird ...«, a.a.O.

317   »Warum retten wir diesen Griechen-Milliardär?« in: *bild.de*, vom 30. April 2010. URL: http://www.bild.de/BILD/politik/wirtschaft/2010/04/30/griechenland-reicher-grieche/so-profitiert-spiro-latsis-von-unserem-geld.html

318   »Steuergeschenk an die Milliardäre?«, in: *Deutschlandfunk*, vom 4. Mai 2010. URL: http://www.dradio.de/dlf/sendungen/interview_dlf/1176314/

319   www.spiegel.de/wirtschaft/soziales/0,1518,693011,00.html

320   »Heucheln statt helfen«, in: *Spiegel Online*, vom 4. Mai 2010. URL: www.spiegel.de/wirtschaft/soziales/0,1518,693011,00.html

321   »›Sonst ist alles futsch, tschüs Euro‹«, in: *Spiegel Online*, vom 7. Mai 2010. URL: http://www.spiegel.de/politik/ausland/0,1518,693585,00.html

322   »Drei Tote in Athen – Bank in Flammen«, in: *faz.net*, vom 5. Mai

2010. URL: http://www.faz.net/s/RubDDBDABB9457A-
437BAA85A49C26FB23A0/Doc~E70880A455B904AC3AD392DF934
69FB4E~ATpl~Ecommon~Sspezial.html und: »Krawalle fordern erste
Todesopfer«, in: *stern.de*, vom 5. Mai 2010. URL: http://www.stern.
de/politik/ausland/proteste-in-griechenland-krawalle-fordern-erste-
todesopfer-1564064.html

323 Ebd.

324 »Proteste in Griechenland richten sich auch gegen Deutschland«, in:
Focus Online, vom 5. Mai 2010. URL: http://www.focus.de/politik/
weitere-meldungen/griechenland-krise-proteste-in-griechenland-
richten-sich-auch-gegen-deutschland_aid_505277.html

325 »Steuergeschenk an die Milliardäre?«, a.a.O.

326 »Euroland wird ...«, a.a.O.

327 Ulrike Herrmann: »Spanien runtergestuft«, in: *taz.de*, vom 30. Mai
2010. URL: http://www.taz.de/1/zukunft/wirtschaft/artikel/1/
spanien-runtergestuft/; und: »Spanien kürzt Gehälter von Ministern
und Beamten«, in: *faz.net*, vom 12 Mai 2010. URL: http://www.faz.
net/s/Rub3ADB8A210E754E748F42960CC7349BDF/Doc~E6510E89
F7BD24F11A4566017BA5A24DD~ATpl~Ecommon~Scontent.html

328 »Deutsche Bank im Visier der US-Börsenaufsicht«, in: *rp-online*, vom
13. Mai 2010. URL: http://www.rp-online.de/wirtschaft/news/
Deutsche-Bank-im-Visier-der-US-Boersenaufsicht_aid_856923.html

329 »Ein Land im Schockzustand«, in: *Zeit Online*, vom 25. Juni 2010.
URL: http://www.zeit.de/wirtschaft/2010–06/portugal-wirtschaft

330 »Ratingsenkung und Streiks erschüttern Portugal«, in: *Zeit Online*,
vom 27. April 2010. URL: http://www.zeit.de/newsticker/2010/4/27/
iptc-bdt-20100427–603–24654620xml

331 »Portugal verspricht noch härteren Sparkurs«, in: *Welt Online*, vom
8. Mai 2010. URL: http://www.welt.de/politik/ausland/
article7540073/Portugal-verspricht-noch-haerteren-Sparkurs.html;
und: »Portugal und Spanien verschärfen Sparkurse«, in: *Financial
Times Deutschland*, ftd.de, vom 10. Juni 2010. URL: www.ftd.de/
politik/europa/:ueberschuldung-portugal-und-spanien-verschaerfen-
sparkurse/50111852.html

332 »Der Schulden-Fado ergreift Portugal«, in: *manager-magazin.de*,
vom 29. April 2009. URL: http://www.manager-magazin.de/
unternehmen/artikel/0,2828,691976,00.html

333 »Portugal – Wirtschaftspolitik«, in: *Auswärtiges Amt*, vom März
2010. URL: http://www.auswaertiges-amt.de/diplo/de/Laender-
informationen/Portugal/Wirtschaft.html

334 Detlef Esslinger: »Der Vorrang des Menschen«, in: *sueddeutsche.de*,
vom 30. April 2010. URL: http://www.sueddeutsche.de/,tt2 m1/
wirtschaft/815/509942/text/

335 »Der Feind ist unter uns«, in: *stern.de*, vom 28. April 210. URL:

http://www.stern.de/wirtschaft/news/krise-in-portugal-der-feind-ist-unter-uns-1562257.html

336 Ebd.

337 Ebd.

338 »Ein Land im …«, a. a. O.

339 »Krise treibt Renditen nach oben«, in: *faz.net*, vom 20. Februar 2009.
URL: http://www.faz.net/s/Rub09A305833E12405A-
808EF01024D15375/Doc~E0C43142540BD423FBFCB8ECAB8C25B
C7~ATpl~Ecommon~Scontent.html

340 Internetlexikon Wikipedia, Stichwort »Euro-Krise«

341 »Irland wird wieder zum Auswanderungsland«, in: http://
de.euronews.net/2009/03/26/irland-wird-wieder-zum-auswande-
rungsland/

342 »Wie der Schuldenkönig zum Vorbildsanierer wurde«, in. *Spiegel
Online*, vom 5. Mai 2010. URL: http://www.spiegel.de/wirtschaft/
soziales/0,1518,692719,00.html

343 »EU leitet drei neue Defizit-Verfahren ein«, in: *sueddeutsche.de*, vom
7. April 2004. URL: http://www.sueddeutsche.de/wirtschaft/
grossbritannien-niederlande-italien-eu-leitet-drei-neue-defizit-ver-
fahren-ein-1.843810

344 »Italien behauptet sich in der Krise«, in: *Germany – Trade&Invest*,
vom 3. März 2010. http://www.gtai.de/DE/Content/__SharedDocs/
Links-Einzeldokumente-Datenbanken/fachdokument
html?fIdent=MKT201003028014

345 Ebd.

346 »Italien: Reaktionen auf Sparmaßnahmen«, in: *euronews*, vom
27. Mai 2010. URL: http://de.euronews.net/nachrichten/nachrichten-
video/

347 Das EU-Projekt *Transeuropäische Netze* (*Trans-European Net-
works* – TEN) soll den Binnenmarkt unter anderem durch Verein-
fachung der Verkehrswege stärken

348 »Italien treibt Brücke von Messina voran«, in: *Die Nord-Süd-Initia-
tive*, vom 22. Januar 2009. URL: http://www.north-south-initiative.
eu/news/italien-treibt-bruecke-von-messina-voran

349 »Berlusconi verordnet Italien Zwangsoptimismus«, in: *Spiegel
Online*, vom 6. Mai 2010. URL: http://www.spiegel.de/wirtschaft/
soziales/0,1518,692940,00.html

350 Tobias Piller: »Der italienische Schuldenberg«, in: *faz.net*, vom
21. Mai 2010. URL:
http://www.faz.net/s/Rub4D8A76D29ABA43699D9E-
59C0413A582C/Doc~ED2157323598F4DCC8DFCB222B4D70DCC~
ATpl~Ecommon~Scontent.html

351 »Euroland wird …«, a. a. O.

352 »Claudia Ulferts/Georg Thomas: Staatsbankrott: Das Beispiel Argentinien«, in: *tagesschau.de*, vom 29. April 2010

353 Ebd.

354 »Als die D-Mark in die DDR kam«, in: *Spiegel Online*, Archiv *einestages*.URL: http://einestages.spiegel.de/static/authoralbumbackground/1152/als_die_d_mark_in_die_ddr_kam.html

355 »EU will sich in Haushaltspolitik einmischen«, in: *Focus Online*, vom 14. April 2010. URL: http://www.focus.de/finanzen/news/staatsverschuldung/euro-staaten-eu-will-sich-in-haushaltspolitik-einmischen_aid_498415.html

356 »SPD und PS fordern stärkere wirtschafts- und sozialpolitische Koordinierung in der Europäischen Union.« Pressemitteilung der SPD-Bundestagsfraktion vom 16. Juni 2010. URL: http://www.spd.de/de/aktuell/pressemitteilungen/2010/06/SPD-und-PS-fordern-staerkere-wirtschafts-und-sozialpolitische-Koordinierung-in-der-Europaeischen-Union.html

357 »Neue Wächter für den Haushalt«, in: *Financial Times Deutschland*, *ftd.de*, vom 8. Mai 2010. URL: http://www.ftd.de/politik/europa/:fiskalpolitik-neue-waechter-fuer-den-haushalt/50115609.html

358 »EU-Kommission will Haushalte vorab sehen«, in: *Zeit Online*, vom 12. Mai 2010. URL: http://www.zeit.de/wirtschaft/2010–05/eu-kommission-stabilitaet

359 EU und Euroland dürfen verschuldeten Ländern nicht helfen.

360 Wolf Schäfer: »Was tun gegen das politische Kartell?«, in: *faz.net*, vom 25. Mai 2010. URL: http://www.faz.net/s/Rub3AD-B8A210E754E748F42960CC7349BDF/Doc~E10419E380D6B4D2E9BA34D52235ECAD1~ATpl~Ecommon~Scontent.html

361 Ernst Klee: *Das Personenlexikon zum Dritten Reich*. S. Fischer Verlag, Frankfurt am Main 2003, S. 625

362 Internetlexikon Wikipedia, Stichwort »Fritz Thyssen«

Allheilmittel Marktradikalismus

363 Adam Smith: *The Wealth of Nations*, Modern Library Edition, New York 1937, S. 14. In Deutsch nachzulesen in: Adam Smith: *Reichtum der Nationen*. Voltmedia, Paderborn 2005, S. 19

364 Patzen, Martin: »Ein Überblick: Zur Diskussion des Adam-Smith-Problems«. Berichte des Instituts für Wirtschaftsethik der Universität St. Gallen Nr. 36, St. Gallen 1990

365 Quelle: markenlexikon.com.

366 »Die Namen der No-Names«, in: *stern.de*, vom 22. Juni 2006

367 »Ersatz für Mangelware Öl«, in: *BR-online*, vom 19. Juni 2009. URL: http://www.br-online.de/wissen/erdoel-ersatz-biotechnologie-ID1242734746145.xml

368   Jean Baptiste Say: *A treatise on political economy. Or: The production distribution and consumption of wealth.* Translated from the fourth edition of the French. Batoche Books Kitchener 2001, S. 57

369   »Die Abschaffung der Gesundheit«, in: *Spiegel Online,* vom 11. August 2003. URL: http://www.spiegel.de/spiegel/0,1518,260671,00.html

370   Karl Marx: *Das Kapital* Band 1, in: Marx-Engels-Werke Band 23. Dietz Verlag, Berlin/DDR 1969, S. 70

371   »Brutto, netto, Merkel«, in: *Spiegel Online,* vom 3. August 2005. URL: http://www.spiegel.de/politik/deutschland/0,1518,368085,00. html

372   Rainer Brüderle: »›Ich bin stolz, ein Neoliberaler zu sein‹«, in: *Cicero* 9/2005, S. 112. URL:http://www.cicero.de/97.php?ress_id=6&item=797

373   »Reformen werden von den Bürgern nicht akzeptiert – schuld sind Medien«, in: *Kess-Weblog,* vom 26. Oktober 2006

374   Friedrich August von Hayek: »Wahrer und falscher Individualismus«, a. a. O.

375   Herbert Schui: »Neoliberalismus: politische und theoretische Grundlagen«, in: *SPW Zeitschrift für Sozialistische Politik und Wirtschaft,* Nr. 96/1997

376   Angela Merkel: »Das Prinzip individuelle Freiheit«, in: *Financial Times Deutschland, ftd.de,* vom 18. Januar 2005

377   »Ackermann will es nicht so gemeint haben«, in: *Spiegel Online,* vom 19. März 2008

378   Dirk Müller: *Crashkurs.* Droemer, München 2009, S. 102 f.

379   Internetlexikon Wikipedia, Stichwort »Jean-Claude Trichet«

380   »Euro-Falken knöpfen sich die Schwachen vor«, in: *Spiegel Online,* vom 21. Juni 2010. URL: http://www.spiegel.de/wirtschaft/soziales/0,1518,701991,00.html

381   Internetlexikon Wikipedia, Stichwort »Loik Le Floch-Prigent«

382   »Distanz zwischen Bürgern und Wirtschaft wächst«, in: *faz.net,* vom 20. Dezember 2006. URL: http://www.faz.net/s/RubFC06D389EE-76479E9E76425072B196C3/Doc~E193C765840264DECA3290F7754 B748C3~ATpl~Ecommon~Scontent.html

383   »Was sind Parasiten?«, in *aponet.de,* offizielles Gesundheitsportal der deutschen Apothekerinnen. OfURL: http://www.aponet.de/ arzneimittel/gegen/parasiten/AM_gegen_Parasiten_Definition.html

384   »Viele Schulabgänger jobuntauglich«, in: *news.de,* vom 3. März 2010. URL: http://www.news.de/gesellschaft/855046800/viele-schulabgaenger-jobuntauglich/1/

385   Reinhard Blomert: »Applaus auf dem Zauberberg«, in: *Berliner Zeitung,* vom 2. April 2005, Magazin, S. M01

386   »Die Wirtschaft will Querdenker«, in: *faz.net,* vom 12. Mai 2008.

URL: http://www.faz.net/s/RubB1763F30EEC64854802A79B-
116C9E00A/Doc~E2E90238DDE744741B48085B161E1A325~ATpl~
Ecommon~Scontent.html

387 »The World's Billionaires«, in: *Forbes.com*, vom 3. März 2010. URL:
http://www.forbes.com/lists/2010/10/billionaires-2010_The-Worlds-
Billionaires_Rank.html

388 »Eurokrise: Wehe, wenn der erste Staat kippt«, in: *abendblatt.de*, vom
8. Februar 2010. URL: http://www.abendblatt.de/wirtschaft/
article1373411/Eurokrise-Wehe-wenn-der-erste-Staat-kippt.html

389 »Warren Buffett gives away his fortune«, in: *CNN*, vom 25. Juni
2006. URL: http://money.cnn.com/2006/06/25/magazines/fortune/
charity1.fortune/index.htm

390 »Bill Gates/Warren Buffett: Gemeinsamer Spendenaufruf«, in:
morgenpost.de, vom 17. Juni 2010. URL: http://www.morgenpost.de/
printarchiv/wirtschaft/article1326955/Bill-Gates-Warren-Buffett-
Gemeinsamer-Spendenaufruf.html

391 »Her mit dem Geld«, in: *sueddeutsche.de*, vom 17. Juni 2010. URL:
http://www.sueddeutsche.de/geld/wohltaetigkeit-gates-und-buffett-
ermahnen-superreiche-zum-spenden-1.960779

Was tut die Politik, und was könnte sie tun, wenn sie wollte?

392 »Schäuble verbietet ungedeckte Leerverkäufe per Gesetz«, in:
Tagesspiegel.de, vom 3. Juni 2010. URL: http://www.tagesspiegel.de/
wirtschaft/schaeuble-verbietet-ungedeckte-leerverkaeufe-per-
gesetz/1850706.html;jsessionid=57DA138BCC025254DC43325C0C4
4E705

393 »Paukenschlag aus Berlin«, in: *sueddeutsche.de*, vom 18. Mai 2010.
URL: http://www.sueddeutsche.de/,tt3 m1/finanzen/378/511484/
text/

394 »Schäuble verbietet …«, a. a. O.

395 »Standpauke vom Altkanzler: ›Zum Schieflachen‹«, in: *sueddeutsche.
de*, vom 23. Juni 2010. URL: http://www.sueddeutsche.de/politik/
helmut-schmidt-ueber-angela-merkel-standpauke-vom-altkanzler-
zum-schieflachen-1.963966

396 »Warum das deutsche Zock-Verbot nichts bringt«, in: *Spiegel Online*,
vom 23. Mai 2010. URL: http://www.spiegel.de/wirtschaft/sozia-
les/0,1518,696113,00.html

397 »Stress mit Bankentests«, in: *sueddeutsche.de*, vom 16. Juni 2010.
URL: http://sueddeutsche.de/geld/kreditwirtschaft-in-aufruhr-stress-
mit-bankentests-1 960 601

398 »Kein Grundrecht auf Kredit«, in: *sueddeutsche.de*, vom 25. Juni
2010. URL: http://www.sueddeutsche.de/

geld/g-gipfel-interview-mit-bankenpraesident-kein-grundrecht-auf-kredit-1.965747

399 Carsten Volkery: »Dämpfer für Merkel auf dem EU-Gipfel«, in: *Spiegel Online*, vom 17. Juni 2010. URL: http://www.spiegel.de/wirtschaft/soziales/0,1518,701391,00.html

400 »Die Banken sollen zahlen«, in: *sueddeutsche.de*, vom 17. Juni 2010. URL: http://www.sueddeutsche.de/geld/eu-gipfel-treffen-in-bruessel-steuer-auf-finanzgeschaefte-nichts-da-1.961234

401 Carsten Volkery …, a. a. O.

402 »Merkel stolpert über globale Finanzsteuer«, in: *Handelsblatt.com*, vom 25. Juni 2010. URL: http://www.handelsblatt.com/politik/international/bankenabgabe-merkel-stolpert-ueber-globale-finanzsteuer;2607990

403 Karl Marx: *Das Kapital* Band 1, in: Marx-Engels-Werke Band 23. Dietz Verlag, Berlin/DDR 1969, S. 100

404 »Die Bank mit dem verbrannten Namen«, in: *Focus Money Online*, vom 25. Juli 2009. URL: http://www.focus.de/finanzen/banken/hypovereinsbank-die-bank-mit-dem-verbrannten-namen_aid_416915.html

405 »Hypo Real Estate braucht weitere 20 Milliarden Euro«, in: *Welt Online*, vom 19. Februar 2009. URL: www.welt.de/wirtschaft/article3231447/Hypo-Real-Estate-braucht-weitere-20-Milliarden-Euro.html

406 »Steinmeier empfiehlt Irland Ausstieg aus der EU«, in: *Welt Online*, vom 14. Juni 2008. URL: www.welt.de/politik/article2103145/Steinmeier_empfiehlt_Irland_Ausstieg_aus_der_EU.html

407 »Bundesrat verlängert Arbeitslosengeld-I-Bezug«, in: *Welt Online* , vom 15. Februar 2008. URL: http://www.welt.de/politik/article1677848/Bundesrat_verlaengert_Arbeitslosengeld_I_Bezug.html

408 »Deutschland driftet nach links«, in: *Handelsblatt*, vom 14. Juli 2010. URL: http://www.handelsblatt.com/politik/deutschland/gerechtigkeit-statt-marktwirtschaft-deutschland-driftet-nach-links;2618076;2

409 »Deutsche fürchten soziale Unruhen«, in: *Focus Online*, vom 26. April 2009. URL: http://www.focus.de/politik/deutschland/umfrage-deutsche-fuerchten-soziale-unruhen_aid_393507.html

410 »Brasilien rügt Exportstaaten wie Deutschland«, in: *sueddeutsche.de*, vom 28. Juni 2010. URL: http://newsticker.sueddeutsche.de/list/id/1 007 136

411 Karl Marx/Friedrich Engels: »Manifest der Kommunistischen Partei«, in: Marx-Engels-Werke Band 4. Dietz Verlag, Berlin/DDR 1971, S. 493

412 http://dasdenken.blog.de/2009/03/08/hallo-sklaven-5 714 871/

413 DSW-Datenreport 2009 der Deutschen Stiftung Weltbevölkerung

vom August 2009. URL: http://www.dsw-online.de/info-service/
region.php?landID=1

414 Noam Chomsky: »»Die üble Geißel des Terrorismus‹. Realität,
     Konstruktion, Abhilfe«, in: AG Friedensforschung der Uni Kassel,
     vom 31. März 2010. URL: http://www.uni-kassel.de/fb5/frieden/
     themen/Terrorismus/chomsky5.html

415 »Wie Rumänien Nokia mit einem nagelneuen Industriepark lockt«,
     in: *Spiegel Online*, vom 17. Januar 2008. URL: http://www.spiegel.de/
     wirtschaft/0,1518,529270,00.html

416 http://www.handelsblatt.com/

Anhang

417 »1000 Tage Euro«, in: *Hessenschau*, vom 26. September 2004. URL:
     http://www.hr-online.de/website/fernsehen/sendungen/index.
     jsp?rubrik=15850&key=standard_document_2363912

418 Internetlexikon Wikipedia, Stichwort »Europäische Union«

418 Internetlexikon Wikipedia, Stichwort »Staatsverschuldung«

419 »Staatsschuldenquoten im internationalen Vergleich«, in: Internet-
     seite des Bundesfinanzministeriums, in: URL: http://www.bundesfi-
     nanzministerium.de/nn_53848/DE/BMF__Startseite/Aktuelles/
     Monatsbericht__des__BMF/2010/04/statistiken-und-
     dokumentationen/01-finanzwirtschaftliche-entwicklung/tabellen/
     Tabelle__S15.html

Register